U0686843

中国近代人物日记丛书

张廷银　刘应梅　整理

王伯祥日记

第十二册

中华书局

第十二册目录

1953 年

1 月 1 日(壬辰岁十一月　小建壬子　丁酉　朔　十六日　壬子)**星期四**

晴,寒。虽无风,在室外气触肌肤有如刀刺也。

晨七时起。为珏人量热,犹有七分,但珏人习劳,不甘睡,十时即勉起矣。十一时,余偕滋儿出闲步,由小牌坊走大方家胡同,到南小街合作社买香烟。比归,两耳冻欲裂矣。到家汉儿在,盖携元鉴访章家,留鉴在彼,特来一省耳。

午饭后,余与汉、琴、滋、佩往鲜鱼口大众剧场看京剧四团演出。盖昨日清儿出资购票,约余等往观者。(本请润往,以汉来,润让之。)步行至青年会,乘电车,挤甚,立几难稳,到大众,已将二时,第一出万啸甫等之《定军山》将终场矣。第二出为姜铁麟、郭金光之《金钱豹》。郭之悟空轻巧捷给方诸谷春章未易伯仲也。三时休息。休息后为吴素秋、李德彬、张荣善等《人面桃花》。素秋饰杜宜春,德彬饰崔护,缠绵宛转,令人意消,可赏也。四时五十分即散。场中晤达先、清儿、建昌、元鉴。散场同出,汉、鉴、清、建先乘三轮各归。滋、佩仍挤电车行。余与达先、琴珠走至车站始得乘三轮径归。达先在余家晚饭。饭后谈至八时半去。

九时许即寝。

1 月 2 日(十一月十七日　癸丑)**星期五**

晴,寒。

晨七时起。珏人热已退，且得大解，惟咳嗽未愈耳。为之大慰。

写信复文权，忻然于其北来就事也。饭后独往吉祥看京市京剧二团演出。到场已一时半，李多奎之《望儿楼》已成尾声矣。继为杨盛春、陈永玲、高宝贤等之《长坂坡》。继为谭富英、梁小鸾、张洪祥、慈少泉、李世琦等之《渔夫恨》。自倪荣下山起，萧恩被擒止，唱做都毕竟不凡，久不聆此，殊餍足也。四时休息，压轴为裘盛戎、李德奎之《坐寨盗马》，爽利明快，亦餍心也。五时散，即归。

夜饭后，润、琴出城往大众剧场看评剧《小女婿》，十一时半乃还。余等已就寝矣。

1 月 3 日（十一月十八日　甲寅）星期六

晴，寒。

晨七时起。上午清理字纸，择其过时不用者悉摧烧之，眼前为之一清。既非江陵之厄，转见祖龙之快矣。午后晓先见过，出所拟明清史教材提纲就商安否，为谈得失数事。三时始辞去。

王积贤属所中管理员由培福送来涵芬楼影印百衲宋本《史记》廿四册（外装一木箱）来，并附北大校徽一七〇三号一枚，书称所问各事现正办理中，日后当另函通知云。又附所中公函一件，知照每月十四日为本校发给工资日期，属届时往领。百衲宋本杂配而成，参考文字异同固有用处，若据以标点，则不适合，当去函再索黄本也。

夜饭后，润儿出看评剧《女教师》（即在署中演），旋返，合家聚一室中，开唱片谈笑以为乐。元孙行其间，大博欢爱。亦周末家庭之大乐矣。

十时,各归寝。

1 月 4 日（十一月十九日 乙卯）星期

晴,寒。

晨七时起。九时半,偕湜儿往黄化门大街访西谛,座晤王冶秋,知其新从沪杭一带采访文物归。与西谛长谈,就开明董会事宜及研所应办书籍,以至予同、颉刚近况等皆涉及。余所需用之书,本亦得解决矣。十一时半乃辞出,临行以前,存余处之名章及杂件面归之。

到家已十二时,清儿、建孙在,合家裹煮饺子以代饭。先后遍享十二人。午后二时始毕。

芝九见过,谈至三时去。

余与珏人、润、琴、滋、清、建等同赴青年宫交谊厅,参加新机构新年联欢会。规模相当大,同人家属均到,在场晤力子、学文、圣陶、墨林及李庚等诸同人。力子尚在医院休养,今特携出与会也。六时,余偕彬然附力子车往萃华楼赴新机构宴会。先后到邵力子、傅学文、叶圣陶、胡墨林、刘导生、史育才、傅彬然、章雪村、邵公文、丁立准、李庚、顾均正、朱语今及余十四人。原约金灿然、沈静芷、包子静、郑西谛、吴觉农,俱未至。以是分坐两席,殊见宽舒也。余与圣陶、语今、彬然、立准、雪村、育才同席。八时公文、力子、学文行。两席乃合坐,再饮,越半时散,余与雪村附圣陶车行。先送圣归,继余在禄米仓口下,雪村则径至家门口矣。

抵家后知小文来谒,甚歉。珏、滋已返。润、琴则在青年宫看电影也。有顷,润等亦归。

十时就寝。

1 月 5 日 (十一月二十日　丙辰　小寒) 星期一

晴，寒。

晨七时起。点校《通鉴补正》。接澄儿除夕元旦两书 (同时到)，复我前此去信，并言升埖亦久无信去，此儿一月未归城。余等亦正念之，因于饭后致书温泉小学教导处，查询焉。

芷芬在出版总署开会，因来饭，即去。

下午续点校《通鉴补正》。二时半，立准、再生见过，商社中购屋事，谈至近四时乃辞去。

夜饭后，与湜儿往吉祥看梅剧团演出，七时开，十一时十分散，前后仅两出，前为徐元珊、王琴生、罗荣贵之《阳平关》。八时十分休息。休息后为梅葆玖、王少亭、萧长华、姜妙香、刘连荣之全部《西施》。从勾践看马、范蠡访施文种献施起，直至袭破吴都夫差自杀、载施五湖止，历三小时也。

自吉祥散出，乘车亟归。到家已将十二时，小坐便睡。今晚所得还以萧长华、姜妙香、刘连荣等老人为有典型可式。葆玖唱工尚好，不虞之誉，则未免过情耳。

1 月 6 日 (十一月廿一日　丁巳) 星期二

雪，旋止，近午日出，午后发风，气仍寒。

晨七时起。珏人昨夜又发热，今日十时始强起。下午三时，又入卧。咳呛加剧，殆重感冒也。

校点《通鉴补正》，上下午均为之。四时，青年社同人魏幼鹏来请，如昨日与丁、叶所谈，即开条支款，俾措手得屋云。略坐谈便签条属会计科支四千五百万元，暂付店帐。交魏手持去。闻明日即可解决一部分同人住所也。

夜饭后，看滋儿画地图。濯足就寝已九时半。

1 月 7 日（十一月廿二日　戊午）星期三

晴，寒。

晨七时起。校点《通鉴补正》。珏人仍强起。

饭时洗脸，眼镜之左撑瓣坏落。午后滋儿归，谓眼镜破折，适自王府井昌明眼镜公司配有新架，尚舒宜云，劝余亦往换架。余遂偕之复往，配得一架，易去旧之金丝架，计五万元。五时归，往回俱步行也。接升埙信，谓校车损坏，未克入城，不知校方督令写此，抑自动来信耳。

文渊阁书肆萧文豹来送《史记》各本之头本六种，请检定要否。盖西谛属令到此者。余皆需此，即属送研究所登记。

夜饭后，调孙为乐。今日琴珠生日，晚间全家吃面。

九时半就寝。

1 月 8 日（十一月廿三日　己未）星期四

晴，寒。

晨七时起。珏人咳呛益剧，今日未能起床，甚耽心。写信两通，一复升埙，勉其努力学业，一复澄儿，告诉近况，并及家下琐事。

饭后写信与力子，送董会应商各事项，请签核，并请约期面谈（此信自出投邮）。上午下午均续行校点《通鉴补正》。

夜饭后，往吉祥看京剧一团演出。七时半开，为马鸣喆、白玉茹、江金爵之《白水滩》。继为李万春、李庆春、景荣庆、赵玉民、赵文奎、衡和华、唐世辛、毛庆来等之《赤壁战争》。（此为余锡名原包《群英会》，借东风、打黄盖、烧战船、华容道等诸出为三国戏中热闹场面之精采处。)十一时始散,(原定十时半,延长半小时。)乘车独归。久不看李万春剧团,诸人俱仍认真。庆春之蒋干,荣庆之曹操,万春之鲁肃、关羽,都能称职,且保持出色也。

滋儿带归诗圣信,为邵、傅退回薪水请示处理办法。

十二时就寝。

1 月 9 日(十一月廿四日　庚申)星期五

晴,寒。

晨七时起。写信复诗圣,说明邵、傅及余都自一月起不受薪,以后可勿再列入清单中。并将余前此权存之一月上半薪亦原封缴回,请向社中申明此意,仍交滋儿携去。

校点《通鉴补正》,参以《国策》。

珏人上午强起,以咳嗽仍剧,畏寒特甚,下午三时复卧。

振甫见过,就余所藏查校若干则,盖开明与青年合并后,以地狭难容,反将资料室中线装书钉置箱中也。五时一刻乃去。知同人中染得流行性感冒者颇夥云。天时不正,居恒宜慎防耳。

夜饭后,看滋儿绘图,湜儿作校课,元孙时来纠缠,亦有以逗发之。

九时三刻就寝。

1 月 10 日(十一月廿五日　辛酉)星期六

晴,寒,微有风。

晨七时起。珏人仍卧床,仅起盥漱而已。食惟牛乳稀粥,想热尚未清,而痰吐尚未畅宣耳。续点校《通鉴补正》。

饭后诗圣来,仍以接受薪水为请。余当与说明一切,属其暂存科里。候董会解决。以后勿再送来也。又言力子今晨来开明,晤李庚,顺约余今日下午三时至五时到协和与之谈洽云。二时许,诗圣辞去。三时,余徐步到协和医院五楼三一一号访晤力子。就前函开送各项谈得有头绪可循。据云李庚言,下周内可召开筹委会,属余先与彬然一洽,此会开后,便可接开董会,解决合并事宜矣。谈至四时一刻辞出。过新华书店购得《人民画报》十一、十二两月号以归。

萧文豹又送《史记集说》等头本十二种来,留看再说。

升埻归来。有顷,其校中教导处复书亦到,知升埻自愿留校并非校车有故障云。

滋儿归,携到均正函,为移转作者版权事有所商。

夜饭后,润儿复入署参加晚会,十一时后始归。余十时已睡矣。

1 月 11 日（十一月廿六日　壬戌）星期

晴,不甚朗,傍晚有风,仍寒。

晨七时半起。十时,与润儿往访彬然,谈力子意旨,十一时辞出。过访雪村,见清儿、达先、密先、淑荪、子佳诸人。坐至十一时三刻辞归。

平伯来访未晤。

午后,晓先夫人来。达轩、诗圣来,达轩来京洽事,数日后即须返沪。晓先夫人夜饭后乃去。汉儿来省,午饭后去,约往夜饭。四时半,润儿先行。五时,偕滋儿往石驸马桥汉儿所,晤亦秀、继文、漱玉、芷芬及锴、镇、鉴诸孙。有顷,润儿亦至。小饮、啖饺,长谈至九时半始散。余与亦秀乘三轮,润、滋骑车夹护以归。至小雅宝口分路,润送亦秀到小油房而后返。

　　湜儿感染流行性感冒,发高热卧床,余为书告其校中教导处请假,俾息养。珏人今日起矣。

　　十时半就寝。

　　升埉下午一时去校。

1 月 12 日(十一月廿七日　癸亥)星期一

　　晴,寒。

　　晨七时起。十时出访平伯,谈至十一时三刻归。往复均步行。饭后盼文渊阁坊主不至。续校点《通鉴补正》。湜儿午后曾起坐片晌,以发冷仍卧。再生见过,仍谈住房问题,公家既不批准购买,而各地调来干部至夥,诚有难以安插之势耳。六时乃去。

　　夜饭后,家人聚谈,湜儿以有寒热早睡。八时半,听转播,李少春剧团所演之《云罗山》。十时半就寝,未俟其终曲也。

1 月 13 日(十一月廿八日　甲子)星期二

　　晴,沍寒,有风。

　　晨七时起。校点《通鉴补正》。

　　下午二时,萧文豹来,余酌留数种自购之,余属仍送所作登记后再取用。

　　元孙亦染感冒,稚质不任病痛,当然呀嘈。余甚怜之,而莫奈何也。夜饭后,独往吉祥看戏,匆遽忘带眼镜,虽坐第一排,真雾里看花矣。仅得畅聆李和曾、杜近芳之《朱痕记》(李饰朱春登,杜饰杜锦堂),叶盛兰之《罗成叫关》而已。十一时散,亟乘车归。颇懊恼也,看戏不带眼睛,又何从解嘲耶? 殆耄及之兆乎?

1 月 14 日(十一月廿九日　乙丑)星期三

晴,寒。

晨七时起。九时出,购烟卷,道遇卧云,立谈顷之,知调孚近况尚佳也。十时许,文豹送牛空山《史记评注》及《归方合评史记》,吴挚甫点勘《史记读本》等来,因属带一信与积贤,催书籍。

湜儿热尚未全退,元孙亦然,均以盘尼西林片投之,或能退热矣乎?仍点校《通鉴补正》。

接业熊复书,附基孙信,知澄儿亦患感冒也。

滋儿归,知清儿未到社办公,夜饭后,即命滋往视之。归报果亦感冒卧床耳。

夜坐看报,九时电灯忽灭,秉烛以待之,越半时乃复明。余亦就寝矣。

1 月 15 日(十二月大建癸丑　丙寅　朔)星期四

晴,寒。

晨七时起。写信复业熊,并及升基,告升堉在温泉小学不适,宜还以带在身旁为妥云。

接其芳信,送来《中国文学史》先秦部分及汉魏六朝部分之参考书目,属写意见,俾修正或补充。余即就余前拟之目补三四种作函寄还之。

珏人以牙痛,精神委顿,午后即卧。湜儿热尚未退尽,午后虽强起,未逾时仍卧。元孙已大好,起玩如常,惟脚花软耳。病者多而气氛自劣,余介其间,心绪可想矣。岂家运转厄之朕乎?滋儿归,携到锡光函,附有毕青(中国上海分公司经理)报告,怀夏楼部分失窃，为华坤之子关宝所为，请指示办理。关宝已成积窃，屡犯不悛，而犹容之，殊堪痛恨，越在南中，真有力无使处也，当去函属追。

夜饭后，达先来省，谈至九时辞去。琴珠、滋儿夜听报告，十时始返。滋喉痛无力，明日拟乞假暂休焉。

十时半就寝。

1月16日（十二月初二日　丁卯）星期五

晴，有云翳，且有风，仍寒。

晨七时起。为开明拟一信稿复毕青，对怀夏楼窃案有所指示。

滋儿病不能行，适魏幼鹏来谒，仍以小椿树胡同房屋须续付款请再预支三千万元，即签条与之，并以复锡光之件托渠带去。

接颉刚十三日复书，对研究《史记》有所告语，并介绍其姨丈王硕辅可备天文历法等顾问。为履善篆一名章，作书送与之。家有病人，心头大闷，入晚忽偏左头痛大发，颇懔懔焉。

下午仍校点《通鉴补正》。夜饭后，听转播，叶盛兰、杜近芳、李和曾、王玉让之《貂蝉》。十时就寝，未听毕也。

湜儿已起坐，明日且将入校就试焉。珏人仍有寒热。元孙精神仍欠振。

1月17日（十二月初三日　戊辰）星期六

晴，大寒。

晨七时起。头痛未愈。校点《通鉴补正》，无多即止。下午二时用温汤濯足，冀引火下注，而萧文豹送书至，亟拭干与之周旋。带来黄善夫本《史记》及积贤复书，谓致何书亦收到矣。萧去，而大阅各本之样书,择定八种留购,一种退,三种备萧来时与洽。

珏人热退起坐。湜亦于下午入校就试。元孙则反见嘈哜,想未痊可耳。

夜听转播吉祥谭富英《断臂说书》及裘盛戎《坐寨盗马》。十时半就寝。

1 月 18 日 (十二月初四日　己巳) 星期

晴,寒。

晨七时半起。上午清儿、达先、建孙来省。近午,小文夫妇及汉儿、芷芬、鉴孙亦来,十一时三刻,余往森隆午饭。盖开明宴请达轩,顺谈上海方面同人近事。达先亦至。清等一行则在家共饭。森隆之会到彬然、履善、锡光、诗圣、韵锵、达轩、达先及余八人。均正以感冒未到。饭后谈至二时半乃散。余径归。复与小文等谈,清等先去。小文夫妇近五时乃去。汉儿等夜饭后八时许始去。

九时半就寝。

元孙哜嘈犹昨,投以午时茶,夜得汗或可就痊矣。珏人幸已起,动如恒。俞妈与阿凤斗口矣,气引去,亦可恶。否则难乎难哉!

1 月 19 日 (十二月初五日　庚午) 星期一

晴,寒。

晨七时起。看郭沫若《甲骨文研究》中释岁、释支干两篇。

元孙仍哜嘈,琴珠上午未入馆。下午珏人任保育,又感累矣。不识得免再发否?萧文豹又送书来,惟积贤处尚无消息,因于晚间作书与西谛,请为催送之。

接李庚通知,明日下午四时开合并筹委会。

夜饭后,点阅赵曾望《廿四史类聚》。十时始寝。

1月20日（十二月初六日　辛未　大寒）星期二

晴,较昨寒稍杀。

晨七时起。珏人以持家故,亦仍强起。盖昨日过劳,又感乏力矣。续点阅《廿四史类聚》,十一时毕之。

审择昨萧君送来之各头本,又取八种,备送请所中核购之。

元孙已大好,半日无哭声,心为大慰。下午三时半出,步往西总布胡同,出席合并筹委会。晤彬然、均正、锡光、李庚、李湜、立准、再生。自四时至五时半,商决新机构名称,新董事会组织及修订公司章程诸事,并定争取于三月一日正式公告合并云。会后与立准、再生谈。六时乘车归。

文豹四时又送书来,余未之晤也。夜琴珠归,携到云彬十五日杭州信,询余近况。

晚饭后,翻阅案头所堆书。旋听转播吉祥叶盛兰、杜近芳《玉堂春》,乃"起解"甫毕,机生故障,只索罢听。时已十时,乃就寝。

1月21日（十二月初七日　壬申）星期三

晴,寒如昨,渐觉温转。

晨七时起。写信复云彬,同时书告芷芬,为云彬一办（云须买《新华月报》也）。续校点《通鉴补正》。

下午二时,步往西观音寺九十二号访王硕辅应伟,晤之。即以颉刚之信递交,并谈《天官书》问题,逾时辞归。

五时,文豹又来取去样书,并属其缴回所中书两部,催取三部。（百衲本、覆刻小殿本送去,催取汲古阁本、评林本、蜀刻殿本。）

夜饭后，清儿、建孙来省，八时半去。

接文权十九日信，知渠定卅日动身，卅一日晚可到此也。甚慰。十时就寝。

1 月 22 日（十二月初八日　癸酉）星期四

晴，更较昨和暖。

晨七时起。上午写信复文权。续校点《通鉴补正》。下午写信复颉刚，详告入手研究之方，并告根据各本。所中仍无消息，甚奇。

俞妈本约今日来，竟未至，狡狯可恨，家事纷陈，珏人仍得必躬必亲料理之也。珏人今日上午曾与佩华往同仁医院诊牙疾，敷药而归。谓须消肿后始可拔。约后日再往复诊。

夜饭后，小坐与诸儿杂谈，九时半就卧。十时许乃入睡。

1 月 23 日（十二月初九日　甲戌）星期五

晴，和，道旁阴处积雪皆化矣。

晨七时起。上午续校点《通鉴补正》。下午开始校点《史记》。即以张文虎校金陵刻本为主，施朱其上，先用黄本校异文。

夜独往吉祥看市京剧第一团演出。七时半开，先为李万春、毛庆来、马鸣喆之《白马坡》。次为李砚秀、白玉茹之《樊江关》。次为李万春等之《十八罗汉战大鹏》。热闹而已。十时半即散。归家湜儿候门，犹未睡，正为余钞《史记》参考书目也。（即从廿五史附录中重录，便翻览。）十二时易衣就寝。

诗圣饬人送来通知，明日下午六时，在森隆三楼开开明董事会在京第十八次会议云。

1 月 24 日（十二月初十日　乙亥）星期六

晴，和如昨。

晨七时起。校点《史记》。九时珏人往同仁医院复诊，仍敷药而归，未能拔也。下午仍校点《史记》。

五时三刻出，乘三轮到森隆三楼，诗圣、西谛、桢祥已在。有顷，力子至，又有顷，彬然至。雪村至。最后履善至。觉农以事赴南京未到。均正、锡光约来列席，均未至也。且饮且谈，解决问题十起。于垫发股息及酬答创办人与在职老同人等皆拟有办法。余在职二十年，一次致送薪给九个月。予同亦得六个月云。何日发放，则尚有待耳。研究所薪西谛言将属积贤来洽，未终席，西谛先去。九时半散，余乘三轮径归。

润、琴、湜俱在外看夜戏。余坐待之十一时半，滋、湜先归。润、琴继至。十二时乃各就寝。

1 月 25 日（十二月十一日　丙子）星期

晴，和犹昨。

晨七时起。八时许，清儿来省，竟日与家人叙谈。夜饭后八时乃去。达先于清儿去后来取物，又与谈至九时三刻去。午饭后，余独往鲜鱼口大众剧场看北京戏曲实验学校演出。一时开，先为陈国卿、吴钰璋之《黄金台》。次为李可、郭锦华之《十字坡》。次为刘秀荣、张春孝、朱秉谦、王荣增之《三堂会审》。休息后为钱浩梁、徐德福、郭世华等之《铁龙山》。五时散。人人着力，勃勃有朝气，真后起艺人之秀也。深赏翼之。散出仍乘三轮径归。往返俱道崇文门，路较近捷亦减冷耳。

夜与家人围坐闲谈,嗑葵花仁以遣之。

佩华夜独往吉祥看吴素秋演《红娘》,十一时后归。

接业熊廿二日来书,告廿一日上午十时四十分,澄儿又举一男,母子平安,并乞赐名云。

十时半就寝。

1 月 26 日(十二月十二日　丁丑)星期一

初阴,旋飘雪,近午淡日透薄云,雪乃加大,亭午雪止日出,转见晴朗矣。气未加寒也。

晨七时起。校点《史记》。接文权、漱儿信各一,俱廿一日夜间所写。权廿四寄,漱廿三寄,两地都有耽阁,故延至今日始到耳。文权暂留上海,须二三月再决行期,恐我注盼,先通知。漱则告生活近状,并及笙伯海外消息,年终来京之说恐不可能矣。珏人悬盼已久,突闻此息大感失望。本稍稍振作矣,乃为此顿见不怿。薄暮又发冷打颤,兼有呕吐,夜深发热,热之高至卅八度六,甚为耽忧也。

小文来辞,谓明日即须请假回南矣。留夜饭后去。

晚七时半,诗圣见过,出董会纪录及告股东信稿商正,谈至九时许辞去。

十时就寝。夜半起视珏人,幸得大解。

1 月 27 日(十二月十三日　戊寅)星期二

晨雪未久,即放晴。下午刮风,气不加寒。

早七时起。珏人寒热未退,势甚可怕,即属琴、滋打电话与张静容大夫,约午后来诊。

写信三封，分复文权、业熊、及漱儿，告此间近状。未发，待张大夫诊后再添注。饭后，大夫即来，据断仍为流行性感冒，肠胃肺部均无病。注射退热剂及盘尼西林各一针。大夫去后，随将此情注入三信中，交湜儿出投邮，顺往大夫处取得药水、药粉、药片归。依时投下，至晚，热渐退，天明退尽矣。

下午萧文豹来，带到汲古阁《史记》十册，盖所中托渠带来者。余因作书托其捎去，叙明前后收到各件，续取蜀复殿本、评林本、志疑本三种，并顺询薪水如何领支云（仍致积贤）。傍晚，滋儿归，带到诗圣函，告力子明日上午九时前可晤，并将应付会中决定各项付款清单附来，俾明日请力子核签也。

夜饭后，与滋、湜两儿往吉祥看戏曲研究院京剧第一团演出。时方六时三刻，茹元俊等之《挑滑车》已开演，七时半毕。接演李和曾、曹韵清之《李陵碑》，八时半毕。休息片晌，接演杜近芳、叶盛兰、王玉让、萧盛萱、曹连孝、李吉来等之《凤还巢》。十时五十分毕。通体紧凑，人人展长，快极！

余未晚前骤感寒凛，疑染及流行性感冒矣。夜饭后，强出，以持之，初入院座，犹手足牵冷，不甚舒，比终场，通体爽快，竟忘向之不舒焉，好戏乃能愈疾如此乎。十一时半归。珏人方服药安睡渐痊矣。十二时就寝。

1 月 28 日（十二月十四日　己卯）星期三

晴，寒，有风。

晨七时起。八时出，乘三轮往西四砖塔胡同访力子，晤谈至九时半辞归。于董会纪录等俱得签字解决。午后一时过访诗圣，诗圣肺疾进展，今起又全日在家休息矣。谈一小时，即以邵签各件交其转发洽办。遂归。

由培福上午来,出通知属盖章,知余之薪给为每月六百分,(照时价合一百四十万馀元,视开明短去三之一强也。)因以图章交之,属存积贤处代为领取而去。想日内当可送到乎?

四时,升埙归城,盖提前放假,免得去接,亦一佳事。埙孙仅十龄,能自了如此,其能力有足多者。四时半,魏幼鹏来续请第三次付房款,又签三千万元与之。据云,同人宿舍可以解决四家云。(尚有四千五百万应付,过日再来商请耳。)

傍晚,文渊阁夥友送所中《史记志疑》至,带到积贤信,谓已属由培福到城取私章,俾代领云。

升埙欲急归,改提前于本月卅一日送伊上车,特令湜儿即写信寄张店告之,并附滋书。

润、琴俱以开会未归夜饭。琴珠十时返,润儿十时半始返。余已就寝。

1 月 29 日(十二月十五日 庚辰)星期四

晴朗,微有风。不甚冷。

晨七时起。校点《史记》。湜儿往购张店票未得,怏怏归。恐未询问明白也。

滋儿带均正信来,询问申凤章俄语手册不出版,收回纸版费送与之妥否。余答只好如此。盖此书久延不出,及时宜已过,反自撩乱,亦自取之咎耳。

下午四时,滋儿由第一联合门诊所归,出检查身体证书呈余,谓两肺上部似有极轻微核实,一月后复查,馀都正常云。为之大慰。

由培福来,送到一月工资一百卅八万二千八百元。照算缺百分之二强,或会计处例扣工会会费乎? 俟面时总有说明也。

芷芬来省,因共夜饭。饭后与润儿长谈至九时半去。张店车票即属渠代购。

十时琴珠参加时事学习归,未返家晚饭也。

十时半就寝。

1 月 30 日 (十二月十六日 辛巳 月全蚀) 星期五

晴,寒。

五时五十分起,看月蚀,时月在西方偏北,仍皎然一冰轮也。有顷,左偏上角微晦,旋见黑弧加大,遮其南端,乃唤湜儿起同观之。以院小,月渐下沉,踞凳延望焉。又有顷,愈遮愈北,而愈下,遂与湜启户出街西瞻。依其下沉而引就之,直至全蚀无馀已。七时,日亦透土矣,始返家,兴亦豪矣哉! 自笑老而好事,其童心犹有存焉乎?

九时,元锴、元镇来言,西单车站营业所张店票(明日者)亦已售完,昨交芷芬者原封还来。因之大为着慌,盖已函告业熊,如延期必致空接,耽惊也。因于午后又属湜儿、佩华四出设法,竟无所得,至晚始决定缓行,当夜发电与业熊告之,为此攘攘,殊乏味耳。

下午校点《史记·夏本纪》,告毕矣。文豹续送所中书来,计《史记评林》及蜀翻殿本,共五十六本十函。

琴珠以上课未归夜饭。润儿以开会,匆匆夜饭后即出。滋、湜则去电信局发电报。滋、湜八时半归。润、琴俱于十时前后归。润先,琴后,亦距半小时也。清儿、建孙夜饭后来省,移时去。

滋儿携归会计科送来退职金及两年董事夫马费,共二千另五十馀万元。明日将存入人民银行,备不虞。

夜月姣好,十时就寝。

1 月 31 日(十二月十七日　壬午)星期六

晴,寒。夜月甚皎。

晨五时起。燃灯唤湜儿亦起,俾赴东单排队购火车票,冲寒而出,甚怜之。时天犹未明,余就灯下校点《史记》,至九时半,湜始得票归。余亦点毕《殷本纪》矣。张店之票虽已购到,而打行李送上车、发电报等等,仍需大费周章耳。甚为耽心。

下午看《评林》诸本。夜饭后,与诸儿聚谈,食葵花子。以连朝黑早起身,今日九时即寝。

2 月 1 日(十二月十八日　癸未)星期

凌晨大雪,继而日出,雪竟日飘,偶有间歇而已。

七时起。校点《史记》。十一时索介然来谈,谓顷从侯外庐处过此,云将往西安西北大学为外庐整旧稿,惟须有人作介,始可协,属为致函。余为成人之美允之。约明日来持函。十二时半辞去。言次知童丕绳在山东大学作检讨,对颉刚《古史辨》肆意攻击,深文周内,竟谓欲树一帜,以与唯物史观抗衡云云。闻之不胜忿忿。入室操戈此之谓矣。后生躁进忘本,乃尔耶!

下午墨林来视珏人,与谈至五时乃去。清、汉俱来省,四时去。升埡行李由润、湜两儿车往车站,为打票作件带出。一面令滋出发电报,告业熊,俾到张店接候。明日上车,且属汉儿抽空一送。纷扰弥日,至此方略定也。夜饭后,与诸儿闲谈,元孙穿梭其间,殊婉娈,动人怜爱耳。

九时半就寝。

2月2日（十二月十九日　甲申）星期一

晴，雪犹昨，日中停，午后阴合，又降雪，终宵未止。

晨七时起。校点《史记》。十时，介然来，因作书与之，属往致于侯外庐。余虽久知外庐初未谋面，今贸然通问，雅不欲，为成介然之志，过为之。十一时许，介然辞去。十时二十分，湜儿送升堉往车站会汉儿，同送上车，托一湜之同学戴君携往张店（戴住青岛），近十二时归报，据云，安排甚妥帖，汉亦归去矣。至此，始放下一块大石。只待张店来信耳。

下午二时，萧文豹来，送到古香斋《史记》三十本，价四万元，又送《礼书通故》首本（光绪癸巳黄氏试馆刊本，甚精，非浙江局刻本），亦拟留置之也。三时，晓先夫人来视珏人，四时三刻去。雪中往还，殊可感也。

夜饭后，闲翻架书，九时就寝。

2月3日（十二月二十　乙酉）星期二

早起仍飞雪，禺中稍稍止，终阴。

六时半起。校点《史记》。接允言卅一日信，复告近状并介绍译稿。

湜儿偕同学往游颐和园，上午七时四十分出，下午四时归。

午后二时积贤见过，告将编印通信录，有所咨访，并言所中在城内召开会议，须过春节始举行云。

李庚送中国青年出版社公司章程草案至，属于本星六前提供意见。

写信复致觉,告近状。

夜饭后,与湜儿同往吉祥看中国戏曲研究院第一京剧团上演。六时三刻开始,先为《花蝴蝶》。徐志良饰花冲,殷金振饰蒋平。一场泗水战斗,姿态毕肖,观人诚不可以声名求之也。继为李和曾、王玉让、杨少龙之《失空斩》,李之孔明、望之幼常,杨之仲达,但能刻画入微,可谓璧合珠联。休息后为叶盛兰、杜近芳、曹连孝之《三拉团圆》。此一趣剧,原班演出已再度观之,引人益深,足见工力矣。十一时许将散之前,先与湜出院,即乘车径归。

盥洗,易衣而寝,正十二时。

开明垫发股息函琴珠带回,明日当可取到,则度岁有资矣。

2 月 4 日(十二月廿一日　丙戌　立春)星期三

时雪时止,偶见日,气乃不甚寒。

晨七时起。校点《史记》,至下午五时歇,《周本纪》已毕。介然午前又来,谓将不去西安,在京专为侯氏理稿云。谈移时乃去。目力日见不济,多用些时便见流泪,而且晕眩,衰至如是其速耶?

晚,琴珠归,知可援干部还乡度岁省亲,例集体购车票,伊已定得九日之票,将返沪一省其父母云。

夜饭后,闲谈嗑葵花子。九时半即寝。

2 月 5 日(十二月廿二日　丁亥)星期四

拦朝大雪,较以往四朝益甚,弥望皑皑,殊无放晴之兆也。室内炙于炉火,幸不见冻耳。

晨六时三刻起。接卅日业熊张店信,复廿六日去信。云当到站迎候,云是埙之行期其时伊尚未知也。想此刻当有续音在途矣。

校点《秦本纪》白文已毕。注文则三之一耳。

午后开霁,竟得晚晴。

夜饭后,与滋、湜出崇文门,往大众剧场看京市第四京剧团演出。六时半即开。到时《武松打虎》已过兄弟相会,方始自服毒,以至十字坡、打店止。九时休息。姜铁麟饰武松,杨元才饰武大,刘鸣才饰王婆,李砚萍饰潘金莲,焦鸣蓉饰孙二娘,俱松灵有劲也。休息后为《玉堂春》。自三堂会审至探监团圆止。十一时散。吴素秋饰苏三,李德彬饰王金龙,孙振群饰潘必正,张荣善饰刘秉义。唱演俱臻上乘矣。京中各团皆有特长。一时瑜亮,难可甲乙,其殆并竞而益进乎?

乘车到家,正十一时半,小坐便寝。

2月6日(十二月廿三日　戊子)星期五

晴,寒,积雪未融。

晨七时起。校点《秦本纪》注文达三之一。

接四日澄儿信,附升埗信,告三日之晨安抵寓中,并言行李等件一无遗落。新生之男亦好云。心中大石掇去矣。又接北大王有三函,约往图书馆学专修科作座谈会报告,有关出版事宜。余虽从事出版业而愧无以应此命,恐徒辜雅望。转滋咎戾,决然辞谢,即作书复之,道方命之歉。

夜接予同复书,对预支版税计算方式仍持异议也。中国青年出版社公司章程草案已校改若干处,复送李庚,备明日交滋儿带去。晚饭后,滋、湜两儿往宝泉堂浴身。润儿、琴珠则往平安看电影。滋、湜九时半归。润、琴十时半始归。余已就卧矣。

2 月 7 日（十二月廿四日　己丑）星期六

晴，寒。

晨七时起。魏幼鹏来请续开四千另八十万元，找清房款。余维事在结束，即签条属向会计科支取之。

写信与履善，转予同信，请酌办。写信复予同，论治史并及余出处之故。

夜饭后，独往吉祥观上海市京剧团演出。盖润儿在出版总署为余购得之票也。七时开，十一时止。共演两出，前为《梁山伯与祝英台》中之相送、楼会。黄正勤饰山伯，王熙春饰英台，表情细腻熨贴，实出前看越剧之上也。后为《黑旋风李逵》，实改良之丁甲山也。王正屏饰李逵，纪玉良饰宋江，李桐森饰王林，张洪奎饰鲁智深。馀角亦各逞其能，平均发展，真集体之作也。闻此团为周信芳所领导云。

散戏归，小坐即寝。

2 月 8 日（十二月廿五日　庚寅）星期

晴，寒。

晨七时起。九时半出，乘车往八条看圣陶。圣陶适出浴，晤墨林、绍铭，至十一时半，圣陶始归。蠖生、至美亦至，遂共饮且午饭焉。饭后，与圣、蠖谈，二时半始乘车归。

知履善、均正、达先、清儿俱来过，未之晤，甚歉。

元孙昨日又染感冒，终夜发热，今夕请张静容大夫来诊，亦注射盘尼西林，并服消炎片。当夜仍未宁谧，恐有日淹缠也。

十时就寝。

2 月 9 日（十二月廿六日　辛卯）星期一

晴，寒。

晨七时起。写信两封，一复允言，一寄硕民，汇十万元聊供卒岁之需也。元孙仍唶嘈。又写信寄澄儿复告一切，并示慰升塎安抵其家。

饭后乘车往甘雨胡同会计科访履善。兼晤锡光、韵锵，将昨日履善问我之事当场面予解决。谈至一时半，社中大扫除，乃辞出，与锡光行至甘雨胡同东口，各乘车归。

看金东甫（实为钱伯诚）《辛弃疾传》稿本。盖昨自圣陶所携归者也。圣陶将选《稼轩词》，约余合作为撰注。故先以此稿属看之。

琴珠三时四十分携行李赴车站，将会合中图同人登车返沪。佩华送之。

六时，余与湜儿先饭，饭后便往吉祥看马连良剧团演出。七时开幕。先为黄元庆、刘永利之《狮子楼》，干净利落，在行之作也。八时三刻即休息。嗣为《四进士》，自拜寿谋害柳林写状起，至士杰仗义三公堂止。连良饰宋士杰，马胜龙饰毛朋，袁世海饰顾读，江世玉饰田伦，罗蕙兰饰杨素贞，马崇仁饰杨春，马富禄饰万氏，皆佳。连良等折肱老手，自不待言。而闻人言，罗蕙兰乃系初唱，亦复采声不绝，其殆蓬生麻中乎？十一时廿分散。

到家小坐即寝，已十二时。

知琴珠所乘之车极拥挤，坐既不舒，历时又必久，恐到沪时倍见辛苦耳。

2 月 10 日（十二月廿七日　壬辰）星期二

晴，寒。

晨七时起。看《辛弃疾传》稿本，颇有讹字及脱字，余为随正之，引词亦有舛差，复为发汲古阁本《六十家词》及四印斋《稼轩词》本校改焉。下午四时休，犹未毕也。

建昌上午来，随珏人往理发，因留此盘桓。元孙已大好，但精神仍未振。建孙来玩，颇逗之为乐也。

夜饭已，俞妈送建孙归去。润儿入署作夜工。余等收听长安转播马连良剧团《甘露寺》，未待毕，九时三刻即寝。润亦归来矣。

夜半风作，撼户有声。

2 月 11 日（十二月廿八日　癸巳）星期三

风霾蒙日，气骤寒。

晨七时起。看毕金东甫《辛弃疾传》稿本，作书与圣陶还之。校点《秦始皇本纪》。夜看冯至《杜甫传》。癸巳元旦，吉祥日夜场戏票及初三夜场票湜儿均已排队购得。傍晚风止。元孙又伤风咳嗽发热，甚感不安。

润、湜夜出理发，岁杪生涯鼎盛，亦排班挨次始得办。七时往约九时，九时往，十一时半乃返，足见年景之美好矣。余八时三刻听中央电台广播梅兰芳、姜妙香、梅葆玖之昆曲，盖观摩演出中之《游园惊梦》录音也。九时半毕，即寝。

2 月 12 日（十二月廿九日　甲午）星期四

晴朗，微风，午后风渐大，翳渐重，垂暮又阴合矣。

晨七时起。校点《秦始皇本纪》（上午），看《杜甫传》（下午）。北大送二月分工资至，匆忙中出收条漏列年节肉资七千一百元，人去始觉，甚愧，即飞书积贤，更正，并属向送款人道歉。

接濮文彬八日来书,告小文夫妇归省,将于年初三四始能返京云。想年杪邮递较繁忙,故此书竟历三日始得送达也。

夜饭后,清儿来省,九时去。润儿送之。顺入署中参加晚会。十时半乃归。

余看毕《杜甫传》,十时廿分就寝。元孙热退。

2 月 13 日(十二月三十日　乙未　大除夕)星期五

晴,寒,略有风,午后阴合,颇饶雪意。

晨七时起。校点《秦始皇本纪》二小时。逗元孙腾出人力治年事。盖扫除屋宇作肴馔,买什物,在在需人,不可能有专人看护孩子也。下午,本想偕湜儿出门散步,乃伊校中开会,只索停罢。

闲翻《幼安词》。

夜六时半,合家吃年夜饭,独琴珠不在侧,微感不足耳。

饭后润出参晚会,十一时后归。余与湜儿听春节京剧广播,一时始寝。湜儿须听马连良之《借东风》,二时后乃睡。

2 月 14 日①(癸巳岁正月　小建甲寅　丙申　朔·元旦　日偏食)星期六

晴,寒,有风。

晨七时起。看日食。

九时大椿来,坐移时去。十时许,芷芬、汉儿、锴、镇、鉴三孙及

①底本为:"复初日记第一卷"。原注:"昭阳大荒落,履端之辰,余获遂还读之志。十数年,徒结辖于人事,竟荒弃夫学殖,中夜扪心,愧悔无伦。今复其初,晚盖匪艰矣,诚如涸鲋得水,良足自庆耳。旧有还读日记若干卷,辛壬倭燹为六丁摄去,抚今追昔,感不绝于心,爰以"复初"嘉此新称,亦以识珏人还历之始,同庆垂老相庄也。元宵未暮前,容叟记于京寓。"

女佣吴妪来。十二时,达先、清儿、建孙来,因共饭。饮葡萄酒,全家分坐两席,斯亦屠苏之遗风矣。饭后,盘桓至三时许,皆去。滋、湜往吉祥大戏院看日戏(京剧一团李盛藻、李和曾主演)《龙凤呈祥》及《杨排风》。余与珏人、佩华于夜饭后亦往吉祥看此团演出。七时开幕,为周英鹏、李维坤、张玉禅等之《金雁桥》。继为李和曾、曹韵清之《文昭关》。前出之武工,后出之唱工,俱餍望。八时三刻休息。九时,《凤还巢》上演,叶盛兰饰穆居易,杜近芳饰程雪娥,王玉让饰周铝,曹连孝饰程浦,李吉来饰洪功,萧盛萱饰程雪艳,高富远饰朱焕然,王玉敏饰程夫人。诚可谓璧合珠联,再看不厌耳。珏人、佩华皆欢喜赞叹,场中掌声、笑声交织矣。十时三刻散,乘车归。小坐就寝,犹未及十二时也。

2 月 15 日（正月初二日　丁酉）星期

晴朗,沍寒。

晨七时起。九时,雪村、达先、胜凯来,小坐便行。祖孙三代同至,知雪山子士信近患肺炎云。写信寄伯衡,询琴珠归期,顺贺岁禧。

昨接业熊托同事朱俊民带来一信,告携来酱肉,属往取分馈清、汉。今日作书复之。即属润、滋、湜三儿往德胜门内松树街大新开路朱家取肉,即以此书托朱带鲁。润等顺往汉儿家午饭。佩华十一时亦往,并知达先、清儿、建孙亦在彼也。午间仅与珏人小酌。

饭后,趾华来,略坐便行,盖须往社中值班耳。滋儿亦奉派值班,想自汉儿所径赴之矣。

看荀悦《汉纪》两卷。

三时许，彬然、诗圣来，四时半去。五时，佩华归。六时，银富来，因留夜饭。七时许，滋儿归共饭。湜儿未归夜饭，想为晓先家所留。夜饭后，少坐，银富即去。家人掷骰为状元格嬉，至十时，各就寝。

2 月 16 日（正月初三日　戊戌）星期一

晴，寒。

晨七时起。八时许，晓先来。九时，伯愚来，即去。十时，均正、国华、佳生夫妇来，谈移时去。十二时，雪英、士方、士中来，遂共饭。饭后，本欲往民主剧场看吴素秋演《诓妻嫁妹》，以晓先一家在，属滋、佩往看之。下午二时，余偕晓先往八条看圣陶、墨林，并谒叶老伯母。晤祖文、蠖生、至善、至美、至诚等。五时许，即其家小饮，六时半，先辞出，乘车遄赴吉祥看京三团演出。七时开场，先为黄玉华、茹少泉、叶德霖之《拾玉镯》玉华扮相风华，表演亦可，然视素秋则逊矣。继为李少春、雪艳琴、景荣庆等之《宝莲灯》。李之刘彦昌、雪之王桂英、景之秦灿，表演深刻，为全场精华。雪多年辍唱，今露演尤受观众欢迎云。九时四十分休息。休息后为吴鸣申、李金鸿、李少春、李元瑞、李益春、马鸿麟等之《大闹嘉兴府》。鸣申殊卖力，武艺实超侪辈也。景、吴皆隶市一团，李万春班中今俱撤出改隶，想市一团必当改组矣。

十一时散出，父子三人徒步归。盖滋、湜于七时半来吉祥会坐也。十二时就寝。

接北大文研所筹会通知，廿二日下午二时半，在西郊北大临湖轩开成立会，当一往参此典礼也。

2 月 17 日 (正月初四日　己亥)星期二

晴,寒。

晨七时起。九时许,韵锵夫妇来,小坐便行。知将与李湜赴沪公干,处理存纸云。

十一时,余与珏人、滋、佩、湜步往雪村家。润儿亦至,知士文今日产一女,幸未成行,否则将产于车中矣。将午,芷芬、汉儿一家至,遂饭于雪村家。

饭后二时归。以风作,未再出,本想一访西谛,未果也。四时,永清来,坐一小时去。七时,芷、汉、鉴来夜饭,坐甫定,而振甫、煦柽至,因共小饮。志公夫妇来,辍饮与谈,移时去。复与振等饮。饮后复谈,九时半,振、煦去。十时廿分,芷、汉等去。

十一时始就寝。寝前犹得收听转播吉祥所演唱之马连良《借东风》也。

2 月 18 日 (正月初五日　庚子)星期三

阴,午后放晴。傍晚复阴,寒威较昨、前稍杀。

晨七时起。校点《秦始皇本纪》,至下午四时半毕之。其间仅午后一时至二时半,平伯过谈而已。诸儿皆照常上班工作,湜亦连日参加团会,明日寒假开学矣。

傍晚,雪村夫妇、达先、清儿、建孙来。沛霖、葆华来。七时夜饭,留葆华未果,余等遂共饮。将毕,农祥、亦秀来,叙谈至九时半,雪村夫妇去。十时许,达先、清儿、农祥、亦秀去。建孙留宿焉。

新年乐事,亲朋往来,岁岁相同,而境随时迁,感趣各殊。自得解放后,心日愉而境日进,升平有象,其斯之谓乎?

2月19日（正月初六日　辛丑　雨水）星期四

晴和。

晨七时起。校点《项羽本纪》，毕白文，又注文六之一。以目眩而止。随览《续通鉴》，尽一卷。

西谛书来，约廿二日下午过其家，俾同车出城，共参文学研究所成立典礼。即作书复之，并询刘申叔遗书下落，属为催送。顺告研究工作进行状。

连日见客，多说话，今日大感疲乏。夜饭后，八时三刻即寝。

润儿自署下班后，径往汉儿家晚饭，归来已将十一时。

2月20日（正月初七日　壬寅）星期五

晴，寒。

晨七时起。校点《项羽本纪》毕之。下午一时，调孚、卧云偕过，二时，卧云先去，调则谈至三时乃行。唤车送其归卧云。

夜小饮，润儿夜饭后出参民进会议，九时半归。

余濯足就卧，已十时矣。忽忽新年已届人日，流光如驶，岂虚语哉！

2月21日（正月初八日　癸卯）星期六

晴朗，较昨和。

晨七时起。校点《汉高祖本纪》白文毕之。介然来谈，知西安之行犹未决也。据云，侯外庐尚未予以确切答付耳。

接伯衡及琴珠信，知于今日上车回京，明晚当可抵此矣。

下午看《续通鉴》。

滋儿晚归,携到调孚书,并假我商务书馆印影明汲古阁钞本《稼轩长短句》,及林大椿校《稼轩词》各一部。

夜饭后,小文、家梅夫妇来,云初四自沪动身来京,到即上班,未及便来,其母胃疾经割治后,已大好。谈至九时乃辞去。

十时就寝。

2 月 22 日（正月初九日　甲辰）星期

终日阴霾,气尚不甚寒。

晨七时起。十时,清儿、达先先后来,遂长谈共饭。十二时半,乘三轮赴黄化门西谛家,平伯已在,盖约同附车出城也。时西谛适出午饭,俟至一时三刻许乃返。因共载出西直门,过海甸,径赴北大临湖轩,已二时廿分矣。宾客同人到者六十馀人,晤雁冰、周扬、汤锡予、蒋荫恩、冯至、其芳、积贤、觉明、默存、杨绛、余冠英、曹靖华、罗大纲、曾昭抡等。二时四十分开会,西谛主席,雁冰、昭抡、周扬、锡予、觉明、平伯先后讲话,六时十分始毕。即在轩中聚餐,凡五席,余与平伯、觉明、其芳、冯至、靖华、大纲及两位未及请教之人同座。饮啖至七时半散,仍偕平伯附西谛车入城。有三、介泉诸人未克一往把晤也,至憾。车到地安门别西谛下,唤三轮径归,已将九时。汉儿在候余,知建孙已随清儿归去。履善曾来访,未晤云。时润、滋两儿往车站接琴珠,十时半,偕归。悉途中安善,沪上诸亲友亦佳耳。有顷,汉儿归去。

十一时就寝。

2 月 23 日（正月初十日　乙巳）星期一

阴霾如昨,仅午前后一显日光而已。

晨七时起。校点《汉高祖本纪》。接硕民书,知仍滞沪圣南家。满纸辛苦,老怀可想,幸体尚清健,不若望八之年,则大堪引慰耳。

接埁孙书,告彼地小学系春季始业,不免枉读半年云。

夜饭后,令润儿买花砲若干,事于院中点放之,此亦春节点缀之具。老小同乐,殊不恶也。

九时半就寝,月色朦胧矣。

2月24日（正月十一日　丙午）星期二

晴和。大有春意矣。

晨七时起。校点《汉高祖本纪》注文三之一。下午写信六封,分复硕民、君宙、文彬、熊、埁父子及致伯衡、惠民,谢馈食物。

夜饭后,与珏人往吉祥看荀慧生剧团之演出。七时开戏,为殷行云之《钓金龟》。继为虞启龙、蒋英华等之《讨渔税》。行云独唱尚有可听,启龙止足与万啸甫比耳。八时半即休息。休息后为荀慧生、童寿苓、朱斌仙、钱元通、蒋铸久等之《钗头凤》。十时五十分散。寿苓之陆游、斌仙之步空,均能称其职。慧生做工到家,惟年事已大,体肥而嗓低,迥非当年风流矣。为之叹息不置,美人迟暮,英雄老去,古今有同慨焉。

到家时为十一时廿分,湜儿亦方从北京剧场观话剧《曙光照耀着的莫斯科》归。应门俟余矣。近十二时始寝。

2月25日（正月十二日　丁未）星期三

晴和。夜月皎然。

晨七时起。校点《汉高本纪》,毕之。看《续通鉴》毕八卷,宋太祖事迹完。

接所中送来马列主义学习计划,马列主义学习第一阶段计划及学习制度与方法各一分。三月一日起,分组展开学习矣。余因自订作息时间表,将治业、治学及文艺欣赏分别支配,俾免陨越。

夜饭后,诸儿在院中放花砲,硝磺气弥漫,殊有别趣。忆幼时看金圣叹批《西厢记》与王斫山赌说快语,有醉后闻爆竹硫香入脑清爽感快云云。今夕回味不我欺也。十时就寝。

2 月 26 日（正月十三日　戊申）星期四

晴和。日中感暖,嫌炉火矣。

晨七时起。校点《吕后本纪》,毕之。又校点孝文、孝景两纪白文,皆毕之。

俞妈与阿凤坚欲去,明日离此矣。此妪猾黠,引去亦无足惜也。

今日试以自订课程施行,成绩尚佳,可见只要抓紧时间,真无施不可也。

夜饭后,仍在院中放花炮,元孙以稍稍临近,为紧张声势所激,竟受惊,抚慰良久乃安。十时就寝。

下午有王辑五者来访,盖山西大学之教授,特为梁园东催询稿件者。此稿已延阁数月,应即促均正发付之。

2 月 27 日（正月十四日　己酉）星期五

阴,薄寒。

晨七时起。作书与均正,催询梁稿。旋于午后得复（滋儿携回）,谓正交第三组审读中,已属编委秘书室先复梁君云。

汪声济书来，求易屋，即转锡光核办，余实已管不着也。接致觉函，谓文史馆事无消息，谋夫孔多，恐不易实现耳，至为焦灼。当转圣陶一询之。

校点文、景两纪注文，下午四时乃毕。

作书与圣陶，转致觉函，属再加劲，送《辛词》三本去，顺告本星日临湖轩之会（此件将托珏人明日往访墨林时带去）。

夜饭后，仍施放花炮，元孙已习之，不复惊矣。

九时即寝。

2 月 28 日（正月十五日　庚戌　元宵）星期六

晴，和融，上午略有风，旋止，夜月圆莹。

晨七时起。校点《汉武本纪》白文完毕，注文则仅及半耳。问题异同较多，便尔棘手也。

十时，卧云来招珏人偕往八条访墨林，即饭其家。下午四时始归。知叔湘夫人及晓先夫人亦在焉。

午后，萧文豹送《礼书通故》三十二册、《扁仓传补注》三册，至直十二万元，即付之。令湜儿购得大众日戏票一张，吉祥夜戏票三张（俱明日者）。芷芬在出版总署听报告，顺道来省，因共夜饭。饭后仍放花炮点缀元宵。芷芬谈至近九时乃去。

十时就寝。

3 月 1 日（正月十六日　辛亥）星期

阴，近午雨，旋为雪，午后加大，入夜未止，中宵月出，清光逾恒，照耀冰雪上，倍见莹澈，气不甚寒也。

晨七时起。元孙昨又发寒热，今日殊为哜嘈。饭后，本拟往大众看戏,以雪故,将票送与熟车人吴海。

清儿、达先、建孙来省,盘桓及晚,达先挈建孙归去,清儿则留家晚饭。饭后与佩华同往吉祥看吴素秋《元宵谜》。尚余一票,即属达先往会同观焉(三票本定珏人、湜儿带阿凤往观,以元孙唭嘈故,变更之)。滋儿往团校听报告,十一时许,与佩华先后归。时余已就寝矣。

3 月 2 日(正月十七日　壬子)星期一

晴朗,略有风,昨日冰雪俱融矣。

晨七时起。校点《孝武本纪》,毕之。又校完《三代世表》。四时后看《通鉴补正》以《辑览》约串之。

接君宙信,知开明股利已收到,并告忙于里弄工作,尚称手云。

接西谛手书,约明日午后二时前往其家,俾同车出城往北大文学研究所参加第一次学习小组会议也。

元孙寒热朝退,午后又增高,咳嗽气急,颇怜之。珏人为之将护,不少问,恐亦累及耳,甚感不舒松。薄暮,电话延张静容未得通,乃由润儿往朝内大街西头四牌楼路南之永安堂药铺购得保元丹,归调服之,并买午时茶煎与珏、润、湜、阿凤皆饮焉。

滋儿以团小组开会,未返晚饭,九时半始归。

十时就寝。

3 月 3 日(正月十八日　癸丑)星期二

晴和。夜月好。

晨七时起。校点《十二诸侯年表》,至十二时仅逾三之一耳。午饭后,乘三轮诣黄化门西谛所,到彼适一时半,待有顷,平伯至,遂共载出城,径赴北大教室楼文学研究所开会。到西谛、其芳、平伯、冠英、大冈、砚生、季康、力扬、积贤及余。又未悉姓名者五人。(惟知其中三人为本所图书资料室同人,两人为民间文学组同人而已。)力扬主席,报告布置学习经过及与北大学委会之关系,宣布分组名单(暂分两小组),余与西谛、平伯、冠英、其芳、积贤等在一组,推贾芝为组长。(其人未到,不克晤。)别一组即推力扬为组长。在座诸人交换意见后,即将学习制度、学习方法、学习计划等通过,已五时矣,遂散。仍乘西谛车入城,未及过访介泉、觉明诸人也,至歉。入城后,车抵东安市场,偕西谛、平伯憩于场内荣华斋,饮咖啡进点心焉。近七时各归。

到家,知元孙已霍然,为之大快,小饮后乃夜饭也。滋儿晚出参团支大会,未见,比其归,余又濯足就卧矣。

3月4日（正月十九日　甲寅）星期三

晴和,微有风,初停炉火。

晨七时起。八时看《毛选·中国社会各阶级的分析》一遍。旋校点《十二诸侯年表》白文毕,并校注文三之一弱,四时始歇手,眼花久矣。午前曾写信一通复慰致觉,即令润儿携出投邮。

伯衡送我之酒,今晚瓶之罄矣,只索无酒学佛耳。

九时三刻就寝。

3月5日（正月二十日　乙卯）星期四

晴和,如昨。

晨七时起。八时看《毛选·湖南农民运动考察报告》一遍。校点《十二诸侯年表》毕,并点毕《六国年表》白文,四时半歇。阅报知斯大林三月一日患脑溢血病势沉重,深为震动,际此保卫和平一发千钧之候,诚不幸有是消息也。

润儿开会,琴珠上课,俱未归家晚饭。

接澄儿三日信,附升基信,报近况。

夜感头晕,早睡。润、琴先后返,余已就卧久矣。

3 月 6 日 (正月廿一日　丙辰　惊蛰) 星期五

晴,时阴,刮风,复用炉火,入夜风加甚。

晨七时起。头晕未减,咳嗽后更见胀痛。上午竟未能看书。饭后略好,即校点《六国〈年〉表》注文。平伯见过,长谈至四时许始去。于研究工作及学习计划均有涉及,盖所中适有通知来,属自订学习计画汇交也。

平伯行后,续校点《六国〈年〉表》注文,逾三之一,至近六时始歇。

下午收听广播,知斯大林已于五日莫斯科时间下午九时五十分逝世。噩耗所被,震悚异常,真人类一大损失也。呜呼,痛哉!

琴珠自沪归来时,曾言文权将于五日动身北来,但如果成行,当有信来云云。迄无信至,想未果行。欲往车站接候,恐徒行失望,不去接,又不无悬悬也。伊等写信之懒,真堪发恨耳。

十时就寝。

3 月 7 日 (正月廿二日　丁巳) 星期六

晴,风仍未止,惟黄沙已减,背风处不甚冷。

晨七时起。草拟第一阶段(共九周)学习计划,作函寄王积贤,属转小组长贾芝。自出投邮,以头眩心烦,即归。本拟休息,因枯坐无聊，十一时起，复续为校点《六国〈年〉表》，下午二时毕之。

晓先夫人来饭，近三时去。约珏人偕往上海，以身体不硬朗，谢缓行。三时许，报纸始来，盖为赶作哀悼文字故耳。中央人民政府为表达中国人民对于伟大盟邦领袖的哀悼与崇敬，特命令全国规定七日至九日下半旗三天，工矿企业、部队、机关、学校及人民团体在此三天内停止宴会及娱乐，毛主席并亲率党中央委员及行政首长往苏联驻京大使馆致唁。

四时半，独自步出东城根城阙，藉舒闷郁，颇感吃力，即缓行归休。

夜饭后，听中央广播消息，知苏联共产党中央书记及部长会议主席均由马林科夫继任。

九时三刻就寝。

3月8日（正月廿三日　戊午）**星期**

晴和。

晨七时起，听广播。

清儿、建孙来省。有顷，达先亦至。介然来辞行，今晚偕侯外庐往西安矣。十一时半，汉儿挈鉴孙来。达先以事去。午饭后，与清、汉、润、滋、湜杂谈至二时许。清、滋、佩出购物，汉挈鉴去。四时，清等归。有顷，清挈建去。

余与湜儿于三时半曾出外散步，到合作社购得纸烟一条归。

润于四时往出版总署开会，传达明日追悼斯大林事宜。

夜饭后，九时即寝。

3月9日（正月廿四日　己未）**星期一**

终日阴森，仅朝起一露日色，还寒。

晨七时起。八时校点《秦汉之际月表》，至下午二时毕之。目眩甚不能继伏案，遂歇。

休息良久，只索与珏人二人清理卧室，顺为大扫除，床位因而重安焉。

四时半，开听广播首都各界人民追悼伟大的革命导师斯大林同志大会在天安门广场举行的实况。大会于四时五十四分开始，五时鸣放礼炮及拉放汽笛，肃立静默志哀五分钟后，由朱德总司令致悼词，其后，各党派团体代表致词，最后由苏联驻京大使潘友新致词，奏《国际歌》。散会已六时半。极肃穆沉痛之至。据报告参加此会之人数达六十万云。润、滋、湜、琴及汉、达等俱由原单位组织参加。余及珏人、佩华、元孙、阿凤五人则在家共听播音，同致悼念也。

七时十分，润儿归。七时四十分，湜儿归。八时十分，滋、琴乃归，因共夜饭。各道观感。

十时，各就寝。

午后曾写信一封，备寄瀱儿问文权行期，并以懒于书问责之。翌晨交滋儿携出付邮。

3 月 10 日（正月廿五日　庚申）星期二

晴，不甚朗，时起云翳，气温亦不见寒，恐将变雨作风乎？

晨六时半起。学习《毛选·湖南农民运动考察报告》。校点《汉兴以来诸侯王年表》，白文完毕，注文亦过半，至下午近六时始歇。

夜饭后，偕佩华往大华观《列宁在一九一八》影片，六时卅五分开，近九时始毕。归家时达先在，盖为我购得《世界知识手册》

等籍,特送来者也。与谈至近十时,乃辞归。

珏人以节气关系,又感不舒,早睡。余以看电影兴奋,不能遽寐,十一时始睡。

履善以予同复书转来示余,盖仍为版税与银元纠纷未得解决耳。余意可依办也。

3 月 11 日（正月廿六日　辛酉）星期三

阴霾,午后细雨夹霰,傍晚晴。夜星斗灿然矣。日间有风,气仍如昨。

晨七时起。整理书架。盖前托幼鹏购办之架子,昨已送来。（价三十万元,近日木器之贵可见。）同时,萧文豹又为我送来《章氏丛书》（价十二万元）,遂将庋置案头各书分别殿最,依序上架也。

学习《毛选》首两篇。校点毕《汉兴以来诸侯王年表》,并点毕《高祖功臣侯者年表》白文。

接西谛手书,约星六晚往饭其家,知藏云来京,并约圣陶同叙云。午前有陈佩瑶女士及一俞姓女士持漱儿函来访,盖新自沪调京工作者。

四时半出散步,以风沙大,即折回。六时五分圣陶见过,邀同乘车赴其家,以藏云在彼候谈也。即随往晤之。同饮啖,谈至九时一刻,始与藏云离叶宅各归。藏云即住黄化门大街文化部社会文化事业管理局宿舍中。

到家接颉刚七日书,知曾小病,并备告近况,一时恐难离沪耳。（北大有约渠来京之说,故有此论。）

十时半就寝。

3 月 12 日（正月廿七日　壬戌）星期四

晴,薄寒,凌晨见冰,微有风。

晨六时三刻起。学习《毛选》。接北大文学研究所通知,临时学习悼念斯大林的文件,同时各报亦登载中共中央委员会的通知,规定自三月十二日至廿五日内停止经常理论学习,改为学习悼念文件云。

校点《高祖功臣侯者年表》注文,至四时卅五分,目眵粘眶,止得二十三页,尚未及半也。

藏云言将来看我,俟至六时半,未果至,即开夜饭。

饭后,润、琴出看电影,滋、湜作绘图或校课,余则看《续通鉴》,并翻检《太炎文录》数篇。

十时就寝。

3 月 13 日（正月廿八日　癸亥）星期五

晴和。

晨六时半起。七时半至九时半学习悼念斯大林文件,先将应读及应看文字凡十篇统览一遍,适占两小时。十时后,校点《高祖功臣侯者年表》,至下午四时,藏云来访始歇。尚有六分之一未毕也。与藏云纵谈,相与上下古今,不觉移晷,快甚,因共小酌夜饭。饭后复谈至八时半,辞去。

九时刚主见过,复长谈,十时馀辞去。

接澄儿十一日信及文权十一日信,知澄产后日健,权定于十六日动身来京云。

十时半就寝。

琴珠在社中参加工作会议,十一时后始归。

3 月 14 日（正月廿九日　甲子）星期六

晴,午后起风,薄寒。

晨六时半起。学习文件。校点《高祖功臣侯者年表》,至午饭毕之。初步工作竟四分之一矣。饭后点《惠景间侯者年表》白文,毕之。三时歇。

萧文豹送《竹柏山房十五种》三十六册来,连前《章氏丛书》款并收去,共计廿八万元。近日书价亦大昂矣。

接致觉复书,仍以馆事落空为虑。

六时许,圣陶车过来接,因与同驰西谛之约。致觉事即再询催之。到西谛家,藏云方与谛谈,遂共晤言。一时后,空了、小箴夫妇至,同饮、晚饭。饭后,复谈至九时半乃出,仍乘圣陶车,径送到家。

珏人、滋、佩、湜方自大华看《难忘的一九一九年》返,坐至十时半,各就寝。

3 月 15 日（二月大建乙卯　乙丑　朔）星期

晴和。

晨七时起。九时五十分,力子见过,谈移时去。润、琴挈元孙往游中山公园。十一时许,芷芬、汉儿及锴、镇、鉴三孙来省,并邀清儿及建孙。至十二时,余偕珏人及滋、佩并芷、汉、清等同往东安市场午饭。先至和平餐厅,以只有西餐,去之。登森隆三楼,各座皆满,后至者尚绎如也,怅然复出,过萃华楼始得座。近日市况之繁荣,从可知矣。食毕已二时,复同过紫房子照相,讵料照相亦复拥挤,竟排号坐待至三时四十分,方挨到。余与珏人合摄一大二寸,珏人复与滋、佩合摄一大二寸,清、建合摄一一寸,芷、汉合摄一一寸、芷、汉一家合摄一大四寸。四时一刻始离场,各乘车归。盖芷、汉结婚纪念,偶尔兴发,遂有此聚餐、摄影之举耳。

润、琴、元以先出未及与。(赶来和平餐厅及各家皆满座,遂废然返。)湜以参加与海军联欢,在劳动人民文化宫集会,亦未与,不无歉然也。

夜饭后,与滋儿陪珏人往吉祥看吴素秋演《红娘》,阿凤从。七时开演,先为高玉华、李砚萍之《樊江关》。继为姜铁麟、焦鸣蓉、窦金友、沈德保、张德华、徐喜成等之《四杰村》。九时休息。休息后《红娘》上演。吴素秋饰红娘,张曼君饰莺莺,李彬饰君瑞,孙振群饰崔夫人,杨元才饰琴童,刘鸣才饰法本。唱做俱餍望。十一时散。归后小坐,至近十二时乃就寝。

3 月 16 日(二月初二日　丙寅)星期一

晴和。

晨七时起。再阅时事文件,昨报载捷克斯洛伐克国总统哥特瓦尔德十四日病逝,民主阵营又丧一元首,真人民之不幸也。九日,哥氏尚率领该国代表团在莫斯科送斯大林入葬,突尔变生,使人不无疑虑耳。

十时后,校点《惠景间侯者年表》注文,至午后二时卅五分毕之。以眼花而罢。四时,与珏人偕出散步,过干面胡同安华木器号买到旧大冰箱一具,价三十五万元,较之书架,似不贵矣。

夜饭后,嗑葵花子闲谈。九时就寝。

3 月 17 日（二月初三日　丁卯）**星期二**

晴和。

晨七时起。精神不爽，时觉头晕脚软。九时校点《建元以来侯者年表》，午后三时三刻毕之。疲甚，即止。闭目静坐久之。

接北大研所通知，更正学习悼念斯大林文件，（悉依中共中央之规定）并定本星六到校听报告（艾思奇），下星三开会讨论，俱在下午。

夜饭后八时，润、滋往车站迎候文权，以误点故，十时半始见来。清儿、达先俱来。并知汉儿、芷芬亦到，已先归去矣。有顷，清、达去。余与文权谈至十一时半，乃各就寝。

3 月 18 日（二月初四日　戊辰）**星期三**

晴和。

晨七时起。与文权长谈，知仲华、麟瑞行径，殊觉可笑。九时，权往中国建设社报到，雪村夫人来送面。盖密先次女已弥月矣。少坐便去。

元孙由琴珠挈往原出生医院检查卡介苗，九时去，十时半回，卫生当局适来查牛痘，即出证示之。

十时后，校点《建元以来王子侯者年表》，至下午四时，白文完毕。复校注文三之二。

是日下午始撤除室内火炉，属街坊吴海为之。

五时进面，六时前赶到红星戏院看《难忘的一九一九年》影片。盖润儿在署中集体购得之票，先时送回者也。六时十分开映。先为新闻片，慰问空军英雄张积慧家属。有顷，润儿始自署下班来会,并晤伏园。正片映毕,已八时十分,乃与润儿徐步偕行归。

到家时文权已归,达、清、芷、汉及振甫俱在,全家正欢笑纵谈也。上天下地,谈至十时半,达等始各归去。

余从容小坐,至十一时后乃寝。

3 月 19 日(二月初五日　己巳)星期四

晴和。

晨六时半起。与文权谈。九时,权往上班,余阅读悼念斯大林文字一遍。下午,校点《汉兴以来将相名臣年表》。

三时许,介泉见过,自西郊特来访谈,挚谊可感。畅谈至五时半始去。盖须赶车返校也。

续点《名臣年表》,垂黑毕之。于是,十表完,全书达三之一矣。

夜饭后,与文权及滋、湜等谈,十时乃寝。

3 月 20 日(二月初六日　庚午)星期五

晴和。午前微有风,即止。

晨六时半起。文权即出门到班矣。阅读学习文件三篇。校点《史记·礼书》。

下午二时五十分,晓先见过,长谈至四时半乃去。去后赓续前业,至五时,《礼书》校点毕,遂歇手。

昨日接李庚通知,明日下午二时开合并筹委会,通过公司章程及审议资产。今日乃作书与西谛,说明此事,北大听报告只得不去。下星三则准时前往附车也。

六时后,文权及润等皆归。夜饭后,滋、佩往前门外访问佩华之姨丈晏华璋(昆山人,南京同济大学教授)。盖来京开会,即将南返者也。十时半乃归。

余与文权谈,十时,各就寝。

3 月 21 日(二月初七日　辛未　春分)星期六

晴爽。下午有风,垂暮止。

晨六时半起。阅读学习文件,未及校点。下午二时,步往西总布胡同,出席青年开明合并筹备会议,晤彬然、李庚、均正、锡光、李湜、立准、再生。通过公司章程草案及初步审议双方资产,并定四月一日会计正式合并,定期召集临时董事会,决定公告事项。五时散会。顺访振甫、沛霖、祖璋、幼于、伯恩、亦秀、佳生、煦桱诸人。仍与彬然同出,徐步以归。

萧文豹送书来,未之晤。

夜饭后,润、滋、琴、佩四人俱出看电影。余与珏、权、湜纵谈,十时就寝。

润等归,已十一时许矣。

3 月 22 日(二月初八日　壬申)星期

晴和。

晨六时半起。九时,润、湜陪文权往游北海公园,属于十一时三刻径会于东安市场森隆三楼。十时,芷芬来,十一时许,汉儿率锴、镇、鉴三孙至,近十二时,珏人、琴珠、佩华、芷芬、汉儿、锴、镇、鉴、元四孙及阿凤同赴森隆,然后余与滋儿踵往。至则雪村、达先、清儿已先在。润、湜、权亦到矣。乃分坐两席,共饮啖,近二时食毕,余本定与权同看日戏,至是,以票送雪村,遂由村、权二人往吉祥,余等分批各归。明日为余生日,兼为文权洗尘,故有此举耳。

到家后,与湜儿整治屋容,以拆炉后不得不重行布置也。

夜饭后,与湜儿往吉祥看京剧,市四团演出。七时开始,先为李砚萍、朱鸣秀之《穆柯寨》。继为姜铁麟、张曼君、徐喜成、萧英翔、张志甫之《长坂坡》。九时半,《魂断蓝桥》上演,张荣善饰蓝纪,吴素秋饰蓝瑞莲,李德彬饰魏景元,杨元才饰周纪闵,刘鸣才饰媒婆。其中,"父女哭别"一场、"梦遇"一场、"井遇"一场,及"蓝桥同殉"一场,极哀感动人也。十一时散。

归家小坐,乃就寝,已十二时矣。

接君宙二十日信,知膺选为军属模范,深为引慰。

3 月 23 日 (二月初九日　癸酉) 星期一

晴和。初有云翳。

晨六时即起。阅读学习文件。校点《史记·乐书》白文,毕之。注文则仅五之一耳。

下午写信四封,一复致觉,一复君宙,一复潏儿,一与漱儿。后两信尤长,不免儿女子态缠绵多说也。夜月姣甚,星斗灿列,以余生日清儿、达先俱来吃面,全家欢笑。从文权、清华、达先、润华、琴珠、滋华、佩华、湜华、元孙以至阿凤,咸环绕于余与珏人之侧,分食蛋糕,尽情畅乐,年来罕有乐事也,尤可爱者,佩华养疴近两年,今日经医检查,已大好,出证可以工作半日矣。

九时半,清、达归去。十时,余等各就寝。

3 月 24 日 (二月初十日　甲戌) 星期二

晴,午后刮风,入夜转狂,终夜撼户震窗,不减骤雨之势也。气却不甚冷。

晨六时起。翻阅学习文件后,校点《乐书》,问题较多,至四时半仍未及半耳。而眼花眵作,不得不停矣。

佩华往新华报到销假,经洽定工作半日,明日即到班实施云。下午三时,青年社秘书科负责人谢宗玄承李庚命,来洽事,谈半小时去。

文权晚归,出潘儿信呈余,知伊颇能善为规箴,慰甚。

九时许即寝。

3月25日(二月十一日　乙亥)星期三

刮风扬沙,下午稍止,日虽出,而不强,气遂转冷。

晨六时起。阅读学习文件。午饭毕,即出,乘三轮径赴黄化门西谛家,一时三刻到,平伯已在。稍稍谈,即与谛、平同乘驰往北大教室楼。正二时半而参加人员尚未到齐,至三时乃假一教室开会。到二十许人,力扬主席,仍用漫谈方式。余先发言,极简短。继由平伯、冠英、季康、积贤、其芳、西谛等发言。近六时,由主席宣布结束,并说明原定学习进程得延下两星期云。散出,余仍偕平伯附谛车入城,在地安门下,别雇三轮东归。

到家已六时半,文权等已在晚饭矣,即共饭。饭后闲谈,知文权宿舍已布置就绪,明日当搬入与同事共住也。

润儿到署赶夜工,十时乃返。余已睡矣。

夜饭后,利华张掌柜来量衣,余即湜儿均须添置单服也。

3月26日(二月十二日　丙子)星期四

昙,冷。午后有风。

　　晨六时起。八时,与珏人出,乘三轮到史家胡同西口,转乘环行路电车到北海公园后门,已将九时。入门循海东岸行,经濠濮间小憩,登土阜赏桃林,半已着花矣。林间正在起建亭榭三座,五龙亭亦正搭架修葺,再过若干时,将更生色不少也。春雨林塘,则已改为文史研究馆及市文物组办事地矣。想静心斋或已腾出开放,或另作它用乎? 以越在北岸,未明究竟耳。徘徊未久,即行,过陟山桥折而北入倚晴楼,循廊而西,而南出分凉阁,以珏人脚力不胜,即缓步出前门,乘三轮东归。

　　到家正十一时,小坐逾时,即午饭。午后放晴,仍有风。校点《乐书》,至四时半歇,仅及注文之半耳。

　　文权今日移住中国建设社宿舍中。

　　夜接澄儿廿四日来信,告近状,知佩华所复之书尚未到,邮途相左,想今日亦必收到矣。

　　晚饭后,润儿赴署参加俄文班学习,九时半归。

　　前日滋儿携锡光函来,为前汉店未了事,请示处理,今晚灯下作答,俾明晨滋儿送去。

　　十时许就寝。

3 月 27 日(二月十三日　丁丑)星期五

　　晴,薄寒。

　　晨六时起。阅读《毛选・中国的红色政权为什么能够存在》。续校点《乐书》,毕之。又校点毕《律书》,四时半歇。

　　萧文豹来,有三本《史记》决定购入,即书条与之。属向所中洽办。

　　五时许雷作,微雨旋止。夜饭后,与滋、湜同往吉祥看市京剧二团演出。七时开场，为杨盛春、刘庆义之《师生反目》(演元末徐达与脱脱对抗事)。继为李多奎之《太君辞朝》。继为梁小鸾、祁荣雯、高宝贤、徐成章之《三堂会审》。八时三刻即休息。九时，全部《姚期》上演。裴盛戎饰姚期，张洪祥饰马武，李世琦饰光武帝，李德奎饰姚刚，何盛清饰姚夫人，陈永玲始郭妃。十时三刻散。裴极卖力，梁亦逞能，馀皆上劲称其职，惟多奎上岁，中气大不如前，为可悯耳。

到家适十一时半，少坐至十二时乃睡。

汉儿来省，余遇之途中，未及话，后知来约文权往饭，但文权今晚未来也。

3 月 28 日 (二月十四日　戊寅) 星期六

晴和，傍晚略施云翳，旋亦开朗。夜月甚姣。

晨六时起。阅读《毛选》。接致觉廿四日信，知文史馆聘书已到(月薪六十万元)，甚慰，当即复之。

接研所力扬书，询《史记·廉蔺列传》两事，即复书解答焉。顺询文艺理论之籍有无罗致之方也。

六时，圣陶车过，邀饮于其家。盖新得壬午年陈绍，欲共酌耳，因附车同往，便以致觉事告之。晤墨林、绍铭及至善。畅谈至九时，乃辞归。

到家文权在，又谈至十时，权辞去。余亦就寝。

3 月 29 日 (二月十五日　己卯) 星期

晴和。夜月姣甚。

晨六时半起。滋、佩上午游北海。接藏云廿五信，并寄来杨启高《史记通论》。接研所学委会通知,贯彻婚姻法运动应阅文件。

午饭时,小文、家梅来,因共饭。饭后,余独自步往吉祥看市京剧四团演出。一时开幕,先为万少梅、李砚萍、朱鸣秀之二本《虹霓关》。继为姜铁麟、文连亭、沈德保、文连明之《花蝴蝶》。二时即休息,后为《勘玉钏》(《诓妻嫁妹》),李德彬饰张少连、孙振群饰俞仁,张曼君饰鸾英,杨元才饰韩臣,刘鸣才饰江海,张荣善饰陈智,吴素秋则前饰俞素秋,后饰韩玉姐。演来前后判若两人(性格各殊),曲臻妙诣,诚可儿也。四时半即散。出场时,湜儿已在门口相候,乃同过五芳斋进点。以为时尚早,徜徉于市场及王府井,顺在新华书店期刊门市部购得二月分《人民画报》。至六时三刻,复与湜儿入吉祥,再看夜戏(仍为四团演出)。七时开,先为姜铁麟、文连亭之《葭萌关》,三刻完。八时,全部《贩马记》上演。吴素秋饰李桂枝,李德彬饰赵宠,朱鸣秀饰李保童,张荣善饰李奇,刘鸣才饰杨三春(后饰禁卒)杨元才饰胡老爷,孙振群饰刘臣(后饰院公)。自贩马离家、拷打定计、姊弟遭害、逃门遇救、哭监、写状,直至三拉团圆止。十一时馀始散。紧凑餍望,历三小时,竟不觉倦乏也。在场见振甫、煦春及亦秀、农祥、佳生夫妇、志公夫妇,未克接谈耳。

到家已十一时半,小坐,盥洗,然后就卧已十二时许矣。

今晚章家请文权吃饭,珏人往会,知芷、汉俱到也。

接漱儿廿七日复信,颇详尽,难得有此也。

3 月 30 日(二月十六日　庚辰)星期一

晴和。傍晚有风,微起云翳。

晨六时起。阅《毛选》。校毕《史记·历书》黄本,与金陵本大有差异,下午四时始歇。

接澄儿廿八日信,复佩华经手代汇瀋儿之款已收到,并告近状,附堉孙一笺,请问伯益与夏启争位事有无。

夜饭后,文权来,谓工作已发表,颇闹情绪,盖仲华、麟瑞有意压抑之,致愤愤难平耳。余等只能好言相劝,慢慢使其平复也。九时许,权辞去。余为之不怡久之。十时就寝。

3 月 31 日 (二月十七日　辛巳)星期二

阴翳,有风,偶露日光。薄寒。

晨六时起。略阅学习文件。写信与西谛,探询是否将开古画展览会? 如开,乞取请柬,并及李庚、朱语今(滋儿传言知之)。又写信与澄儿,告佩华恢复工作,及文权来京后诸状,并附两纸与堉孙告以伯益、夏启之古代传说,释其所疑。校点《天官书》白文,毕之。注文则仅及十之二,已目花头眩矣,四时半即歇手。

履善为税局造表等事,午前来访,余不得不钤章与之。开明事拖泥带水,真累人也。履善诸人,亦苦矣。

午后,雪英来访珏人,五时半始去。

夜饭后,润入署作夜工,琴珠上课,滋、佩皆参加团小组。家下只余与珏人、湜儿、元孙、阿凤耳。

九时半,余就寝。

润等陆续归来,余已入睡矣。

4 月 1 日 (二月十八日　壬午)星期三

晴,微有风,气较昨略和。

晨六时起。阅读《毛选》。详复漱儿,共八纸,于京中诸状及沪上亲友均有涉及,并告以张店澄儿一家事。下午,校点《天官书》注文,又得十之二,四时半止,已觉肩背酸楚矣。

五时,文权至,盖以感冒方从干面胡同第一联合门诊所就诊归来也。因留夜饭。长谈至九时后乃辞返宿舍。据告,社中党支书招渠恳谈,解释误会,并保证决无歧视云云。其气已略平。余乃乘机剖说,俾减少顾虑,不复狐疑。

十时就寝。心中为掇去一块大石也。

晚上滋儿带归杨人梗致余书,索边图版底样,明晨将转均正,一为处理之。

张静庐午前见过,借书,谈移时去。

4 月 2 日（二月十九日　癸未）星期四

晴,和仍有风。

晨六时起。写信复人梗,告以已离开明,所属已转均正办理,一面即以原信交滋儿带社中,请均正即为办出也。

阅读《毛选》。续校点《天官书》注文,下午四时三刻歇,仅过全篇之半耳。

夜饭后,润、滋、琴俱出上课或开会。湜儿则在家写信复致觉,因致觉前有信与之也。九时后,润等先后归。

十时,余亦就寝。

4 月 3 日（二月二十日　甲申）星期五

晴和。

晨六时起。湜儿放春假,今日一早即出,偕同班生集体游颐和园也。

上午阅读《毛选》。接西谛书,附来请柬两张,属于五日下午二时半与平伯同往团城看明画展览也。并知李、朱二柬亦已径送青年出版社矣。余本应滋儿之请，五日与文权等同游颐和园，以此不能不变更游期。即作书与平伯，送柬去，并约届时余过彼偕行也。写就，下午二时，自出投邮。顺道至东安市场吉祥门首，见今晚已客满，明晚叶盛兰、杜近芳之票尚有人在排队也。余亦厕其间，俟十余人后，购得楼上第一排廿九号票一纸，欣然离开，徜徉市场，出南门，循王府井而南，散步东长安街，至东单，乃乘三轮归。时正三时半。

续校点《天官书》注文，至五时半，全篇完毕，遂歇手。时少而功多，亦不自知其所以也。

接所中寄来中国文学史组工作计画，先开秦汉及汉魏六朝两阶段之参考书目三纸，即前此同人合开之目也。

夜饭后，九时许湜儿始归，匆匆具饭已，仍出，今晚宿校中，明日将另组一群同学骑自行车往游西山碧云寺也。

十时就寝。

4月4日（二月廿一日　乙酉）星期六

初晴，旋阴，即雨。竟日濛濛，檐漏微注。又转寒冷。

晨六时起。雨窗点书，自上午十时至下午四时半，点完《史记》"封禅"、"河渠"、"平准"三书。

湜儿下午三时雨中归，浑身湿透，盖冒雨仍往西山，饱游卧佛寺、碧云寺也。亟令易衣，热饮，拥被卧息，不识受凉后得免感冒否耳？

六时晚饭。饭后，独往吉祥观中国京剧一团演出。七时开场，先为李秉恒、关砚农等之《英雄义》。继为李盛藻、王玉让、曹韵清之《捉放曹》。八时一刻休息。八时廿五分《生死恨》演出。叶盛兰饰程鹏举，杜近芳饰韩玉娘，张玉禅饰宗泽，萧盛萱饰胡为，曹连孝饰黄义，王玉敏饰李姬，赵永泉饰张万户。从金兵掳民为奴起，直至信阳死别为止，凡历两小时半，十一时乃散。叶、杜配戏真能曲体剧情，耸动观众，而唱亮腔润，尤有特色，今日所得哀感顽艳四字俱全矣。出场时遇煦桱、振甫，匆匆上车即别。

到家知文权已就睡，明晨将与滋等同游颐和园也。

十二时就寝。

4 月 5 日（二月廿二日　丙戌　清明）**星期**

晴和。

晨六时起。达先、清儿来省，十时与之同往大华看匈牙利电影《安娜·萨宝》。遇雪村夫妇。十二时散，遄归午饭。饭后，往访平伯，观所藏数十年前香烟牌子三百六十行。颇有多行为现在人所无所了解者。相与剖析审定不少，至二时三刻，遂与同出。在朝阳门乘二路公共汽车往北海团城承光殿，参观文化部社会文化事业管理局布设之明代名画展览。凡三十八件，自王孟端以迄陈老莲二十七家，多精品。在场见熟人甚多，见力子、劲先、辰伯、葱玉、邦达、誉虎、李庚、西谛等。周旋多而观赏少，三时半即引去。乘车径赴石驸马桥汉儿家，珏人已先在矣。盖今晚汉、芷约文权吃饭也。

文权清晨偕滋儿、佩华同往颐和园，芷芬亦往。余到时，皆未之见，近晚始归来。达先、清儿、建孙、亦至，乃同坐小饮。未饮前，余与错孙出散步，南走沟沿，至国会街，已抵宣武门西城根矣。折西由象来街转北，循智义伯大院东巷出天仙庵，转东走东太平街而返,抵石驸马桥。生路亦感新鲜耳。

夜饭后,晓先夫妇至,又纵谈至九时半,乃离汉家,乘车归。文权径返宿舍。清等先行。滋、佩则随后乃归也。润、琴间有小别扭,咎在润,而琴亦执,调停颇费周章。余夫妇为之不安。十一时始就寝。

4月6日(二月廿三日　丁亥)星期一

晴和。

晨六时起。八时一刻,余与湜儿出,步至青年会乘电车到天安门,往游故宫,以售票须九时开始,在午门伫候良久,湜排队购票后,乃得入。历太和门、太和、中和、保和三殿(中和不开放),在乾清门小坐,啜茗,湜则独往慈宁宫参观陶瓷馆,比其返,至乾清门,乃复入,历乾清、交泰、坤宁三宫,入御花园,转东路,历钟粹、景阳、承乾三宫及御书房(馀皆不开放),匆匆即出神武门,以时晏,不及游西路,即乘三轮遄归。到家刚十二时。

午饭时,润、琴、滋俱归。清儿亦至。就日来润、琴纠纷事面斥润,清亦从旁劝说,紧张之势稍纾矣。午后,滋儿往第一联合门诊所复查X照片,竟全复无问题,载欣归报,跃然到班工作。余等亦大为展颜焉。建孙随其母来,即留家盘桓。盖今起校中放春假也。

接澄张店来书,复余一日去信,告业熊曾发热,已瘥。汇去款亦收到。又接潸儿上海来书,复上月廿三日去信。附致文权信件,请转去。

夜饭后,达先、清儿来谈,九时去。建孙住此。十时就卧。

4 月 7 日（二月廿四日　戊子）星期二

晴和。

晨六时起。写信分寄王积贤、吴致觉、章守宪，未发而平伯至，长谈至十一时，同出，往东安市场森隆午饭。饭后归，汉儿在，少选，即去。清儿继至，亦即去。盖俱须赶赴工作岗位上班办事也。

下午三时许，谢宗玄见过，言傅耕莘、章守宪昨有电报到社，今晚可以到京，预备住在青年团招待所。少坐即去。余因续写两信，复顾颉刚、贺藏云，自出付邮。留守宪不发矣。

夜饭后，文权来省，谈至九时半乃去。十时就寝。

4 月 8 日（二月廿五日　己丑）星期三

黄尘涨天，日暗无光，疑有大风，近午渐放晴。气乃大暖。

晨六时起。九时到西总布胡同晤均正、李庚、调孚、锡光。有顷，耕莘、守宪至，握谈良久，遂与同出，偕过出版总署访彬然、雪村、伏园，谈至十一时半出。傅、章自去，余亦归饭。饭后，大风卒起，比晚尘扬蔽日矣。校点《封禅书》注文，至五时停，仅及四之一耳。

建孙明日开学，午后阿凤送归其家。

彬然意明晚在萃华楼宴请章、傅，并约力子、西谛、觉农、李庚、圣陶、雪村、均正、调孚、锡光及余共叙，属为知照均正。

饭后，因作书告均正，即令阿凤便道送总布胡同。

接澄儿函（六日发），告熊病转重，远隔无能为力，徒感焦灼耳。

夜，滋儿归，带到通知，明日萃华楼之约已办出矣。灯下看《故宫周刊》。十时乃睡。

4月9日（二月廿六日　庚寅）星期四

晴和。

晨六时起。写信复澄儿慰之，属勿慌张，如有亏空，当为设法弥补耳。

阅读《毛选》，拟定学习之各篇。

文学研究所通信员送代买《苏联文学艺术问题》及陈伯达作《关于十年内战》二书来。有顷，文渊阁伙友又代所中带到孙月峰《评史记》及徐孚远《史记测义》两书来。校点《封禅书》注文，下午五时止，及半矣。

六时出，径赴八面槽萃华楼，至则尚无人到也。有顷，力子先至，又有顷，西谛、觉农、李庚、李湜、均正、调孚、立准、业康、锡光、再生、诗圣、耕莘、守宪、雪村、语今、达先、圣陶、彬然陆续至，乃分坐两席，且谈且饮。与余同席者力子、圣陶、觉农、李庚、语今、耕莘、守宪、雪村、西谛、达先。九时始罢。余等乃接开董事会，谈至十时一刻始散。余与彬然乘圣陶车绕道而归。

到家已将十一时，少坐便寝。

4月10日（二月廿七日　辛卯）星期五

风，霾，既而日出，风益扇，午后撼户震窗矣。背风处仍温。

晨六时起。看《毛选》及《日报》。校点《封禅书》注文毕。又毕《河渠书》全篇，并及《平准书》注文六之一。下午四时一刻停。目糊，亟待頮洗矣。

接平伯书，邀星期日过彼听曲，并属代约亦秀。

入夜风稍戢。晚饭后,文权来谈,九时半去。琴珠在团中央听课,十时后乃归。余等已就寝矣。

昨接内表妹莼葆书,知欲北来就珏人。夜饭后,滋儿及为作复,谓俟秋凉后再设法。

4 月 11 日（二月廿八日　壬辰）星期六

晴朗。略有风,气又转冷。

晨六时起。阅读《毛选》。校点《平准书》注文,四时止。

上午珏人挈元孙往视清儿,以有不适,卧床也。耕莘、守宪见过。

五时,往北方饭店访耕莘、守宪。少坐,力子、雪村、彬然亦至,六时乃同过金鱼胡同和平宾馆八楼,赴中国青年出版社第一次董事会。有顷,觉农亦至。惟西谛未到也。公股董事到胡耀邦、杨述、胡克实、韦君宜、朱语今、李庚、陈绪宗、左林八人。并监察人马西林,其外丁丁准、叶再生、顾均正、唐锡光、李湜以筹委会故,邀同列席焉。推力子主席,首由李庚报告筹备经过,继通过公司章程,审议资产,清理概况。通过组织机构(余之秘书长正式解除)。通过胡耀邦、刘导生、邵力子为常务董事,听取一九五三年计划报告,八时半始毕,即其地晚餐,看甚丰,十时十分乃散。余乘三轮径归。知农祥曾来访也。十一时始寝。

4 月 12 日（二月廿九日　癸巳）星期

晴朗,薄寒,仍有风。

晨六时起。九时许,金世益之子泉源来访。十时半,与滋儿出散步,由大雅宝城阙出,循护城河东岸北行,入朝阳门,在地摊上见有刻本《子史精华》一大捆，拂土披寻，尚系完帙，因询摊主，知尚有书套六个存家，遂当面称量，凡十斤十二两（每斤四千）出价，四万九千元，挟以归。小贩唯利是图，明明完好之书，故意去套抖乱，作废纸称斤拆卖，固不足责，有司不加重视，任其摧毁，似然正办，我辈结习未忘，睹此尤感心痛，亟拯之，亦己职也。若云出风尘而登衽席，则我岂敢，仅自问作得一件好事耳。

归家时，润、琴挈元孙游北海方归。文权、汉儿亦在，乃共饭。饭后，润、滋、权三人游隆福寺，珏人偕汉儿往视清儿，俱近晚方归。达先继至，因共夜饭。

饭后，振甫、煦桎、士铮来访，谈至九时，汉儿先辞归。有顷，达先亦去。又有顷，文权及振甫等俱去。

十时就寝。

4月13日（二月三十日　甲午）星期一

晴，有风，仍薄寒。

晨六时起。阅读《毛选》。校毕《平准书》注文，并点毕《吴太伯世家》、《齐太公世家》白文，下午四时半止。

午前索介然来谈，自西安来京接眷也。

六时出，乘三轮往八条圣陶家，晤墨林。盖今晚请守宪夫妇及耕莘，邀余作陪也。坐甫定，龙文至，有顷圣陶自社归。又有顷，耕莘、守宪夫妇、彬然、至善皆至。最后雪村来，乃共饮。叙谈至九时三刻始散。余与雪村、彬然联步至北小街南口，始获三轮分乘以归。

湜儿又感冒风寒，早睡。

接澄儿十一日来信，告业熊系患急性肺炎，近已渐痊矣。今日适寄去小衣服一包,余九日去信想亦先到,惟尚未提及耳。

十一时就寝。

4 月 14 日（三月　小建丙辰　乙未　朔）星期二

晴和。

晨六时起。阅读《毛选》。校点《吴太伯世家》注文,下午三时即停,以形寒不适故。

湜儿发热卧床,未入校,余殆亦微感风寒乎?

六时,强与珏人出,往米市大街北方饭店访育文夫妇及耕莘。至则雪村夫妇及建孙已在,乃偕出,同乘电车出前门到蒋家胡同下,步入鲜鱼口肉市,登全聚德酒楼,啖烤鸭。有顷,达先亦至,鸭极肥大,九人啖之不尽也。谈至九时余乃出,徜徉于大栅栏,耕莘等购物于聚顺和,十时许,始各乘车归。

十一时就寝。

4 月 15 日（三月初二日　丙申）星期三

晴和。

晨六时起。阅读《毛选》。校点《太伯世家》注文,至下午四时半毕之。北大送薪水来,顺索寸半照片,备在公费治疗证上贴用。余无此类小象片,傍晚时与滋儿步出胡同口,即在三友摄影馆摄取以应之。

夜饭后,文权来省,达先继之,谈至九时半辞去。余托达先函属湘店为购紫毫小楷笔廿枝。（笔资十万元,及昨晚公宴傅、章费九万元、绒线衫工八万元并交与之。）

接致觉复书,知文史馆事允言未获与选焉,苏州市入选者致觉外仅周瘦鹃、刘镇中、汤国黎三人耳。以是观之，入彀亦正匪易也。

十时就寝。

中国青年出版社今日正式公告成立。

4 月 16 日（三月初三日　丁酉）星期四

晴和。

晨六时起。阅读《毛选》。十时偕珏人往游蟠桃宫，历正殿及斗母殿而出。循路而西，摊肆林立，要货及食物居多，余等从兴，各就摊食油炸鸡蛋二枚，复购得玩具数事归。到家正十二时。

饭后，校点《齐太公世家》，至四时半歇，仅得注文三分之一耳。

平伯来谈，借《楚辞补注》去。接西谛书，送到张约园捐赠书目两册，属为文学研究所挑留若干。圈识之，并转平伯再选之。

接所中通知，定廿八日下午二时半召开小组会，讨论学习心得，附来讨论要点五项。

夜饭后，接硕民信，仍欲求出工作，年将望八，而犹亟求有事，圣南太不负责矣。为之不怡久之。

湜儿卧疾多日，迄未退热，明日当延医诊之。

十时就寝。

4 月 17 日（三月初四日　戊戌）星期五

晴，不甚烈，午后有云翳，气仍暖。

晨六时起。八时与珏人往中山公园赏丁香，且探牡丹消息，信步涉历，未及半即返，在东单菜市场顺购鱼蔬数事，乘三轮遄返。

抵家未久，力子见过，谓合并后双方各组清理委员会办理结束。开明已指定均正、锡光、诗圣、履善为委员,属余以董事资格参加之,余重违其意,允接受此任。仍秉承力子裁决焉。移时去。

张静容大夫来诊湜病,据云,主要为消化不良兼感冒,喉头略肿胀。注射盘尼西林,并配药投之,均二日量,想即能奏效也。

校点《齐太公世家》注文,下午五时止,全篇毕工。

夜湜儿热仍未退,精神大感疲乏矣,甚虑之。十时就寝。

4 月 18 日（三月初五日　己亥）星期六

晴和,下午微风即止。入夜星月斓然。

晨六时起。湜儿热未退,仍有一度七分,心甚忧之。因属琴珠电告张大夫,仍请来诊。元孙亦患咳嗽,余照料之,俾珏人得看护湜儿焉。

午饭后倦甚,小睡至三时起。点校《史记·鲁周公世家》、《燕召公世家》、《管蔡世家》及《曹世家》白文毕之。已五时矣,遂罢。

夜饭后,张大夫始来,据诊不似肺炎或伤寒,仍属恶性感冒,再注射盘尼西林及退热剂,谓明日如尚不退,当验血云。八时乃去。

文权未来。滋、佩出看电影,十时半归。

余十时就寝,以湜儿病未即痊,殊不能寐,一时后始朦胧入睡也。

4 月 19 日（三月初六日　庚子）星期

晴和。下午有风,入夜小雨即过,仍见星月。

晨六时起。文权昨未来,今九时犹未至,乃属滋儿往访之,顺导往汉家饭。滋出逾时,权亦至,知其路上相左,余遂偕之出,乘三轮到东单,附电车到西单绒线胡同西口下,步入石驸马街,径往汉家。晤芷芬,知割痔后甚良好,饮食无碍,惟偃卧而已。滋亦早到矣。午饭讫,复偕文权、汉儿往游故宫。先乘七路公共汽车到白塔寺,转乘二路车径抵故宫神武门入。循路先游西路,历漱芳斋、重华宫、崇敬殿、咸福宫、丽景轩、储秀宫、体和殿、翊坤宫、怡情书史、长春宫、体元殿、太极殿。出穿御花园折入东路,历钟粹宫、景阳宫、承乾宫、景仁宫。出仍回御花园,再转中路,南入坤宁门,历坤宁宫、交泰殿、乾清宫、出乾清门,转西出隆宗门,入永康左门,复历慈宁门、徽音左门、慈宁宫正殿、徽音右门,饱览陶瓷馆后,仍回乾清门,复南历保和殿(中和殿未开放)、太和殿、太和门,已将五时。出午门后即由阙左门循城壕至东华门,始得三轮,乘之偕归于家。清儿、达先、建孙俱在,谈至六时后,达先、汉儿往森隆贺同事结婚,清、建归去。

知小文、家梅来午饭。

夜饭后,以湜热仍未退,电请张大夫再来复诊,九时许,文权去。张大夫至,再注射盘尼西林及链霉素而去。据言,病仍在呼吸器官,非肺炎或伤寒云。送出大夫后,就卧已十时半矣。不审今晚能略减病苦否耳。

4 月 20 日 (三月初七日　辛丑　谷雨) 星期一

晴,仍有风,较昨微冷。

晨六时起。阅读《中共中央关于若干历史问题的决议》,凡六十馀页,午前毕之。

湜儿晨视热度,仍有五分。九时,张大夫来再量之,又减二分,复注射链霉素一针,配药清肠胃焉。

接漱儿十五日信(不知何以迟至),告得到轮假第一位,有十日空,将于月尽月初来京省候云。珏人为之大喜,湜儿亦欣慰,此番不致变卦矣。

午饭后,步往吉祥购得明晚梁益鸣剧团楼上第一排六十三号票一位,顺道往新华买《人民画报》,乃适值星一休息,享闭门羹,废然南出王府井,乘环行电车到青年会,再乘三轮归。

校点《鲁周公世家》注文,尽三之一,近五时停笔。

傍晚为湜儿量寒热,又涨起一度,诚不解所以,但精神尚能支撑耳。

写信复漱儿,促其北来,并属代购糟油咸蛋等物。

九时半就寝。

4 月 21 日 (三月初八日　壬寅) 星期二

晴和。

晨六时起。湜儿寒热已退尽,为之大慰。

阅读陈伯达《读〈湖南农民运动考察报告〉》。校点《鲁周公世家》注文,毕之。下午本须往甘雨胡同开会(昨夕均正来通知),饭后滋儿归告改期,遂止。

毛燮荣来京,系开会,谈半日,即留住我家。

夜饭后,独往吉祥看梁益鸣全部《借东风》。侯喜瑞饰黄盖,童寿苓饰周瑜,尚过得去。

十一时散,即归寝。

4 月 22 日 (三月初九日　癸卯) 星期三

晴和。

晨六时起。九时半到甘雨胡同,晤调孚、李湜、韵锵、光仪、诗圣、履善诸人。与均正、锡、诗圣、履善开开明清理委员会,就未了诸端作初步商量,十二时十分始散。乘三轮归饭。

饭后,校点《燕召公世家》、《管蔡世家》,附《曹叔世家》注文,四时三刻毕之,遂停。

燮荣早出晚归。夜饭后文权来,共谈至九时一刻,权去,各归卧。

余看五日来《光明日报》中文教消息,仍十时后就寝。

4 月 23 日 (三月初十　甲辰) 星期四

晴和。

晨六时起。与燮荣谈,八时半,燮荣出,余略阅《毛选》。即校点《史记·陈杞世家》及《卫康叔世家》,至下午三时一刻,白文、注文并毕。

均正条来,约与青年出版社清理委员会开联席会议,余已面谢,遂未往。傍晚,滋归,带到致中图邵公文函稿,看后转彬然,再转力子,阅定发出云。

燮荣下午公毕归,与之长谈。

今日为漱儿生日,夜间全家吃面。

夜饭后,润、琴、滋俱出参会。

九时半就寝。

4 月 24 日 (三月十一日　乙巳) 星期五

晴和。初屏絮服着绒线衣。

晨六时起。阅学习文件。

接澄儿复书,知业熊已出院在家休养。惟基、埼两孙患痧子,亦殊累人耳。前寄衣钱俱收到矣。

校点《宋微子世家》,至下午二时毕。三时出,往东安市场吉祥,欲购吴素秋《宝莲神灯》票,岂但今晚客满,明晚亦决无佳座矣。余目力难济,只得作罢。过王府井中图公司购得《人民画报》三月号,遇李湜、锡光,因逛新华书店,复购得范仲沄《中国近代史》上编第一分册,及李达《实践论解说》。出店后李湜归去。余与锡光徐步东返,过憩其家,五时乃走归。

平伯遣人送《楚辞》,并所作《屈原作品选述稿》一篇,以余未在家,忘将西谛送来之张氏捐书目带去。

夜饭后,雪村夫人、达先、清儿、建孙来,文权来,谈至近九时。爕荣始返,携其同事(甫自安阳来公干,无宿处,故同来)下榻于此。

十时就寝。权等俱于爕荣来后归去。

4 月 25 日(三月十二日　丙午)星期六

晴和。

晨六时起。爕荣偕其友七时即出公干。看平伯稿,十时方毕。因作书复之,提出意见两点,并张氏捐书目送去(午后属湜儿送往)。下午一时后,校点《晋世家》白文,至四时半毕之。

接北大文学研究所通知,指出文艺理论学习修正办法,浏览时间延长至六月底止。

元孙午后睡醒,又有寒热,且咳嗽,两眼微润,恐有痧子之象,珏人体亦衰颓,为此颇感烦闷也。五时三刻,爕荣归。

夜饭后,与爕荣、湜儿闲谈至十时,乃各就卧。

4月26日（三月十三日　丁未）星期

晴，暖，大类初夏矣。

晨六时起。燮荣辞去，即日返安阳矣。

珏人十时往报房胡同廿二号就诊于大夫王恩普，润、湜从，十一时半归。因连朝有盗汗，且不思食故，益以湜病时看护辛苦，及保育元孙积疲，遂渐感难支耳。方用疏化安定之剂，恐未易奏速效也。

滋、佩十时前出，傍晚乃返。下午一时，余往访圣陶，以其家正在拆修门楼，几迷失。入晤后知即将与墨林附陈叔通约，谈至二时，同出，余过瑞芳斋购饽饽杂食，乘三轮径归。

清儿偕建孙来省，盘桓至晚八时归去。今日为澄儿生日，即夕大家吃面。

清去后，达先来，盖路中未遇也。知今日与汉儿、文权等往游西山潭柘寺，乘火车到门头沟，步行十馀里，犹未逮半，力不胜，废然而归。云竟未及寺门也。近九时亦去。

十时就寝。

4月27日（三月十四日　戊申）星期一

晨，午后阴，气较昨和。

晨七时起。十时，陪珏人往报房胡同求诊，由王少普诊视，仍云须耐心静养，不能求速效也。诊毕，珏先归。余过继仁堂撮药一剂始返，已十一时半矣。

接东华书，寄所作《字源》印本来。

午后北大研所送《列宁论作家》一书来，并收去预约《资本论》

第一期款七万元。

元孙热仍未退,今日且未起,深不放心,请张静容大夫来诊,二时半来,断系肺炎,因注射盘尼西林及链霉素,并配以退热消炎药等。但愿即时奏效,稍舒心头重压也。

闻雷,曾下大点雨,即止。夜饭后,与湜儿往吉祥看市京剧四团演《宝莲神灯》,吴素秋前饰华山圣母,后饰劈山救母之沉香。姜铁麟饰二郎神,李德彬饰前刘彦昌,张荣善饰后刘彦昌,张曼君饰王桂英,李砚萍饰灵芝。配以灯光布景,颇好看。其中仙舞一场用昆曲,亦推陈出新矣。惜坐位甚后,引领遥望,费力而且不清耳。七时起,十时休息,十一时散。到家就寝已十二时矣。

日间曾将学习小组讨论大纲略加准备,明日下午所中开会,须说话也。

接漱儿来书,知明日动身来京矣。快慰甚。

4 月 28 日(三月十五日　己酉)星期二

晴,暖。午后有风,傍晚闻雷洒雨,旋止。

晨六时起。元孙热仍未退,复请张大夫来诊。注射后略退,下午热又高,竟达四十度四分,再电告张大夫。夜饭后复来诊。据云无妨,肺炎已退矣,小儿忽高忽低之寒热并不足异。

上午十时,金泉源来送蒙古杂技歌舞团在先农坛演出入场券。以须出城开会,谢之。其意弥可感也。

饭后,文权来谈,即去。一时半,乘三轮往黄化门大街郑宅,晤西谛、平伯,同车出城,径到北京大学教室楼文学研究所办公室,出席学习小组讨论会。其芳、冠英、积贤及贾芝与其他二人已先在,乃开会。余先发言,讨论至五时四十分始散,仍乘西谛车入城,即在黄化门西口下,转乘三轮返。比及门,雨至,幸未沾濡。少选,雨亦止矣。

夜饭后,闲翻架书,遣闷而已。真看不进什么也。珏人今日本当去王少普处复诊,为元孙故,罢之。

中国古典文学组约五月五日下午三时,在团城汇报工作,并属填表带去,俾再集送校中总汇之,以后每月初必填报一次云。

九时半就寝。

4月29日(三月十六日　庚戌)星期三

早阴,旋开,近午放晴,气较昨略凉。

晨五时半起。元孙热仍未退,且有增高之势,举家为之不安,张大夫十一时半来注射,下午二时半又来注射,六时令护士来,十时己又来。(夜二时及翌晨六时俱由清儿注射,热稍退。)余上午看周扬《马克思主义与文艺序言》(昨自北大文学研究所资料室借来者)。校点《晋世家》注文,下午三时半,全篇完毕。心绪欠佳,不能赓为,只索罢手。

清儿下班后即来看元孙,因留住,俾晚间为注射焉。

夜饭后,润、浞往车站接漱儿及致仁,汉儿以视元孙疾并欲晤漱儿,亦住来。十时许,漱儿、致仁、润儿、浞儿皆至。滋儿亦团会散归。合门欢叙,近数年来,罕有之事也。谈至十二时,始各就寝。清儿且数起为元孙诊视注射,竟未得好睡也。

4月30日(三月十七日　辛亥)星期四

昙,略有风,气仍温和,夜星月晦,中宵大风。

晨六时起。元孙热略退,仍不清,张医来仍打针。下午六时半起,投以金霉素(每六小时服一次)。夜间反又增高,真有束手之感,大为焦急。写信复澄儿、硕民、东华。接銮荣信,已安返安阳。

午后一时半,与珏人及漱儿、致仁同往北海公园,在揽翠轩啜茗,漱、仁则随处游览,四时半,渡至五龙亭,观九龙壁,顺道步出后门,乘环行路电车南抵青年会下,唤三轮先属珏人乘以归,余等三人徐步返。

上午雪村夫人来。夜饭后,达先、密先来,亚南来,俱晤漱儿兼视元孙。

十时就寝。

5 月 1 日 (三月十八日　壬子) 星期五

阴雨,午前后止,晚晴,较冷。

晨五时起。致仁、漱儿雨中出,前往妇联宿舍集合参加国际劳动节游行。元孙热又高,举家为之大震,滋儿冒雨出走告清儿,同访徐荫祥大夫,请为指示。午后承情来视,据察,咽喉、脑部及消化系统俱无病,只肺部右侧及气管发炎,形势固严重,尚不致危险云。张大夫诊治无讹,服金霉素亦对,近日此类病症皆发高热,且淹缠。如明日午后仍未退热,当以送儿童医院为宜。并承陪同润儿四出购药,费时至久,极感也。七时量热,仍有卅八度一,及晚十一时量,则卅七度九,已退尽矣。为之大慰。连日紧张略得一舒。阿凤亦以积日辛苦,形寒早睡。家事遂猬集,又深为珏人耽心矣。下午文权、汉儿、达先、鉴孙俱来,至晚达、清招漱、仁、湜、汉、鉴往其家,以分忙。文权留此夜饭。滋儿往社中值班。振甫、士铮来访漱儿,未晤。余与接谈至八时,士铮、文权先去。再与振甫长谈,知社中挽留甚殷,复旦事恐不果行矣。九时一刻,辞去。

漱、仁、湜亦归。知与达等约定明晨六时即须出发,同游西郊颐和园云。十时半,滋儿下班归。以积日劳倦,皆就睡。天空中点缀节日之焰火,灯光正交映射线也,竟不克畅领之。

5月2日（三月十九日　癸丑）星期六

晴,温,时昙,无风。

晨五时半起。六时,致仁、漱、滋、湜俱往达先所,同出西郊游颐和园。

润往车站代漱、仁取行李,以休假未果得。元孙热已退尽,惟稚质连经七日夜高热,大为损耗,下午仍延张大夫来诊,属仍服金霉素,以渐脱除之云。三时许,继文、漱玉来视琴珠,兼问元孙疾。四时,文权来,知昨霄看焰火晚睡,今日醒来已八时,遂未赴颐和园之约耳。有顷,余与珏人往视芷芬,并会清、漱、滋、湜、达、仁,同饭于汉家。文权以感疲未同往,即留余家夜饭。余到芷,汉家仅晤芷芬及锴、镇、鉴三孙,时汉等在园尚未赋归也。傍晚,汉及达、仁、漱、滋、湜来。有顷,清亦挈建孙来会。食时,姚吉金至,因共饮聚餐焉。

饭后,振甫至,谈良久。九时三刻行。步至绒线胡同西口,乘电车达东单,以立待费时,已十时半,车少,仅余及珏人、清得乘三轮先归。仁、漱、滋、湜则徒步归。毕至已十一时矣。

余濯足,易亵衣就寝,已十二时。

5月3日（三月二十日　甲寅）星期

昙,温。微风。

晨六时起。校点《史记·楚世家》白文,毕之。十时,漱儿、致仁往车站提取行李,十二时半乃返,湜儿亦归饭。下午放假,遂于下午二时与仁、漱、湜同出,步至青年会乘电车往天桥,以先农坛有技术团表演,拥挤甚,三时到天坛祈年殿,其东北长廊、神厨、井亭及七星石等处,均新开放,因入览,逶迤而出,复由祈年门前上甬道,南访皇穹宇及圜丘。余以惮于登陟,即道旁茶棚憩焉。漱等畅游后已将六时,天且起风矣,遂亟走出,乘三轮以归。

夜饭后,文权、达先俱来,近九时皆去。

十时许就寝。

元孙已渐痊,惟仍有咳嗽耳。

5 月 4 日(三月廿一日　乙卯)星期一

晴,温。

晨五时半起。本拟陪致仁、漱儿游故宫,以墨林来访珏人及漱儿,遂未果。与墨林长谈,因留饭。饭后移时去。

下午一时许,余与致仁、漱、湜两儿(湜以青年节下午放假无课)同往中华门前棋盘街乘京长线汽车,径赴卢沟桥,在拱极城中下车,步出威严门,度重桥而南,永定河水浅甚,几涸矣。自桥南折回,憩于桥旁一小茶馆中,并在"卢沟晓月"碑下摄得一影,(致仁为余父子三人摄,旋由湜儿为致仁摄。)四时许仍在拱极城中乘汽车返京。五时抵前门棋盘街,四人下车后长扬北行,由广场入天安门、端门、阙左门,沿筒子河到东华门外东去,由东安门大街到东安市场,自西门入,复出南门,经王府井、帅府园转入总布胡同,径往章家,已将七时。文权、汉、润、滋奉珏人已先在。遂围坐开饮,吃面。盖今日为达先生日,顺请漱儿晚饭也。食后,闲谈至九时半,乃各归。

十时半就寝。

今日清儿家女佣志华介绍一许姓老妪来帮佣,姑留试之。

5月5日(三月廿二日　丙辰)星期二

阴,闻雷,时有大点雨,近午晴,气较昨冷。

晨六时起。填报研究工作进度。致仁、漱儿十时出,逛东安市场,珏人十一时半往会于森隆,盖滋、佩约在彼处午饭也。汉儿在出版总署听报告,来家午饭,即归中图办公。一时三刻,珏等归。

二时,乘三轮往团城晤西谛,适麟瑞来访,并晤之。三时,平伯、其芳、冠英、积贤至,开会汇报工作,并讨论中国文学史组工作进行计画,麟瑞遂行。余等谈至六时乃散。中经霹雳飞雹,剧谈中竟未之大觉也。出团城,仍乘三轮归,路白日出矣。到家知漱、仁、佩往游中山公园。余等先饭。饭后,文权来,守勤来。有顷韵锵挈其少子一尘来,俱访漱儿。少选,漱等归,晤之。漱为守勤拉去。九时,锵去。越半时,权去。十一时,漱尚未返,润往接归。余始睡。

5月6日(三月廿三日　丁巳　立夏)星期三

晴,温。

晨五时半起。本拟陪致仁、漱儿游故宫及历史博物馆,伊等坚谢,遂任其自往。

校点《史记·楚世家》注文,毕之,已下午五时半。

萧文豹送《章氏丛书续编》来,系民卅三成都翻刻本,仅四册,须十万元,姑属留下,待决定。

六时后,致仁、漱儿归。文权来,芷芬、锴、鉴来,清儿来,汉儿来,最后达先至,遂共坐小饮,吃面。以今日为瀋儿生日也。食毕,已八时许。九时后，芷芬、错、鉴去。文权亦旋去。清、汉、漱、润、滋、湜、琴、佩、达会谈家庭问题，深夜三时始罢。达、清仍归去。汉则留宿焉。余十一时就寝。俟伊等谈毕，无声后始得入睡。

5 月 7 日（三月廿四日　戊午）星期四

晴，温。

晨六时起。九时，与珏人、汉、漱及致仁同出，伊等往游西郊公园，余则步往甘雨胡同中国青年出版社，晤均正、锡光、诗圣、履善，开会商上海房屋善后事，并于公文、力子、彬然电话接洽，定于九日下午六时半在萃华楼谈开明与中图之间未了诸务。会外兼晤调孚、李湜等。十一时三刻散，与诗圣偕行归，至禄米仓而别。

午后二时，珏人、先归，漱、仁则往中山公园划船矣。六时乃归。

士铮来访，晤漱，谈后亦去。

校点《越王勾践世家》，毕之。六时始歇。

夜饭后，与珏人、致仁、漱、湜两儿同往吉祥看和平京剧团演出。七时开幕，为《摘缨会》，垫戏殊不足观。继为贯盛习之《捉放曹》。演行路落店一段，唱做均尚中肯，惜扮曹操之刘新德配不上耳。休息后为全部《樊梨花》。毛世来饰梨花，王世霞饰薛丁山，贾多才饰丫头，俱餍望。朱桂华饰薛金莲亦出众。新人亦未可忽之也。十时三刻散，乘三轮径归。十一时半，各就寝。

5 月 8 日（三月廿五日　己未）星期五

晴，温。

晨六时起。清儿朝午俱来看漱儿。余校点《郑世家》，毕之。

续点《赵世家》白文,未及六之一也。

　　午后,珏人与致仁、漱儿出购物,并摄影留念。余以积倦,小睡至五时乃起。

　　夜饭后,文权来,由佩华陪漱儿及文权往八条访候圣陶家。八时半,文权先回。漱、佩则往访韵锵,九时后乃返。有顷,达先至,复谈,因漱、仁票已购得,明晨即将返沪也。十时后,权、达各归。余等亦就寝。

　　中夜雨至,檐滴达旦。

5 月 9 日（三月廿六日　庚申）星期六

　　阴雨,气转凉。

　　晨五时三刻起。清儿来与漱等话别。八时三刻,阿凤送漱、仁往车站,雨甚,离家登车,不禁黯然。十一时半,阿凤归报,已安然送上火车,依时开出矣。为之稍慰。

　　上午看梁思成《古建序论》（载《文物参考资料》卅一期,一九五三年第三期）。此文对我国建筑之基本特点、体系及其发展作全面统系之叙说与分析,使读者更了解古建之伟大,传统及保护古建之重要,极为恳切而生动。至十二时始看完。

　　接潗儿、业熊七日信各一通,知潗患湿气。熊家诸人病患已平复矣。

　　校点《史记·赵世家》白文,毕之。

　　五时出门,往甘雨胡同会均正、调孚、锡光、履善、诗圣,约同过萃华楼。六时半,公文来,有顷,国钧、达先来,因共酌,且谈就中图提出之协议合同,商量双方结束关系。彬然未到,闻于昨夕赴大连矣。七时后力子来,大家提出修正意见,属中图再缮正后商决之。八时前,力子去。八时半,公文、国钧去。余等杂谈至十时半始各归。

到家小休即就卧。

5 月 10 日 (三月廿七日　辛酉) **星期**

无烈日,无风,竟日云和,傍晚略晴。

晨五时半起。七时,与珏人偕过八条叶家。八时,与圣陶、墨林同乘出城,径赴北京大学燕东园卅四号介泉家,晤其夫妇,畅谈积愫。其家环境至幽,鸟语花香,恬适之至。饭后,谈至四时,其伉俪复陪同游朗润园,憩于孙瑞芹家。旋出,乘车入城,过八条送圣等到家,余等即于禄米仓西口下,联步以归。时已六时半,文权在,因共夜饭,且小饮焉。

夜饭后,闲谈至九时,文权去。十时就寝。

5 月 11 日 (三月廿八日　壬戌) **星期一**

阴翳,微有风。下午亦略见雨,傍晚显晴,旋阴,气与昨同。

晨六时起。校毕《赵世家》注文,点毕《魏世家》白文,下午五时乃已。

积贤近午见过,洽事并出工会登记表及入会志愿书,属填送,少坐便去。

珏人昨日多走路,今觉腰脚酸痛矣。午后偃卧,竟发热,晚饭未进也。

夜九时半就寝。中宵雷电大雨,琤瑽有声,恐又挟雹块耳。

5 月 12 日 (三月廿九日　癸亥) **星期二**

阴,午后发风,遂晴,傍晚又阴,较冷。

晨六时起。珏人乏力，竟日偃卧，不思食，便亦不畅，甚忧之。恐热仍未退尽也。

校点毕《魏世家》注文及《韩世家》白文、注文与《田敬仲完世家》白文。下午五时乃歇。

午饭后，清儿来省母。五时半，汉儿来省母。夜饭后去。琴珠、佩华、湜儿俱夜出参会或上课。余乘独坐无聊之顷，将积贤送来之工会登记表填写讫。前托达先代购长沙彭三和制紫毫笔二十枝今日下午由孟伯泉径邮来，无信，不识款项足支否也？

十时就寝。十一时，佩华、湜儿、琴珠始陆续归。

5 月 13 日 (四月 小建丁巳 甲子 朔) 星期三

晴，风沙，较昨更冷。报载寒潮南侵，信然。午后黄沙蔽日，窗棂间生黄障矣。

晨六时起。珏人热仍未退，强起片刻即睡，不思食，便亦不畅，衰象日臻，为之奈何？

校点《田敬仲完世家》注文，毕之。又点毕《孔子世家》白文。前后历六小时半，腰酸难支，即罢。

达先、汉儿近午来省，午饭后去。电话请张静容，以正在儿童医院值班，须夜十时始下班，未克来。

九时半就寝。

5 月 14 日 (四月初二日 乙丑) 星期四

晴，较和。下午风又起，尘土复扬，入夜颇燥热。

晨五时半起。珏人仍有寒热，腿酸痛稍好。饭后，张静容来诊，胃肠肺脑俱无异状，断为衰弱所致，注射盘尼西林，并劝注射荷尔蒙,以资弱云。二时去。

晓先十一时来,饭后一时半去。文权来,与晓先同去。芷芬傍晚来。晚饭后达先来,诗圣来。九时半,芷、达、诗同去。

十时就寝。余酬谈之隙,校点《孔子世家》注文,毕之。

接漱儿十一日信,附致仁信,告安抵上海,又忙于工作矣。

5 月 15 日 (四月初三日　丙寅) 星期五

晴,暖,无风,洵清和天气也。

晨五时起。珏人热退,霍然起,为之大慰。

校点《陈涉世家》白文、注文毕。并点毕《外戚世家》、《楚元王世家》、《荆燕世家》、《齐悼惠王世家》白文。下午五时半始歇。

北大五月分工资送到。《文物参考资料》连日由湜儿在中国书店及东安市场书摊上配到,惟卅一期买不到,往邮局预计亦只能从卅五期起。(卅一至卅四须别设法。)目前条件未熟,而出版当局强调计划统筹,转使欲书者无从得书,而不必要之各城乡却未免摊派,人为积阁。此偏差实匪浅鲜矣。

接坚吾十三日信,详告故旧近状,备承关切,弥可感也。

达先午后来谒,持中图同人与开明原单位所订协议,(七月起解除从前一切劳资关系,由原单位贴给两个半月工资一次了结也。)请签署,即为押署讫交去。亦完却一重公案矣。

夜十时濯足,易衷衣就寝。

5 月 16 日 (四月初四日　丁卯) 星期六

晴和。

晨五时起。上午校点《外戚世家》、《楚元王世家》、《荆燕世家》、《齐悼惠王世家》注文,毕之。下午写信,分复坚吾及潏、漱两儿,俱详近况,四时始完,即付邮。

夜饭后,文权来,知渠之工作单位已评薪讫,又不免波动情绪耳,谈至九时后去。

十时就寝。

赵掌柜傍晚来,余属趾华电话招之者,拟改做窗格与商焉。约过日持尺来量,再核估之,移时去。

5 月 17 日（四月初五日　戊辰）星期

晴,不甚烈,无风,气温煦也。

晨六时起。十时,文权来。十一时,达先、清儿、建孙来,因共饭。滋儿、佩华出,饭后归,知在中山公园遇芷、汉,共在东安市场吃饭也。午后二时余与清、达、琴、权、建同出,乘三轮到地安门桥,赁船游什刹海,排队半小时,始得舟。划至后海,然后回,费两小时半,已五时半,乃行。至鼓楼南路西一家冷食店饮冰,稍憩。六时许,仍乘三轮南返。

到家候芷、汉未至,六时三刻,达、清等去。甫行,而汉等来,相左矣。夜饭后,闲谈,八时,芷芬先去。九时半,文权、汉儿亦去。

十时后就寝。

5 月 18 日（四月初六日　己巳）星期一

晴,温,傍晚上云,有顷,大雷雨挟以风,移时雨过月出,但仍感燠燥也。

晨五时半起。看《关于若干历史问题的决议》及《〈关于十年内战〉提出学习上的讨论问题》两则。

午后写信与积贤,寄去工会登记表两分及二寸半身相片一张,并将作就之学习问题附去,属代转小组长贾芝。此问题肤浅幼稚,自视亦歉然也。然不得不应限提出耳。

又写信复业熊,告家中近况,并告《毛选》第三卷已交汉儿代为购寄矣。

六时夜饭,饭后即与珏人乘三轮赴大华看电影《龙须沟》。去时将雨,到院坐定,即闻风吼,未几,雷电交作,大雨如注,片中亦正大雷雨,内外交织,真假互纠,恍如置身现场矣。剧本为老舍原著,焦菊隐改编为电影,即以首都修治龙须沟为题材,解放前后黑暗与光明显成对照,极能抓住要点,令观众爱憎分明也。八时半散,雨亦止,而润、滋两儿均在门口守候,并已雇到两三轮,乃前后挟护而归。珏人为之怡然。

十时就寝。

5 月 19 日(四月初七日　庚午)星期二

朝晴,旋阴,午后闻雷,夜半大雨达旦矣。

晨六时起。看《毛选》。点《史记》萧相国、曹相国、留侯、陈丞相、绛侯周勃五世家白文,毕之。下午又校点《萧相国世家》注文及《曹相国世家》注文之半。五时始歇。

阴森闷人,欲出散步,恐值雨未果。

夜饭后,九时即睡。

5 月 20 日(四月初八日　辛未)星期三

霪雨竟日夕,朝暮及夜半尤甚,气遂转凉,然感湿闷耳。

晨六时起。看《毛选》。校点曹相国、留侯、陈丞相、绛侯世家，一气毕之。下午四时半也。小睡一小时许，反觉精神疲累。

夜闲翻《冬青馆古宫词》以自遣。

九时后，听转播中和谭富英、裘盛戎、李世琦唱《捉放曹》，以时晏，未及落店，即就寝矣。

5月21日 (四月初九日　壬申小满) 星期四

阴晴间作，下午又大上云，气与昨同，夜深复大雨。

晨六时起。看《毛选》。校点《梁孝王世家》、《五宗世家》、《三王世家》，至下午四时全毕。于是，世家全完矣。

昨日均正属琴珠带口信来，谓今日午前十时，在西总布胡同商量上海房屋事，余不乐与其事，书条谢不往也。书寄唐令琰、金泉源，约廿四日来午饭，以先已电约小文夫妇，拟乘此与诸故人子一为纵谈耳。

三时半，珏人偕佩华出，就宝泉堂浴，五时归。

夜饭后，看儿辈修骑车，加以修饰。

九时就寝。

5月22日 (四月初十日　癸酉) 星期五

晴，冷，午逮起风。

晨五时半起。看《毛选》。校点《史记·伯夷列传》、《管晏列传》正文、注文，毕之。并点毕老子韩非列传、《司马穰苴列传》及《孙子吴起列传》正文。下午四时歇。

饭后滋儿为余到吉祥购得明晚中国京剧团演出票，届时将往观之。点《事类统编》，前未了之本，今续为之，乘暇一办，亦大佳。未识以后能经常点阅否耳。

夜饭后,仍续点《统编》,至九时三刻乃睡。

5 月 23 日（四月十一日　甲戌）星期六

晴朗,微有风,较和。

晨五时起。校点《老子韩非子列传》,《司马穰苴列传》,及《孙子吴起列传》注文。下午二时半毕之。

接王积贤复书,谓诸事已代办,并接所中学委会通知,六月三日下午二时半召开小组讨论会云。

与元孙嬉戏庭院中。偶见额桁及两桅端匠工所绘之彩画,遂口占五绝云:

> 柳下桥边路,松阴水面船。陂塘莲叶底,呢喃见双燕。

虽直赋所见,录而出之,亦颇有风致。可征偶兴未必无妙谛也。

六时啖面当餐,越半时,乘三轮往吉祥,正在闹场。七时开幕,为袁金绵、马鸿麟之《白水滩》。继为杨菊芬、苏维明之《击鼓骂曹》。八时三刻休息。休息后为叶盛兰、杜近芳、曹连孝、萧盛萱等之《奇双会》。叶、杜刻画人物可称入木三分,以是,屡看不厌,洵能塞望也。

十时三刻散,乘三轮遄返,正十一时。珏人偕滋、佩往劳动人民文化宫看中央人民政府、人民革命军事委员会、总政治部文艺工作团演出之音乐舞蹈杂技晚会,时犹未返。仅湜儿在守门(亦甫自北海联欢晚会归来)。隔半小时,珏等乃归。小坐就寝,已十二时矣。

5 月 24 日（四月十二日　乙亥）星期

晴和。午后有风,夜月好。

晨五时起。八时，元锴骑车来省，已能驾御自如矣。此儿能力强，智慧多，十二龄有此，洵足夸赏已。有顷，偕润、滋、湜联车出，同赴德胜门小市购车件，十一时乃归。

十时半，泉源至，十一时三刻，小文、家梅、令琰俱至，未几，晓先、雪英至，乃共饭。饭后畅谈。三时，晓、雪去。五时半，泉、文、梅、琰亦去。故人子弟休沐来访，联欢若家人，亦一乐也。

夜九时半就寝。

5 月 25 日（四月十三日　丙子）星期一

晴，暖。午日下竟如深夏矣。初御单衣。

晨五时起。看《毛选》。校点《史记·伍子胥列传》，毕之。复点毕《仲尼弟子列传》正文，又注文六之一，下午四时停。背痛眼花矣，偃卧片晌，以休之。

接澄儿来书，知出月初将来京见省也。

夜饭后，坐院中乘凉，俨然炎夏。九时即寝。

5 月 26 日（四月十四日　丁丑）星期二

晴，暖。

晨五时起。看《毛选》。校点《仲尼弟子列传》注文，毕之。下午三时停。气候剧变，颇影响我之身体与精神也。朝鲜停战谈判昨日在对方请求下休会八天，之后，复会，双方代表团进入行政性会议，对方又建议休会六天，至六月一日上午十一时复会云。美帝虽一再无耻狡展，恐终难逃全世界和平人民之谴责耳。

接潜儿廿四日复余之书，促请珏人前往上海小住，详告评弹界消息，以歆动之。今日为佩华生日，晚上全家吃面。文权夜饭后来,亦与焉。九时后,文权去。为麟瑞借《楚辞》六册。

天气燥热,濯身易衷衣始就寝。

5 月 27 日（四月十五日　戊寅）星期三

阴晴兼施,傍晚有风,入夜雨,气仍温暖,日中且感躁热也。

晨五时起。九时,平伯见过,谈移时,十一时许去。

午饭后小睡片响。校点《史记·商君列传》,毕之。随点《事类统编》十许页。五时停。

接漱儿廿二日复书,并附致湜儿信,陈说精析其思想,诚进步矣。

夜十时就寝。半夜雨止,月明如昼。

5 月 28 日（四月十六日　己卯）星期四

晴和。

晨五时半起。八时,挈元孙出,阿凤从,乘三轮至大华门首,转电车到西直门,再乘三轮至西郊公园,时正九时。畅游动物园及标本室,茶憩于牡丹亭。十二时出园,乘三轮径归。到家一时,乃午饭。午后,清儿挈建孙来省,余小睡片时起,写信三通,分寄上海濬、漱两儿及张店澄儿,告珏人将于六月二十日偕清儿去沪,并寄照片与漱儿。

接致觉信,告近状,并商其女儿升学事。

夜九时十五分即寝。

滋儿连日夕参加团会,每晚必更深始归。今日并晚饭亦延至九时半始得食。闻清儿参加民进,亦复忙迫,如此张而不弛,终恐难能久持耳。

5 月 29 日（四月十七日　庚辰）星期五

晴和。下午有风，傍晚雨，夜深加甚。

晨五时起。校点苏秦、张仪两列传白文，毕之。复完秦传注文三之一。

饭后小睡片晌。芷芬来谈，移时去。

夜饭后，文权来谈。珏人与润儿、佩华往出版总署看电影，九时半雨中归。文权亦去。九时三刻，收听转播民主剧场京剧，先为《黄鹤楼》之尾声。十时后，梁小鸾、裘盛戎、谭富英之《二进宫》始上场，听至十一时毕，乃就寝。

麟瑞所借《楚辞》今晚由文权带还矣。

5 月 30 日（四月十八日　辛巳）星期六

阴雨绵延，气凄冷。

晨五时半起。整日看学习材料，作发言提纲，竟未触及《史记》也。

清儿、建孙来午饭。饭后达先亦至。清儿为珏人注射荷尔蒙，达前去，清于二时后乃去。

接研所学委会通知，六月起展开文艺理论学习，漫谈分城内乡间两小组云。

夜饭后，听唱片，九时三刻就寝。润、琴出看电影，十时三刻始归。

5 月 31 日（四月十九日　壬午）星期

晴朗，上午清和，下午较热。

晨五时半起。十时许,力子见过,谈移时去。

珏人起后感乏力头晕,仍偃卧。午后始稍好,可起行。盖昨日初注射或有反应耳。

饭后一时半,偕滋儿出,步至青年会,乘电车到北新桥,再步至雍和宫,正在修葺髹饰,谢绝参观。废然而行,信步北出新开之城阙,沿城壕西入安定门,乘一路公共汽车径驶出正阳门,地带到广安门下,复步出关厢,寻天宁寺塔。比至寺门,又为机关所占,仍享以闭门羹,不免懊怒矣。都中名胜类是者夥,不令人油然兴天下名山僧占尽之感耶。索焉入城,仍乘一路公共汽车到东安市场,以明日为儿童节,为元孙购一大皮球携之以归。至家已五时半矣。

汉儿、芷芬、文权、清儿、达先、建孙都来,盖达先今晚约在东安市场新开张之奇珍阁湖南馆吃夜饭也。有顷,珏人与汉儿先行,润、湜、达骑自行车继发。余与文权、芷芬徐步以往,到后良久,至七时半,滋、佩始骑车来。清、琴、建、元则先已乘三轮到座矣。肴核尚有湘味,惜生涯鼎盛,不作点心,未得一尝银丝卷耳。八时半,罢出,余与珏人、琴珠、元孙乘三轮先归。文权、径返宿舍。清等、汉等亦各归去。有顷,滋、佩归。又有顷,润、湜归。十时就寝。

王积贤令人送代购之《文学与艺术》一书来,所中文艺理论学习正需此,至感也。

6 月 1 日[①]（癸巳岁四月　小建丁巳　甲子　朔　二十日　癸未）星期一

上午晴和,午后起云,大雷雨,四时又放晴。气仍和。

----

①底本为:“复初日记第二卷”。原注:“一九五三年儿童节,容翁自署于小雅一廛之北屋。元孙时方抱球嬉戏庭前,活泼泼地天真可掬,隔玻窗望之,恬酣弥乐,欢情随而飞越,竟尔不自知其为颓然一衰翁矣。”

晨五时起。看《毛选》。续作讨论提纲,至四时始了之。备后日赴会时发言用。

清儿饭后来,为珏人注射荷尔蒙,未雨前赴出版社到班,未识值雨否耳?

接翼之卅日信,知仍在宏大工作,诸戚属近况亦顺告一二。又接潗儿廿九晚信,对文权评级不满,大发牢骚,当正辞以告诫之也。

夜饭后,文权来,余以潗信示之,并敦之以自我争取改造,勿以外来是非自扰。谈至九时半去。

十时就寝。

6月2日(四月廿一日　甲申)星期二

晴和。午后大风倏起,晦冥欲雨未果,三时后,杲杲日出矣。

晨六时起。校点《苏秦列传》注文毕,并及《张仪列传》注文之半。三时三刻止。小睡片晌。所中送学习材料来,并带到王积贤信,知照明日下午一时半放车来接。

五时,合作社东单区联社职员金宝荣来访,征询有无意见,谈一刻许去。填好五月分工作汇报表。令滋儿往吉祥为余购得明晚和平京剧团戏票一张。

夜看润儿装置自行车。九时半就寝。

6月3日(四月廿二日　乙酉)星期三

晴,暖。

晨六时起。校点毕《张仪列传》注文。午间清儿来为珏人注射。

一时半其芳见过,以车相邀,遂同过平伯,驱车出城,二时半到北大文学研究所办公室,参加小组讨论会。贾芝、冠英、积贤等俱晤。五时三刻结束。续谈古典文学组新任务,至六时四十分始散,仍车送返城。比到家已七时半矣,即匆匆夜饭。文权来,雪村夫妇来,余以先已购吉祥票,不得不谢村出门,径往吉祥。到吉祥坐定,已八时五分,《群英会》已过,毛世来之周瑜未得见,场上正演《借箭》及《借风》。贾盛习之前鲁肃,后孔明俱见之。王世霞之后周瑜亦尚好。休息后《辛安驿》上演,毛世来饰卢凤英、贾多才饰卢母,朱桂华饰罗燕,打趣而已。十时三刻散,即乘三轮归。

小坐便睡。

午前,赵掌柜来言,明后日即可派工匠来修屋配窗云。

6 月 4 日（四月廿三日　丙戌）星期四

早阴,曾有雨,午后放晴,气仍暖。

晨六时起身,连晚睡眠欠佳,每晨转软疲,不能即兴,殊感不爽也。校点《樗里子甘茂列传》、《穰侯列传》、《白起王翦列传》白文,及集解、索隐、正义毕之。中间仅午睡一小时馀,直至六时半乃罢手。

夜饭后,本拟往看雪村,以体倦未果行。九时半即寝。

6 月 5 日（四月廿四日　丁亥）星期五

晴。

晨六时起。看《毛选》。赵掌柜派工三人来修屋。（两瓦工,一小工,本有木工一人来,竟未果。）午饭时,清儿及建孙来,饭后为珏人注射,近二时去。

校点《史记·孟子荀卿列传》、《孟尝君列传》、《平原君虞卿列传》正文、集解、索隐、正义毕之。下午四时半乃止。

作书与西谛，告文艺漫谈请示期往会，顺乞《文物参考资料》卅一期等。

未小睡。夜饭后，与珏人往访雪村家，晤雪村夫妇及清华等。达先未返，不之晤也。坐有顷，彬然来，知昨方自大连归。长期休养后，身体大好云。闲谈至九时许，乃各归。

到家知文权来过，不及待，已去矣。

十时就寝。

今日修屋仅西屋抹顶而已，工作之缓慢，殊非现时代所应用也。然积习已深，骤改不易，亦有待于教育及自身觉悟耳。

6月6日（四月廿五日　戊子　芒种）星期六

晴，暖。下午曾有阵雨，挟雷而至，片刻即过，依然青天。

晨五时起。看《毛选》。写信三封，分复翼之、坚吾（晨有信至，即复）及致觉，各答其所询也。于翼之信中尤详家庭琐状。下午看聂绀弩《水浒是怎样写成的》及郭沫若《屈原简述》、何其芳《屈原和他的作品》三文。（俱载《人民文学》四四期。）

木工仍未来，加派一瓦工，正在屋顶施工，而突遭大雨，颇虑白费，幸片时即止，尚无大碍，惟已届雨季，不早竣工者，终恐不免耳。（早已召赵掌柜，属修，为所延阁，不无怅怅。）

六时，滋、湜及阿凤往车站接澄儿，七时三刻归，未接着，或澄未能购得车票，遂尔误延乎？八时，润、琴、滋、佩、湜及清、敫同往大华看电影。九时半，云彬偕芷芬、汉儿来，盖云彬自杭来京开会，住和平宾馆已十馀日矣。长谈至十一时廿分，乃与芷等同去。

有顷，润等皆归。余亦就寝。

6 月 7 日（四月廿六日　己丑）**星期**

云翳。

晨六时起。看刘慧义译《文学与艺术》。

赵掌柜今日加派一木工来（计木工、瓦工共三人，小工二人，凡五人）着手做窗格及墁墙。

十时半，文权来。十一时，小文、家梅来。清儿来为珏人注射，未饭即去。饭后，大椿见过。小文、家梅去。三时半，文权去。

阴森竟日，时时恐雨，幸未成。

润、滋、湜、琴、佩俱往车站接澄儿，居然准时接到，同归夜饭。澄果挈埙、垲、培三孙来，即夕张床支铺，杂乱至十时，始各睡。

6 月 8 日（四月廿七日　庚寅）**星期一**

晴，暖。

晨五时半起。略看《选举法》学习材料。校点《魏公子列传》、《春申君列传》，毕之。

以木工敲窗，无法坐定，只索罢之。今日来木工、瓦工、各一人，小工二人。据云，千斤石灰尚不敷须，再添四百斤云。（初云三百斤，继加七百斤，今又须再添四百斤，无计划如此，旧匠之习气诚不可响迩矣乎！）

下午四时，平伯饬人送信至，附来华粹深手写《月夜闺思引》及其己作《红楼梦著作的年代》一文，属看后转西谛也。

达先、清儿、建孙午间来。汉儿、错孙夜来。文权亦至，俱为澄儿来者。余感受风寒，连日又为匠工纠缠，入晚竟坐不住矣。量体温有八分浮热，因服午时茶，蒙被早睡，但周身牵掣，胸闷腰酸，殊无好眠,殆所谓发老伤耳。

6月9日（四月廿八日　辛卯）星期二

晴,暖,傍晚起阵,入夜微雨。

晨六时强起。盥漱讫,进汤饮,尚觉舒服。八时半匠工来,（两瓦工,一木工,两小工。)上东屋,发觉屋顶有危险,余强升屋视之,信然。工谓须拆动添材始克济。大为周章,因走出版总署,欲与润儿一商之,乃门者坚持办公时间不见客,沮格未得入,遂折往赵堂子胡同派出所,为澄儿等报入临时户口,又颇疙瘩,阅时乃已。返家已十一时半矣。

下午,校点《范睢蔡泽列传》,毕白文完,注文仅三之一。三时半即出,赴甘雨胡同开明清委会约,听取唐锡光到沪处理房屋经过报告,并谈他事,近七时始散,步以归。辛苦竟日,而入夜又指挥东屋腾房,文权来谈,十时乃寝。

6月10日（四月廿九日　壬辰）星期三

晴,暖。入夜起阵未果,仅稀点片时即止。

晨六时起。八时匠工来,又加瓦木工及小工各一人。实施拆去东屋之顶及西南角墙。下午添料坌集木檩木橼、麻刀、石灰、麦秸、苇席、苇箔之属,一时无以安排也。饭后,亲出往人民银行支款应付,截止目前止,已付之款已达一百四十五万五千七百元。应付而未付者已达八十五万八千元,人工不计焉。（人工已用大小廿九工,恐倍之亦未必了也。)费用不资,诚一大包袱矣。夜将雨,又动员家人抢盖储料,幸未成雨,已大为劳瘁。余以其间仍校点《范睢蔡泽列传》注文,毕之,大勉矣。痰咳增剧,且感微痦。九时许,即寝。中夜二时醒来，即不寐，竟数更至天明焉。

6 月 11 日（五月大建戊午　癸巳　朔）星期四

晴，暖，午后有风，并时起云，入夜有雨即止。

晨五时半起。终日应付匠人，来大小十一人，仅以其间校点毕《乐毅列传》、《廉颇蔺相如列传》两白文耳。

下午，平伯饬人送其芳信及《人民文学》四四期，属对所作《屈原和他的作品》一文提意见，适值事烦心乱，一时殊难交卷也。

东屋西南角墙址太湿浅，今晨施木桩五枚，再打土一层，然后砌墙，今后或可稍坚乎？澄儿今日挈三孩出探友，下午与佩华游中山公园，向晚始返。

夜文权、农祥来，谈至九时廿分去。

润、琴、滋俱出开会，十时乃归。余九时三刻就寝。

6 月 12 日（五月初二日　甲午）星期五

晴，暖，下午曾有雷阵，云过雨止，未久也。入夜又有微雨，旋亦停。

晨五时起。八时仍来匠工十一人，纷纭杂沓，时有购料添材等事相扰，竟日应付，不但无宁坐看书之会，即偶尔书写亦不甚裕如矣。因打发澄儿挈孩三人往汉儿家，珏人送去。午后二时，珏归。元孙以发烧往张静容大夫所求诊，琴珠抱持往还，据诊为扁桃腺肿胀之故，心稍释然。已胶扰连日矣。此番葺屋实出不虞，费用大匮，爰与汉儿谋暂移支应之。

傍晚，配玻璃者来洽，明日可以按装云。盖新制之窗已完工耳。

夜濯身易衣,九时半就寝。

6 月 13 日（五月初三日　乙未）星期六

晴朗,当午炎热矣。

晨五时半起。八时仍来匠工十一人,十一时配玻璃者殷姓来,即配上,未及半小时便已。较其他工作为爽快。

十二时,清儿来饭,饭后为珏人注射。有顷,达先亦至,二时后达、清先后去。六时散工,东屋屋顶及包墙大致完毕(初步涂泥上灰而已)。据云,尚须三日始能了云。

文权夜来谈,九时后去。情绪一时不易平复,只有好言相慰而已。十时就寝。

接西谛柬,明日上午九时请参观历史博物馆之楚文物展览会预展,并附李庚、调孚、振甫诸柬,当为转去。

润儿夜往汉儿所饭,与清、澄、汉谈,并携移款归。已十时矣。

6 月 14 日（五月初四日　丙申）星期

晴,热。

晨六时起。八时,与湜儿出,偕往中山公园小憩,循行一周,至九时半出东北门,入阙右门,一直赴午门前西廊楚文物展览会场。晤平伯、从文、斐云、祖文、力子、学文、圣陶、调孚、璁玉、家晋、邦达、誉虎、西谛、云彬、灿然、愈之、仲持诸人。在招待室休息闲谈。至十一时,余父子偕云彬同往东安市场,预备寻饭吃,信步至东安门大街路南之春元楼饮生啤,啖饺子。十二时三刻乃散。属湜儿归报珏人,余则乘三轮径赴东四八条访圣陶。至则夫妇偕出看戏矣。原车遄返,湜儿亦到家未久也。

小睡片时。

清儿、建孙、达先俱来,知雪村晚请云彬,云彬将来余家也。六时许,云彬来,乃偕之往章家。清、建则留家晚饭,与文权同度端阳。(明日大家上班,故亦预作之。)到章家时,彬然、薰宇、伏园、芷芬俱先在。遂与雪村、调先、达先及云彬、彬然、薰宇、伏园、芷芬同坐小饮,至八时半始罢。复闲谈至近十分始各归。余与伏园同行到赵家楼而别。

到家时,权等已去。十时三刻乃寝。

是日匠工来九人(两木工,三瓦工,四小工)木作已了,四时即去。明日只须瓦匠三人,小工四人云。

6 月 15 日 (五月初五日　丁酉　端阳节)星期一

晴,热,午后昙,尤热,入夜起阵未果,稀雨数点即止。

晨六时起。写信复其芳,提意见,并将《人民文学》另卷寄去。清儿、达先午间来,清仍为珏人注射。

匠工仍来六人,东屋大致完成矣。

下午校点《乐毅列传》、《廉颇蔺相如列传》注文,及《田单列传》,《鲁仲连邹阳列传》,全文毕之,六时始已。

晚躁热、濯身易衣乘凉至十时,始入卧就寝。

6 月 16 日 (五月初六日　戊戌)星期二

晴昙兼作,炎蒸类伏暑矣。

晨六时起。看《毛泽东选集》。校点《屈原贾生列传》白文全毕,注文仅及半耳。

澄儿挈垲、培两孙归,埵孙则仍留汉所也。

匠工仍来六人，与昨同。东屋完工，门外包檐大墙亦抹灰罩黑矣。大约两小间屋面及零星修补尚须一两日也。

夜文权来，清儿来，知中国青年出版社接到出版总署通知，凡企业机构之公休假期，暂不实行，因而二十日清奉珏南游之计只得作罢。在一般情绪上总难免不大舒服耳。

振甫书来告我，已得圣陶之介与西谛晤及，或可在北大文研所兼任研究。有一信与谛，属为加封送去。果成，则所中多获一助，亦大快事也。

九时半，权及清去。十时就寝。

6 月 17 日（五月初七日　己亥）星期三

晴，热。

晨六时起。写信四封，一寄西谛，为振甫转书。一寄刚主，复告《明清文献丛考》稿已转属均正办理。（刚接渠来信托查，因即复，并另告均正一办。）一寄潚儿，复告清儿休假中止，不能奉母南来，并勉以挺身作新时代妇女模范，帮助文权改造思想。一寄漱儿，亦告其母中止南游事。十一时三刻，与珏人、澄儿、垲孙同到森隆午饭，会清、滋、琴共餐。饭后，在中图公司购《人民画报》，并在百货公司购杂物。余先乘三轮归。有顷，珏、澄亦返。清、琴、滋则到社办事矣。

今日仍来匠工六人，至五时，全部完工（只修窗与钉画镜线，重接电灯等杂工未了耳。）去。赵掌柜曾来晤，计大小八十九工矣。将来算帐，所费不赀也。

夜饭后浴，浴后纳凉庭中，久之始入卧。院中初步清除尘灰，气息依然弥漫，恐尚须陆续粪理乃克宁居耳。

6 月 18 日 (五月初八日　庚子) 星期四

阴,闷,时见细雨,夜深大雨如注,绵历达旦。

晨六时起。看《毛选》。校点《贾生列传》注文毕之。又校点毕《吕不韦列传》全篇。

午后小睡。余庆和灰铺来收帐,计付一百二十九万元,合计前后付出添料各费共已三百廿二万另七百元,尚馀人工及漆窗未计入也。(估计尚须二百馀万元。)

振甫晨来访我,谈已晤西谛,将在文研所谋一兼职云云,并出近作一篇,属余转西谛为赘。八时辞去,约星期上午与共访西谛焉。

夜饭后,珏人、澄儿往访章家,润、琴、元孙亦往。余则与滋儿出散步,由南小街转入芳嘉园斗母宫,折由西苦水井出小方家胡同,入大方家胡同,循小牌坊、小雅宝而归。所经多曲巷,宽窄殊度,颇饶别趣。古城面貌赖此长存耳。

到家文权在,因共谈。有顷,珏等亦归。九时半,文权去。十时,余等亦各就寝。

6 月 19 日 (五月初九日　辛丑) 星期五

阴雨,偶晴,午后大雷雨,檐瀑如注,院中顷刻积水,幸屋已修完,否则,殆矣。移时雨止,入夜见月,气陡凉,须袟。

晨六时起。看学习文件,提出问题二则,书寄积贤,属转贾芝。

下午校点《刺客列传》,毕之,五时半乃止。

晚饭后,与滋儿出,拟走访雪村,以道逢积水折回,适振甫来访,因与长谈。有顷,清、汉两儿亦至,谈至九时半皆去。

十时就寝。

6月20日（五月初十日　壬寅）星期六

晴，热。

晨六时起。看《毛选》。

木工樊姓来为东屋钉画镜线版，十时即完。

九时，余往访雪村，知其卧床，发流火，特探视之，谈悉注射盘尼西林后已退烧，渐即复原矣。移时乃归。

校点《李斯列传》、《蒙恬列传》，挥汗毕之。停笔时已下午五时。

晨餐后振甫来，约明晨与共访西谛。

六时半乘三轮往访圣陶，座遇祖文，共饮，闲谈至九时半始辞出，与祖文偕步至八条西口始乘三轮归。

到家甚热，濯身，坐院中纳凉，十时后乃入卧。

6月21日（五月十一日　癸卯）星期

晴，热。

晨五时半起。珏、澄及埙、垲、清、建等七时三刻出，往北海公园会芷、汉及鉴孙，盖昨日约定者也。振甫八时来，余与偕出，步至史家胡同西口，乘环行电车到地安门下，复步往黄化门访西谛。适西谛全家往北海，余与振甫亦追踪往，遇珏、芷、清、澄、汉等于双虹榭，遂小坐休憩。知西谛等曾遇及，已划船波心矣。只索听之，既而余与振甫登陟琼岛一周，返抵双虹榭已十时三刻，知珏等将在北海午饭，余与振甫乃先行乘三轮到东安市场登森隆之楼小酌焉。以星期休沐，不家食而就食于外者多，余等十一时至，已将满座，食未半,来者纷如,鹄立座旁,候坐者不一辈,形同督促,匆匆食已,甫十二时,乃相与逛旧书摊,遇唐兰,立谈倾之,在摊上购得世界书局影印之《经籍纂诂》一巨册,以其翻检便而适于用也。

一时同人吉祥看同和京剧团演出。(余购好两票,约振甫同观,乃煦楫已有票,与之余乃以一票付琴珠,属来会。)初为虞俊声、李菊秋之《打渔杀家》,将毕,而琴珠至,二时一刻休息。休息后《钗头凤》上演,虞俊芳饰唐慧仙,沈曼华饰陆游,虞云甫饰陆母,苏连汉饰宗子常,詹世辅饰步空,曹世嘉饰陆子仪。五时十分散,与琴珠乘三轮归。俊芳、曼华俱能称职,实较前看荀慧生、童寿苓为胜一筹也。

到家知东屋电灯已修复,润儿卧室且迁入矣。一切妥贴,为之大慰。有顷,文权来,因共夜饭。

饭后亦秀、农祥来访,谈至九时半辞去。文权亦告归。十时各就寝。

6 月 22 日 (五月十二日　甲辰　夏至) 星期一

晴,热较减。

晨六时起。汉儿十一时来,清儿与建孙十二时半来,因共饭。饭后,清为珏人注射。润、滋、琴亦归。二时后皆去办公矣。余校点《史记·张耳陈余列传》、《魏豹彭越列传》、《黥布列传》三篇,下午五时始罢。

珏人与澄儿往瓷器库探澄旧邻,薄暮始返。

夜纳凉院中,九时许即入卧。

6 月 23 日 (五月十三日　乙巳) 星期二

阴,较凉。午后日出,旋复阴。

晨六时起。出散步,归即校点《史记》。饭后小睡一小时馀,复作至五时,毕《淮阴侯列传》、《韩王信卢绾列传》、《田儋列传》三篇。眼花体倦矣。

夜饭后,与浞儿出散步,由大雅宝东口城阙出,循大道入朝阳门,朝内大街正在施工加宽,土石纵横,颇碍行走,在道旁购得杏子十许枚,从南小街而归分享家人。

接翼之信。

坐院中纳凉,星月交辉,以为可望畅晴矣,乃睡至一时许,雷雨大作,檐瀑如注,因以惊醒,遂失寐。平明日出。

6 月 24 日（五月十四日　丙午）星期三

阴,日间三度大雨,而午后曾显晴,傍晚又大雷雨,入夜有月,夜半又起雷阵,未果雨,气燠闷,宵深始感凉。

晨六时起。坐雨,闷损,一意校点《史记》,自八时至下午五时半,毕《樊郦滕灌列传》、《张丞相列传》、《郦生陆贾列传》、《傅靳蒯成列传》四篇。

澄儿旧邻王家主妇来访澄,入暮乃去。

夜饭后,濯身洗足,九时三刻就卧。

接漱儿复信。

6 月 25 日（五月十五日　丁未）星期四

晴,暖。

晨六时起。看《毛选》。校点《史记·刘敬叔孙通列传》,及《季布栾布列传》,毕之。

午后小睡。二时许,滋儿、琴珠、佩华及锴孙归来,谓汉儿患盲肠炎,昨晚十一时已在西单医院割治,顷方从院中临视来报,具知经过良好云。伊幼时曾患过,用冰掩止之,未割去,卒以复发,深怪当时未能根治之也。

写信复漱儿,详告种切,并慰问弥同病(因肺部有轻度结核)。夜饭后,打发锴孙归去。余独往吉祥看同和京剧团演出之全部《梁祝哀史》。七时半开,十一时十分散。虞俊芳饰祝英台、虞俊声饰梁山伯。虞启龙饰祝公远,虞云甫饰祝安人。要角全为虞家班所占,均能称其职,展其长。俊声之山伯、俊芳之英台皆出色。前观俊芳之《红娘》嫌其过佻,今连观《钗头凤》中唐慧仙及兹祝英台,深悔孟浪失之矣。谛听审察之余,直堪与吴素秋伯仲也。

归家小坐,濯身就卧,已中夜十二时矣。

6 月 26 日(五月十六日　戊申)星期五

晴,热。

晨六时起。校点《袁盎晁错列传》、《张释之冯唐列传》,毕之。午前,张静庐来访,假书一册去。

午后,澄、润两儿往西单油房胡同市第二医院探视汉儿,归报浮热已退,精神亦旺。五日后可拆线,七日后可出院云。为之大慰。澄儿明日返山东,车票已购得,清儿散班后来,因共夜饭。饭后,达先至,参加我家家庭漫谈,解决处理杂务办法。自七月起,由两房轮值负责焉。近十时,达、清去。十一时后始就寝。

6 月 27 日(五月十七日　己酉)星期六

晴,热。

晨五时半起。澄儿挈埙、岂、培三孙返山东。九时,阿凤送之,雇三轮三乘，分载什物。有顷，润儿追往车站，为结行李送上车厢。十一时另五分开出。归报平安，只待来信矣。

校点《史记·万石张叔列传》《田叔列传》，毕之。下午略睡片晌。

夜饭后，与珏人出散步，在安乐啜冰激凌而后归。九时半即寝。

润、滋、湜、琴、佩俱夜出看电影，十一时始返。

6月28日 (五月十八日　庚戌)星期

晴，热，薄暮起阵，未果雨，转爽。

晨六时起。八时，与珏人挈元孙往中山公园，在来今雨轩啜茗，湜儿来会。有顷，润、琴亦来。九时半，余往会力子、均正、锡光、诗圣、履善于坛西茶棚，谈开明清理委会结束事，至十时半复回来今雨轩，同珏人先行，乘电车到西单，在曲园吃面代餐，并在附近和兰饮冰。十二时许，步往油房胡同六号市立第二医院探视汉儿。遇芷芬及龙文夫人、联棠夫人、世泽夫人、金竹君女士，俱到院慰问者。一时出院，仍与珏人乘电车到东单，再转三轮归家。濮小文在，盖来余家午饭，将行矣。少选，小文去。润、琴、滋、佩、湜五人骑车往什刹海划船，近五时始返。

银富来，盘桓至夜饭后去。文权来谈，九时半去。

十时就寝。

6月29日 (五月十九日　辛亥)星期一

阴，有雨即止。午后开霁，晚晴。气暖。

晨六时起。准备讨论提纲。下午二时，所中车来，力扬相招，因共乘至老君堂接平伯,同驱出城,以城中修路,绕道甚多,到所已三时矣。晤冠英、贾芝、其芳、积贤等,即开会讨论,至六时始已。再谈所中杂事,七时始乘原车返城。抵家已将八时。匆匆夜饭。饭后,清儿、达先、建孙来,九时去。珏人以连日积倦,又感不舒。夜又疾作。

十时就寝。

6 月 30 日（五月二十日　壬子）星期二

阴霾,气闷热,午后有雨,不大,旋又日出,旋复隐。夜半大雨达旦。

晨六时起。写信两封,一致介泉,告以到所时促,往返不得间,欲访长谈,有愿莫伸,深以为憾。一复翼之,告清儿公休取消,珏人沪行因而中止。

看刘译《文学与艺术》。十一时,文权来,以失眠就诊一为过我,遂共饭。午后二时权去。余点校《扁鹊仓公列传》白文,毕之。篇幅较长,四时半乃止。神倦体怠,眼花缭乱矣。

夜饭后,濯身就凉,九时即寝。卧看《文物参考资料》卅三、卅四合册中梁思成记五台山佛光寺的建筑,十时后入睡。珏人疾稍止。

7 月 1 日（五月廿一日　癸丑）星期三

阴霾,时有细雨,与南方黄梅天正相合也。

晨六时起。校点《扁鹊仓公列传》集解及索引、正义。

看光明日报社邀请中国科学院访苏代表团座谈记录,整载两版。于苏联先进科学各方面皆谈及,殊有意义也。

珏人疾止,胃口亦稍好,影响余心绪不鲜。

今起应研所学委会之布置,重学毛主席《实践论》。

夜饭后,与珏人挈元孙出散步,润、琴、滋、佩俱往北京剧场看东北文工团音乐舞蹈会。湜儿则参加七一联欢大会,晨出后未归也。

余等在里口遇文权,因偕归,坐院中纳凉,闲谈至九时四十分去。

十时就卧。润等四人十一时归。湜归已十二时一刻矣。余俟其毕返始入睡。

接漱儿廿九日复书,知弥同尚不严重,只待休养耳。

7月2日(五月廿二日　甲寅)星期四

晴,上午时阴时雨,下午晴,略有风,气乃转爽。

晨六时起。读平伯《遥夜闺思引》写本,并自作眉次评语,后附《寒夕凤城行》。写北京濒解放时身处危城状,极亲切,为低徊久之。校点《吴王濞列传》。

饭后达先来言,汉儿昨已拆线,今出院归家,望珏人往小住云。

小睡片晌。复起续点书,至五时毕之。接介泉复书,知庭杏已熟,将摘享也。

夜饭毕,甫七时十分,余与滋儿信步出,至东安市场吉祥,尚有余票,因购票入楼上南边第二排,时姜铁麟主演《嘉兴府》已过半矣。八时半休息,休息后《女学士》上演,吴素秋饰苏小妹,李德彬饰秦少游,张曼君饰文娟,张荣善饰苏东坡,杨元才饰顺儿,刘鸣才饰柳元卿,汪鸣辰饰任草包。均能各展所长。自征文择婚起,至赚文娟止,前后历三小时,十一时半乃终。散出,乘三轮遄返。

小坐即睡,已十二时矣。

7 月 3 日 (五月廿三日　乙卯) 星期五

阴晴时作,气湿闷,夜半大雨。

晨六时起。看《实践论》。珏人十时往汉儿家,将小住一二日,伴汉儿静养也。

校点《史记·魏其武安侯列传》、《韩长孺列传》,毕之。

接澄儿信,告途中平顺,安抵张店,并附来垍、基两孙信。

午后略睡片晌。夜饭后,与润儿、琴珠、元孙出散步,顺过安乐饮冰。清儿晨来约星日往访汉家。知达先为余购一纱帽,暑天服用云。

夜濯身洗足,纳凉至十时乃入卧。

7 月 4 日 (五月廿四日　丙辰) 星期六

昙,闷,偶露日光。下午三时大雨如注,绵延抵晚不止。

晨六时起。看《实践论》。校点《匈奴列传》,文甚长,毕正文,其注文仅完五之一耳,已六时,遂罢。

昨晚滋带均正信来,谓上海开明新村已有受主,风余前往脱售,此事全由锡光,余已谢事,何再纠缠,令人投入是非渊乎?颇愤!今晨作书决绝不应,即约往与力子、李庚谈话,亦竟谢不往也。

滋、佩、湜午后俱往祝汉儿。滋二时即返社,湜三时归。知佩车与人撞,咎在他人,往派出所申说矣。未几,雨至,久盼不见归,殊悬念。五时,雨隙,佩归,知无所损,且在中山公园对门避雨也。身亦未湿,至以为慰。

接史学会送来中法战争及中日战争史料目录,属提意见。此会消息久沉矣,今得此其重鼓生气乎?

夜饭后,润、琴往看汉,兼省其母,知明日珏将归来云。润等归已十一时,余十二时后始入睡也。

傍晚佩华为余购得明日吉祥日场票(明来京剧团)及北京剧场夜场票(鸣华京剧团)。盖先为余购今日大众、长安票,俱未得,遂改买明日之票耳。

7月5日(五月廿五日 丁巳)星期

昙,热,湿闷,欲雨未果,甚于南方黄梅天气也。

晨六时起。九时振甫见过,谈移时去。伊与煦柽各买今日白天吉祥票二,欲以馀票赠余,余亦早购得,建议转送调孚夫妇焉。午十二时半饭毕,独出,乘三轮到吉祥,见调孚、卧云、生秋及煦柽、振甫等。少坐即便开戏矣。先为徐东来、关韵华等之《得意缘》,自教镖说破至闯寨下山止,旖旎杀泼极道儿女情事。三时休息后,为徐东明、金少臣、赵玉民等之《杨家将》,自李陵碑起,至夜审潘洪止,唱做俱佳,五时半散,尚满意。驱车归饭,颇感吃力,因以北京剧场赵燕侠戏票授琴珠,而身自洗沐纳凉焉。

夜饭后,文权至。珏人亦五时前自汉家返来矣。

九时半权去。十时就寝。琴珠十一时归。

7月6日(五月廿六日 戊午)星期一

昙,热,时亦见日,入夜大阵雨,雷电交作,中宵始止。

晨六时起。写信与漱儿,复告家下近状,并告汉儿病痊情形。十一时五十分出,应李庚之约,径往八面槽萃华楼晤语今、立准、再生、均正、锡光、彬然、李庚、李湜及谢宗玄。十二时聚餐,餐后顺开筹委谈话会。就董会交研问题互换意见,于双方资产核估及开明已了未了诸项,俱作出结论,俾转向董会。建议筹会本身可告结束矣。明日李庚即须出国,三月后方可返,今日谈了,亦痛快事也。三时散,附李庚车归。

续点校《匈奴列传》注文,至五时三刻止,仅及半耳。

接何五良来信,为新村售屋事,欲揽取回佣,此君依然,实无奈之何。当为转清委会处理之。

夜饭后,珏人往八条叶家送杏,盖今晨介泉亲送园杏两筐来,属为分致者也。(介泉至诚可感,此杏大堪珍重,非可以寻常价值衡量之也。)有顷,振甫至,为言今晨往见西谛,渠事尚在考虑中,一时恐无确切答案云。坐未久,大雨至,移时,珏人自叶家车送归,知途已积水,胡同中泥泞难行矣,因留振甫下榻焉。

十时就寝。

7 月 7 日 (五月廿七日 己未 小暑) 星期二

昙阴兼施,虽闷热,但较昨稍爽。

晨六时起。写信与均正,即将五良函件转去,属会中处置,合理解决。一面函复五良告此意。振甫天明即行,谓其宿舍今晨将迁至东直门内南小街老君堂也。

汉儿十时后至,将小住一两日,稍事休息焉。

校点《匈奴列传》注文,毕之,并点完《卫将军骠骑列传》,及《平津侯主父列传》主文。五时方休。

清儿、建孙晚来,因共夜饭。饭后,文权、达先先后至,列坐院中纳凉聚谈,甚适。佩华以参加团会,未与焉。九时半,清、建先行。权亦去。近十时,达先行。佩华亦归。乃各就卧。

7 月 8 日（五月廿八日　庚申）星期三

晴，热。入夜绝风，室中如蒸，虽南方亦不逾此也，且背阴处地
润如膏，墙上亦多霉花。此间人云近年气候殆变矣。信乎！

晨六时起。看《实践论》。福顺四掌柜带一小工来，为余家修
补房屋，计补澡房小渗一处，院中破坏水泥一处，（水泥又为各建筑
单位收购一空，私人竟无从买到，不得已，购方砖五方，配置碎处用
之。）室外周围墙脚加刷青灰一道，至下午五时了毕，计工料费七万
九千三百元，当场付清，此修房尾声也。综核前后费用共五百卅
一万三千元，亦不赀矣。

点校《卫将军骠骑列传》、《平津侯主父列传》集解、索隐、正
义，毕之。并及《南越列传》、《东越列传》正文亦完之。夜约文权、
达先、芷芬、清儿来饭，错孙来，文权竟不至，未审身体健否耳。饭
后热甚，挤院中不得凉，啖瓜未能逭之也。九时后，清儿去，芷芬亦
去。十时，达先去，惟错孙留。湜儿今日考毕，骑车往颐和园游泳，
下午七时始返，周身晒黑矣。此儿不自量力，好为嬉戏，吾恐前此
碧云寺受累之事难免再现也，戒之不听，颇以为憾。滋儿带均正信
来，仍告沪屋纠纷在诗圣之母不肯调屋，属劝之。余即以告达先，
俾进说焉。

畏热，久坐院中，至十一时后强入卧，终夜未盖一被也，殊以
为苦。

7 月 9 日（五月廿九日　辛酉）星期四

晴，热，但较昨爽多矣。

晨六时起。看《实践论》。校点毕《南越列传》、《东越列传》集

解、索引、正义。书复均正。

傍晚文权来，因共饭。饭后与珏人、汉、润、佩、权等闲坐院中长谈。琴、滋出听报告，湜、锴则往大华看电影。

九时半，权去。湜、锴归。十时半，滋、琴始返。余早已濯身洗足，十时前即就寝矣。盖昨宵苦热，未得好眠，实倦不可支耳。

7 月 10 日(五月三十日　壬戌)星期五

晴，热。又转闷。

晨六时起。晓先夫人来饭，下午五时去。镇孙来。点校《史记·朝鲜列传》《西南夷列传》，毕之。夜饭后，汉儿及锴、镇两孙归去。去未久，清儿、达先、建孙来，谈至九时半去。恨未得晤汉儿也。

十时后始就卧，仍感热难寐。

7 月 11 日(六月大建己未　癸亥　朔)星期六

晴，热，室内达九十度。

晨六时起。终日浴汗，眼糊加剧。点校《司马相如列传》正文一半，不复能伏案而止。今年炎景胜南中，对工作颇有影响也。报载苏联部长会议第一副主席兼内务部长贝利亚有叛国罪行，已通过党中央全体会议开除党籍，解除职务，提交最高法院审理。此一事件非寻常政海风波可比，必有国际阴谋交扇其间，将来水落石出，牵动方面断不小也。

湜儿日前游颐和园，遗落怀中手册及团费证等要件，经函管理处询问，今日居然原物送来，殊可感佩。

夜饭后，坐院中纳凉，十时入卧，仍未得好眠。

7 月 12 日（六月初二日　甲子）星期

阴，凉，近午雨，遂绵延抵暮不止。

晨六时起。七时三刻，挈元孙乘三轮往游北海公园，珏人与滋儿、佩华先已到园，遇之于堆云积翠桥北塊。有顷，赁到小艇一艘，伊等四人登舟荡湖，余一人走琳光殿前择座啜茗焉。越一小时余，伊等船过，珏人、佩华、元孙登岸，余下舟与滋儿二人绕琼岛一周，仍在琳光殿上。甫坐定，蠖生、至美、银银行过，乃邀与小坐，谈有顷，天将雨，乃各扬长而出，雇车径归。至灯市西口，雨大至张帷急行，十一时半乃抵家，衣已微湿。

饭后，雨益甚，余小睡至四时乃起。

夜饭后，润儿、琴珠往红星看电影。文权来，谈至九时三刻，雨中去。润、琴亦归。余收听北京市电台转播大众所演唱之《柳荫记》。叶盛兰饰梁山伯，杜近芳饰祝英台，自媒氏说亲起，至祭坟化蝶止，已十一时一刻矣。购票未得，只能在转播中一慰岑寂耳。亦可笑也。就寝入睡已十二时。

7 月 13 日（六月初三日　乙丑）星期一

阴霾，时见濛雨，颇类秋霖，气较凉而仍不爽。

晨六时起。看关于《实践论》之文件三篇。点毕《司马相如列传》白文。下午复看李达《〈实践论〉解说》，五时罢。

接西谛函，招明日下午三时在团城开中国文学部工作会议。大概有新的任务要指派矣。傍晚大雨，中夜始止。夜饭后，与湜儿雨中出，乘三轮到东安门大街北京剧场，看明来京剧团演出。至则金少臣、孙玉祥之《打龙袍》已上场。八时半休息。旋上《四进士》,自柳林写状至三公堂结案,十一时散。徐东明饰宋士杰,赵玉民饰毛朋,刘砚亭饰顾睊,韦三奎饰杨春,均能称其职。东明演重头,唱做博彩不少也。徐东来前饰杨素贞,后饰万氏,虽费劲,亦只资博笑耳。至关韵华之田伦则殊未能展其所长也。

散戏出场,仍乘三轮遄返。时已雨止,惟道中已多积水矣。到家濯身,饮茶,少坐便休,已将十二时。

7 月 14 日(六月初四日　丙寅)星期二

朝阴合大雨,旋开霁放晴,夜明星灿列,气转热。

晨六时起。看《〈实践论〉解说》。下午二时半出,乘三轮到团城,晤西谛、其芳、冠英、平伯、积贤,开研所中国文学部工作会议。各人汇报工作后,交换意见,并定廿一日下午三时,仍在团城漫谈文艺理论。余拟初步校点完毕后,以文学看法选若干篇为读本之试作云。六时四十分出团城,仍乘三轮径归。以旧作《左传读本》赠积贤。

夜饭后,濯身纳凉,十时始寝。

鉴孙随湜儿来我家,以暑假将小住数日也。

7 月 15 日(六月初五日　丁卯)星期三

晴,热,终夜浴汗,诚炎暑矣。初闻蝉。

晨六时起。看《〈实践论〉解说》毕之。校点《司马相如列传》集解、索隐、正义。以炎热流汗,什一而止,已将五时矣。

建孙来,与鉴孙、元孙嬉,盘桓至晚饭后,仍送建孙归去。中国青年出版社工会今晚成立,琴珠、滋儿俱往参加。琴十时前归,滋则归已十二时矣。

文权夜过谈，九时半归去。余收听京剧录音，有云燕铭、李世霖、马崇仁之《柳林写状》，马连良、曹连孝之《草船借箭》，马连良之《借东风》。十一时后乃寝。

7月16日（六月初六日　戊辰）星期四

晴，闷热，下午绝无风，起阵不果，入夜如处瓮中，彻宵不能收汗，甚于南中矣。

晨六时起。校点《司马相如列传》注文，并看刘译《文学与艺术》。

午后小睡。三时，农祥来谈，出示上海市人民法院判决书，对其解放前所判立泰银行案宣告无罪，前之藉故勒索，屡诉不理者，今乃以清理积案，自动予以调查昭雪，不令人有天壤之分耶！此于人民政府之威信及间执反宣传之口均有莫大之关系者，不仅身受者感戴而已也。五时三刻辞去。

夜饭后，坐院中无风可招，闷损甚。九时半，听转播长安演唱之吴素秋所演《孔雀东南飞》。此剧余从未寓目，想较《钗头凤》为合理乎？

十一时半始就寝。以热未能宁贴也。

7月17日（六月初七日　己巳）星期五

晴，热，终宵浴汗。晨六时起。看刘译《文学与艺术》。校点《相如传》注文所引《上林赋注》，犹未毕也。午饭后，小睡片晌，炎暑难贴枕也。

湜儿午后即出，直至夜深一时半始归。盖参加聂耳逝世十八年纪念晚会也。

余十时就卧，一则热不可眠，一则须湜之归。三时后始朦胧入睡,汗沾遍体,枕席俱湿,其难受胜于南中矣。恚甚!

7 月 18 日(六月初八日　庚午　初伏)星期六

炎暑,朝昙旋晴。

晨六时起。惮热不能运思,头眩,勉强校点《司马相如列传》两小时既已。

午后小睡一时许。起后益热,扇竟不能停挥也。

夜饭后,文权来,小文来,谈至十时乃去。苦热,一切惮动,独聊天一事正可逭暑耳。就寝后仍不能贴枕,终宵浴汗也。

7 月 19 日(六月初九日　辛未)星期

炎热。

晨六时起,濯身始能易衣。看刘译《文学与艺术》。润、琴挈鉴孙、元孙往游北海。滋、湜则骑车访胜陶然亭。余惮热未敢出门,在家枯坐而已。

接澄儿函、坚吾函。

今日为滋儿生日,十时后,汉儿、镇孙来。滋、湜归。清儿、达先来。芷芬来。润、琴归。锴孙来。十二时许,文权始至,乃团坐吃面。

午后天热人多,挤居室中殊苦。傍晚,汉、鉴偕清去,过清家晚饭后径归。芷、锴、镇则夜饭后去。文权八时后乃行。

濯身招凉,十时后犹不敢就卧也。终宵浴汗,子夜后有闪电,迄未成雨。

7 月 20 日(六月初十日　壬申)星期一

晴,热。下午有雷阵,傍晚大雨,遂转凉。

晨六时起。看刘译《文学与艺术》。校点《司马相如列传》注文，已完四之三。

午后小睡片晌。中国青年出版社正迁移中，新址在东直门内南小街老君堂其西总布胡同，原开明屋将由团中央另指由他机关使用云。

夜饭后，以积热转凉，早就卧。九时半即睡矣。

7月21日（六月十一日　癸酉）星期二

晴朗，热较平。

晨五时起。湜儿襆被出，赴车站参加校中红螺山露营，将乘火车至怀柔也，云七日而后还。

珏人往章家接建孙来小住也。

校点《司马相如列传》注文，毕之，已十一时半矣。此篇包孕丰赡，占幅至四十馀页。故连日之工乃克完之耳。

下午二时半出，乘三轮赴团城，晤西谛、平伯、力扬、贾芝。就刘译《文学与艺术》漫谈之。只完第一部第一节及第二节之一部分。六时散。订下星二到北大开大组会讨论之。乘三轮径返。

夜饭后，浴身纳凉，较前数日快爽多矣。十时入卧，须臾熟睡。

7月22日（六月十二日　甲戌）星期三

晴，热。

晨六时起。校点《史记·淮南衡山列传》及《循吏列传》，上午八时至十二时，下午二时至四时，两次施工，得以毕事。

均正近午来过，以五良、诗圣事（一为索佣，一为拒迁）来商余，谓只要新机构有办法，清委会可以不问也。约明日上午八时在东总布胡同召清委会诸位一商谈之,卓午去,留之饭未肯也。

自今日起,润儿被调至劳动人民文化宫苏波展览会筹备处服务,须展览会后归本署。想有数月借调耳。

夜饭后,纳凉啖瓜,仍至十时始入卧。

7 月 23 日 (六月十三日　乙亥　大暑)星期四

阴。九时后大雨绵历永日,竟以彻夜,气乃大凉。

晨六时起。七时四十分出,乘三轮往西总布中国青年出版社。晤均正、李湜、锡光、履善、诗圣,谈开明清委会结束事,于上海售屋善后及划清结帐等等都涉及,基本上清委会可以解决矣。十时后散,正值大雨,雇三轮遄返,已湿鞋霑裳,急脱去,易燥袜,始得宁。

写信三封,分复坚吾、澄儿及漱儿。

饭后小睡二小时。夜八时半,听转播实验剧场演出中国京剧团之《柳荫记》,叶盛兰饰梁山伯,杜近芳饰祝英台,中间仅以联合新闻隔断半小时,直至十一时半始毕。此剧新近改编,重唱工,配以新式音乐,在广播中亦甚餍耳也。就枕入睡已十二时。

7 月 24 日 (六月十四日　丙子)星期五

初阴霾欲雨,近午开霁,新闻畅晴,微风扇动,气不甚热。

晨六时起。看《文学与艺术》,余于外国文学鲜素养,看之殊费劲也。八时至十二时,校点《史记》,饭后小睡至三时半,四时赴校点《史记》,至六时毕《汲郑列传》、《儒林列传》及《酷吏列传》白文,遂罢。目眵弥作,亦不得不休耳。

夜饭后及,文权来谈,九时半乃去。坐院中看月聊天,又不甚热,数日来无此消遥矣。十时入卧。

振甫晨来谈,方知自沪回。

7月25日(六月十五日 丁丑)星期六

晴,热。

晨六时起。上午校点《酷吏列传》注文,毕之。下午惮热,头昏,竟辍业。

五时,滋儿奉珏人往游中山公园,顺在音乐堂看小白玉霜演《罗汉钱》评剧焉。乃到园之后,雷电交作,密云欲雨,未及开幕,惧而遄归,比到家不果雨,播音机中却依然放送,是仍照时开演也。伊母子徒劳往返,留兹话柄,岂真饮啄皆由前定耶?一笑。

十时就寝。

7月26日(六月十六日 戊寅)星期

晴,热。下午昙,入晚复见星月。月全食,见时已微露光,至十时九分复圆。

晨六时起。七时三刻与珏人挈元孙乘三轮往游天坛。润儿、琴珠各骑车从。八时半抵坛西侧,遍历皇穹宇、圜丘、七星石、长廊、祈年殿、祈年门。在长廊坐片刻,在祈年门饮冰橘水。十时半,及乘原车入城东归,抵家正十一时一刻。清儿在,知建孙已随其祖母、姑母赴哈尔滨矣。因共午饭。

饭后小睡至三时。五时后,清儿去。夜饭后,文权来。有顷,湜儿襆被归,盖提前一日返京,使余早慰,亦望外之事也。亟令进食就浴,易衣休息焉。

九时许,文权去。滋儿出参团小组会,佩华、阿凤往小经厂实验剧场看上海联合越剧团旅京公演《白蛇传》。余与珏人、润、琴、湜则坐院中看星月。九时半,滋归。十二时,佩、凤乃归。余等已早就卧矣。

7 月 27 日（六月十七日　己卯）星期一

晴,奇热,夜不能寐。

晨六时起。看《文学与艺术》,毕第三部。

午后小睡至四时。昏沉难于动弹。夜饭后,润儿参加民进小组开会,湜儿往电台教练歌曲,十时前后归。《朝鲜停战协定》今日上午九时（朝鲜时间十时）在板门店签字。三年来,英勇抗战及两年来坚持和平谈判,今乃获此光荣之胜利。诚足佩人民领袖之英明领导矣。为此听广播报道两次,十一时始入卧。终宵浴汗,未得安睡也。

7 月 28 日（六月十八日　庚辰　中伏）星期二

炎热,午后起阵,有雨即止,遂阴,入夜乃稍凉。

晨六时起。看刘译《文学与艺术》。盼报至下午二时乃来,不及看即披衣出门,乘三轮亟往团城会西谛及平伯,已在门首相待,遂偕乘出西直门,径赴北大文学研究所,参加文艺漫谈。自三时至五时半,第三部谈了。在会上晤其芳、冠英、力扬、贾芝、积贤、季康等。会后约下星六在颐和园作园游会云。

六时,仍与平伯乘西谛车入城,在黄化门西口下,转乘三轮归。抵家已七时,汉儿在,且知伊等已晚饭矣。余再具食。食已,坐院中闲谈,佩华出参团会,湜儿往南河沿听音乐。八时半汉儿归去。十时佩归。十一时,湜始归。余十时就卧,俟湜归后乃入睡。

7 月 29 日（六月十九日　辛巳）星期三

阴，时见雨。午后大雷雨，傍晚放晴。气燠，不甚热而不舒。

晨六时起。湜儿参加电台集体旅行，一早便出发，将如颐和园作畅游焉。作《文学与艺术》误字校录。校点《大宛列传》，全卷毕之。兼完《游侠列传》、《佞幸列传》白文两卷。上午九时至下午五时乃罢。中间仅小睡片晌耳。

夜饭后，文权来。八时半，湜儿始返，再具食。九时半权去。十时就卧。

7 月 30 日（六月二十日　壬午）星期四

晴，热。

晨六时起。八时至十二时工作，饭后小睡，三时至五时半复工作，凡校点毕游侠、佞幸两列传注文及《滑稽列传》全卷、《日者列传》白文。

夜饭后，润、滋、琴俱出听报告，湜往电台练歌。

雪村见过，为五良事又找麻烦，须请力子决定应付之矣。谈移时辞去。明日当为书告力子也。

九时三刻，滋、琴归。十时，湜归。又半时，润乃归。余亦入卧。

7 月 31 日（六月廿一日　癸未）星期五

晴，热。

晨六时起。写信与力子，达雪村意，并转五良函件，饬湜儿送去。校点《日者列传》注文，并完《龟策列传》白文。上午下午各占二小时半乃毕之。

鉴孙、镇孙上午九时来,午后,汉儿来,休息片时即往出版总署听报告。抵暮复来。夜饭后与镇、鉴同去。

夜独出往长安大戏院看新华京剧团演出。至则周鑫甫之《钓金龟》已过半。周之扮相、唱工均尚稳重。继为李金声(赵云),苏连汉(张飞),邓素兰(孙尚香)之《截江夺斗》。功架老到。休息后为《红楼二尤》,林毓华前饰尤三姐,后饰尤二姐,于斥骂珍、琏及夺剑自刎二场极能表三姐激烈之性格。后二姐被诳入府,及临盆遇害二场,亦极能表二姐之懦怯性格。唱做俱甚卖力,而竟场无采声,末亦无掌催谢幕,时人仍不免趁势利赶红角。余实为之不平也。李菊秋饰王熙凤(前饰尤二姐)亦能刻画悍妒。邓素兰饰平儿,亦婉娈恰到好处,不可以不道之。十一时散,乘三轮驱归。

濯身纳凉,至十二时始入卧。

8 月 1 日 (六月廿二日　甲申) 星期六

晴,热。

晨六时起。今日起北大研所放暑假二十天。卅年来不闻此,亦大足珍视矣。打点休息,闲翻《故宫周刊》为乐。

午后接冠英书,送来所选三曹诗,属看,约下周之末游颐和园时带还之。

夜八时廿分,与珏人、润、琴、滋、佩同出,往大华看电影《八一运动大会》。盖庆祝建军廿六周年纪念,特映去年运动会时所摄彩色文献纪录片也。场面伟大,节目精炼,殊令人感奋。十时半毕,乘三轮返后,珏人竟未觉劳倦,足征文娱之移人深矣。归而啖瓜纳凉,近十二时始各就卧。

8 月 2 日 (六月廿三日　乙酉) 星期

昙翳竟日,不免闷热,入夜乃转凉。

晨六时起。珏人、滋儿、佩华、元孙八时前即出,往北海泛艇为乐。润儿、佩华往市场购用物。湜儿亦踪迹至北海。余则竟日未出,在家休息。十一时许,润、琴先后归。有顷,珏等归。清儿同来,以在北海相值者也。又有顷,湜亦归,乃共饭。午后二时半,达先来,长谈至五时后,始偕清归去。

夜饭后,文权来,在院中啖瓜招凉,与家人聚谈至九时半乃去。

十时就卧。

8 月 3 日 (六月廿四日　丙戌) 星期一

拦朝大雨,旋止,既而乍作乍止,终阴。气如昨,夜深乃凉。

晨六时起。看冠英《三曹诗选》前言毕之。作书送平伯,并约八日之晨在谛所会晤,同时书告西谛,订期同赴万寿山。

湜儿午后出,夜十时半始归。假后转忙,殊无谓也。

九时半,听北京电台转播叶盛章、高玉倩《秋江》,马连良《借东风》,梅兰芳、梅葆玖、姜妙香《游园惊梦》,观摩演出录音。十一时毕乃寝。

8 月 4 日 (六月廿五日　丁亥) 星期二

晴,热,午后三时许起阵,大雨断续,洪纤深夜未歇,气则凉矣。

晨六时起。九时与湜儿出,乘电车到天安门,十时入端门内左侧原始社会陈列室,依次参观,殊有意。继入夏商周陈列室,亦较以前有改进,比出已十一时五十分,乃往中山公园,饭于瑞珍厚。

价昂而质不善,颇懊也。一时四十分出园,复入天安门端门,径登
午门城楼参观建筑展览。檐漏声喧,始觉雨至,从容观毕,坐前廊
休息,登高观雨,亦为殊赏。待至五时,雨不止,乃与湜冒雨下行至
阙左门,得一三轮,索价五千,即应之,乘以东归。到家半小时,湜
亦至。盖行至南河沿始得车,价亦三千云。濯足易袜,尚未大
湿也。

接平伯复书,送还《三曹诗选》前言,属缴冠英,并云八日之会
以惮暑,故不拟从游矣。又接所中印件,开《诗经选》篇目,征求
意见。

滋儿以开会留社未归饭。湜儿以开会夜饭后复出。湜九时
归,滋十时归。余以感倦,九时即就寝。

8 月 5 日 (六月廿六日　戊子) 星期三

晴,热。下午四时大阵雨,六时止,仍日出,傍晚又雨,旋止,入
夜又雨,气闷损,不见若何凉爽也。

晨六时起。看冠英《三曹诗选》注释,尽日为之,至夜仅及四
之三。

汉儿在出版总署听报告,来家晚饭,八时许,趁雨隙归去。

琴珠、湜儿俱以夜间开饭未归晚饭,近十时,琴归。十时半,湜
归。余九时半即睡,初不能寐,十二时后始得矇眬也。以厌听秋雨
檐头滴水故。

8 月 6 日 (六月廿七日　己丑) 星期四

晴,热。午后时起云翳,晡时雨,旋止。气稍凉。

晨六时起。看毕《三曹诗选》注释,提出意见三条,备八日携

交冠英也。饭后小睡移时。起后写信寄介泉,告八日园游,约到彼一晤也。

四时三刻,芷芬来,因共夜饭。饭后,文权至,共谈至九时半,先后去。琴珠、滋儿、湜儿均以参会未归夜饭。九时三刻,滋归。十时琴归。十一时,湜始归。余已就卧矣。听其毕归乃入睡。

8月7日(六月廿八日　庚寅　三伏)星期五

阴霾,时雨,萧森之至。

晨五时,湜儿即出,径往颐和园过团日云。余六时起,阅所中《诗经选》拟目,于《邶风》增选《终风》;《卫风》增选《木瓜》;《王风》增选《中谷有蓷》及《丘中有麻》,记于印目后,俟采焉。七月分工作汇报表亦填就,备明日并交之。

午饭后小睡移时。起后闲翻《丛书集成》,虽触手泛览,亦殊有所会耳。

六时三刻湜自颐和园归。有顷,润等公毕退食矣。

夜饭后,达先、清儿来省,谈至九时五十分去。雨旋至,檐瀑淙淙,终夜未少辍焉。十时就枕后心念明日之会,殊难成寐,今岁北地多雨,不将淫雨成灾乎?厌此雨声,良以为苦。

8月8日(六月廿九日　辛卯　立秋)星期六

大雨拦朝,十时始渐歇。午后乃见日,然犹阴合靡常。气虽凉而不爽。

晨六时起。坐对愁霖,徒增怅结,今日之会注定爽约矣。门外平日叫卖之声阒然俱绝,又何从得车耶?因作书三通,分寄西谛、冠英、介泉,言不能出门之故,并告冠英属人来取《三曹诗选》及

《诗经选》拟目云。

午前雨隙令阿凤出投邮简焉。

午饭后小睡至三时半始起。闷损无聊,取陈眉公《岩栖幽事》阅之,兼及黄东崖《屏居十二课》,强寻闲适而已。

夜饭后,与珏人、润、琴、滋、佩往大华看《彼得大帝》上集,在场晤见开明旧同人不少。八时五十分开演,十一时止。归后濯身招凉,坐院中至十二时后乃入寝。

8 月 9 日 (六月三十日 壬辰) 星期

晴热。

晨六时起。八时与湜儿出乘电车到西单,走卧佛寺街访晓先,谈至十一时,镇孙来迓,谓外祖母、大舅母及元妹俱已到其家,属即往饭。因与晓先、湜儿、镇孙步往石驸马桥。晤芷芬及汉儿,因共饭。饭后雪英来访珏人,遂纵谈至下午四时半,雇三轮先属珏人及琴珠、元孙径归。余则与湜儿乘公共汽车到东单(晓先夫妇送至汽车站而别),再转三轮归。抵家则珏等已安返,并知小文、家梅夫妇曾来我家午饭云。

接介泉今晨复书,知八日阻雨未出,十四日将结侣往游戒坛寺,来回须三日也。

夜饭后,文权来,谈至九时半去。

十时就寝。

8 月 10 日 (七月 小建庚申 癸巳 朔) 星期一

辰初大雨如注,挟以隐雷,顷刻晦冥,移时始止,午初又大雷雨,未初未戢也。南中亦仅见之,嗣后延绵不休,终阴。气乃大凉。

晨六时起。坐雨竟日闷损绝人,屋虽新修,以雨势壮大,且历时太久,颇有渗漏处,如更加剧,恐有被压之虞耳。

湜儿下午四时出,赴电台练歌,深夜十一时始返。

夜饭后,振甫见过,谈至九时半去。听转播言慧珠剧团在中和演出实况。慧珠饰祝英台,其饰梁山伯者不知谁何,唱工亦正不恶也。十一时半始毕。即寝。

8 月 11 日（七月初二日　甲午）星期二

阴霾,时见细雨。

晨六时起。为留用所中书籍,依图书资料室通知,填表报告之。

偶兴,书便面一页,即袁松年画山水之复录《万俟咏三台词》,属湜儿串骨应用。

饭后,湜儿出,六时方归,扇骨未串,却在中和购得夜场票二张,即匆匆共饭后,同往观之。

七时半到中和,正李小春与徐世宸之《葭萌关》开场。继为李万春、李庆春、毛庆来、马鸣喆、万啸甫等所演之《歼虎双英》（即新排《水浒》十义反登州）。李万春前饰解宝,后饰孙立,李庆春饰包士文,均可观。总之,场面热闹,开打干净而已。十一时十分散,到家尚无雨。睡至三时后,又屋面淅沥作声,顷刻檐注成瀑矣。

8 月 12 日（七月初三日　乙未）星期三

阴霾竟日,偶露阳光,霎时便隐。气凉而不爽。

晨六时起。精神欠振,头眩时作,不得不时时偃卧也。阴晴之影响于人身如是乎？

文权夜饭后来，谈至九时半去。余亦就寝。

湜儿午后出，至十时乃归。

8 月 13 日（七月初四日　丙申）星期四

阴霾，不舒，燠闷难耐，仅免见雨。

晨六时起。校毕《龟策列传》注文，无力再坐，即偃卧。转侧不安贴，殆所谓发节气乎？接力子北戴河来信，知余前转五良信时已往休，今由家人带到，始作复耳。伊赞同致酬，而难酌其数，仍请公定，当为转村、彬一商也。

夜九时即寝。

滋参会未归晚饭，十时半返。湜午后即出，深夜十二时半始归。放假反忙，殊可诧怪！

8 月 14 日（七月初五日　丁酉）星期五

阴霾竟日，傍晚有晴意。气仍燠闷。

晨六时起。闲翻《丛书集成》，得《龙筋凤髓判》读之，唐时书判之科，亦自有其一定的作用也。

午后小睡移时。湜儿偕同学出访友，骑车覆道上柏油中，衣衫沾污，幸免伤肤耳。屡戒不慎，真可气也。

力子信已送雪村，想当与彬然商决一切耳。

夜饭后，芷芬、汉儿来省，长谈至十时乃辞归。约星期之晨会中山公园，将共饭于曲园云。

十时半就寝。

8 月 15 日（七月初六日　戊戌）星期六

阴翳时作，仍燠闷。

晨六时起。校点《货殖列传》及《太史公自序》正文，毕之。

夜饭后，文权来，清儿、达先来。适润、滋、湜诸儿俱在家未出，因共谈近情，于湜儿不无匡正之功也。

十时后，权、达、清始去。余等亦各就寝。

8 月 16 日（七月初七日　己亥　七夕）星期

阴昙间作，午后曾有雨，气仍燠。

晨六时起。八时许，镇孙来，谓奉亲命来告，今日中山公园之约虽雨，亦不废，务请于九时半到彼云。九时，全家出动，珏人与镇孙，及元孙与阿凤皆乘三轮行，余与滋儿走至青年会，乘电车往。润、琴、滋、佩、湜各骑车往。十时俱会于来今雨轩。文权亦至，并晤振甫、云瑞、履善、芳娟、思杰、弼臣。十一时，芷芬、镇孙先往曲园看座，有顷，珏人与鉴孙，汉儿与元孙各乘三轮赴曲园。余偕文权、振甫、云瑞、滋儿及阿凤、胡妈乘电车到西单。润等仍骑车往。抵曲园时方十一时三刻，而坐客如云，挨肩叠背，等候落坐者。数辈相接，余等虽预定，亦只得立旁侧守候之。至近一时，始得坐食。饮罢面毕（今日为汉儿生日），已将二时。余与滋儿径赴长安戏院看戏（汉预为购票），珏等分道各归。长安之戏，仍为李万春等之《奸虎双英》，重复看之，亦尚有劲。四时三刻散，即与滋儿乘电车到青年会，走返家中。适雪英送新采葡萄来我家，因共晚饭。饭后，润、琴、滋、佩复出看电影，湜亦往电台练歌。雪英旋去。

余濯身纳凉,至十时乃入卧。卧后,润等始归。

8 月 17 日(七月初八日　庚子　末伏)星期一

阴昙间作,时有细雨,亦尝露日。气萧森难任。

晨六时起。八时与湜儿出,走至青年会乘电车到西直门,以汽车甚挤,徒步往西郊公园,得饱览狮、象、熊、虎等动物。十一时,茶于牡丹亭前棚下。柳荫荷塘净植亭亭,虽莲已箨瓣,而万柄荷盖迎风犹劲,平桥朱栏,映带其间,殊耐人留连也。十二时过饭于豳风堂。一时许,食已,复涉历动物园一周乃出。乘公共汽车入西直门,再转车到崇内苏州胡同口下,行至东单,乃乘三轮径归。觉倦,即偃卧,移时始起。

五时,湜儿又出,赴电台教歌咏,夜十一时半乃还。

晚饭后,坐院中与珏人同听弹词唱片,九时半入室听转播北京市京剧二团在中和演出之《打渔杀家》(谭富英、梁小鸾)及《打龙袍》(裘盛戎、李多奎)。十时许,忽大雨打窗,檐注作声。湜归犹未止也。有顷,戏止,雨亦旋停。至十二时,余始入睡。

8 月 18 日(七月初九日　辛丑)星期二

阴霾,时有濛雨,闷燠甚于昨日,殆受南方台风之影响耳。

晨六时起。点校《史记·货殖列传》注文半卷。午后小睡,看《淡墨录》。研所人来收去《资本论》预约尾数八万元,盖第二卷亦将出版矣。

湜儿下午二时即出,到北海参加团小组,直至夜十时半始归。余俟其返,亦就卧。听转播谭富英、裘盛戎《失空斩》,未终局。

8月19日（七月初十日　壬寅）星期三

晴阴兼施,傍晚阵作,雷电交至,入夜大雨移时方止。终宵不见星月,闷热甚。

晨五时半起。校点《史记·货殖列传》注文之半,及《太史公自序》注文全篇,毕之。一百三十卷之书,两本对勘,费半年之功,仅乃初步完成。真老不中用耶?

午后小睡二小时。看《两山墨谈》。

文权本约晚来,以雨未果。

十时就寝。电台转播长安演出之《牛郎织女》,听未及半耳。

8月20日（七月十一日　癸卯）星期四

晴,偶阴,晚转凉。

晨六时起。看《丹铅杂录》。接韵锵信,寄来代运家具提单及开明清委会证明书,即前书属漱儿检运者。计被箱、文具柜、折叠桌各一具。竹书架两件,大约日内即可运到云。当作书复谢之(渠仍在上海未返),并函复漱儿告此事,且附寄照片去。

午后小睡,三时起。仍看《丹铅杂录》。

夜饭后,文权来,九时半去。润、琴、滋、湜俱晚出,十时前后始归。

十时就寝。

8月21日（七月十二日　甲辰）星期五

晴,凉爽。

晨六时起。九时,力子见过,盖昨方自北戴河归京也。谈次于五良事,主送酬。移时乃行。

午后小睡,看《七十二候图说》。北大文研所送前所预约之《资本论》第二卷来。

夜饭后,乘三轮出正阳门,到粮食店中和剧院看京市评剧一团演出。七时半开,十一时散。先为李秀清、秦少岭之《书囊记》。李饰刘蕊莲,秦饰张彦,亦尚平实。继为《天河配》,张筠青饰织女,邢韶瑛饰牛郎,俱出色。而邢之扮相尤妩媚动人,不能掩其为女郎也。花砚茹饰嘎氏,极能刻画泼辣,且嗓子亦堪宏亮,可儿!可儿!其他狄江之张友才、赵双贵之金牛星、陈德禄之鹊王,皆不输皮黄戏耳。余初看评剧(向不措意及之),殊怪自己之局限也。散戏出,仍乘三轮遄返。一路凉风淡月,颇清寂。狄江小坐,就卧已十二时矣。

8 月 22 日(七月十三日　己巳)星期六

晴,爽。

晨六时起。整理架书。午后二时,与湜儿同出,徒步至青年会,乘环行电车到北海公园后门入,经碧鲜亭,沿北岸行,多标游人止步字。废然由五龙亭渡至漪澜堂,登山,由承露台,延南薰穿山洞至看画廊、交翠庭,直上揽翠轩,坐客甚盛,乃择白塔西侧树下一座啜茗焉。五时离坐,由塔东下琼华岛,出堆云积翠桥,从北海前门出,乘公共汽车到灯市东口,徒步由史家胡同径归于家。镇、鉴两孙来省,谓其母将于夜饭后来接。饭后,清儿、达先来,知汉儿赴戚宴未必来。镇、鉴两孙及宿余家。八时半,润、琴、滋、佩与达先往大华看电影,湜则已往区部参加晚会。只余与珏人、清儿长谈耳。

十时半，清去，润等亦归。渥则十一时后乃返也。

余十一时就寝。

8 月 23 日（七月十四日　丙午　处暑）**星期**

终日阴霾，夜半雨。气虽凉爽而稠人中仍感躁闷也。

晨六时起。八时许，雇车送镇、鉴两孙归去。十时，芷芬、汉儿、锴孙来省，谓镇兄妹已安返。晚会径往大众看戏。镇孙自苏返京，在济南阻水不得进，停滞两日，昨晚初次通车，竟随乘客到京。途中措置井井，不遗一物，此儿诚可称之为嶷异矣，据谈济南遭雨八日夜，伊离彼时水深犹及其胸云。今年风雨失调，南旱北涝，朕此偏灾，脱非政治休明必将酿乱矣。有顷，达先、清儿亦至，唯润、琴挈元孙于九时出游未得晤。比伊等归，珏人偕芷、汉、达、清、锴俱过清家午饭矣。

十二时饭，饭已，余即出，乘三轮出崇文门到鲜鱼口小桥大众剧场看戏曲，实验学校演出，珏人及达先之姑母与镇、鉴两孙俱已先在。中图同人亦不少也。时《樊江关》已过半，戴新兰饰樊梨花，蔡淑卿饰薛金莲，俱认真称其职。嗣为全体演出之《牛郎织女》。剧情大体与去年所看叶盛兰、杜近芳所演及前晚张筠青、邢韶瑛所演大同，而以玉莲（刘秀华饰）、小兰（徐若英饰）、春兰（张曼玲饰）之穿针乞巧一场，代嘎氏强逼分家为改进矣。郑兰茹饰牛郎，刘淑文饰织女、袁国林饰金牛星，均出色，而众云童（李可等饰）、众鹊鸟（杨启顺等饰）之通力合作，舞技巧妙尤为动目悦神。四时半即散，与珏人及达姑母乘三轮径归。有顷，清儿至，即共夜饭。饭后文权来。达先来。长谈至九时半，达、清奉其姑母归去。文权亦告辞。余等亦就寝。

是日接淑儿与湜儿书。

8 月 24 日（七月十五日　丁未）星期一

阴雨延绵，时大时小，盖已秋霖损人矣，单服不胜，凉变亦速哉！

晨六时起，坐雨竟日不开颜，看《岳珂丑郯录》。午后小睡，四时，湜儿雨中往电台练歌，又须深夜始可归也。社会活动太繁，不无妨其学业，则大可虑耳。

夜饭后，与润、琴、佩闲谈，滋则写信与漱儿，详告家下近况也。

十时就卧，越半时，湜乃归。

8 月 25 日（七月十六日　戊申）星期二

霖雨不休，殊恼人也。朝夜气凉如洗，非拥被不得眠。回顾挥汗如雨，仅一瞬耳。北地节候倏变乃尔耶。

晨六时起。听雨无聊，竟无心绪可以运思。闲翻架书而已。

午后小睡，至四时始兴。

湜儿二时出，五时归。夜饭后检出《续儿女英雄传》看之。滋、佩夫妇俱以参加团会，深夜十时乃归。雨中往返，甚为若辈感苦也。

十时就寝。终夜檐漏未辍。

8 月 26 日（七月十七日　己酉）星期三

阴雨，大凉。

晨六时起。仍苦雨。写信寄澄儿转卫生所通知（属培孙复查卡介苗），并寄珏人、元孙在北海所摄照片一面，复告卫生所属径洽。

　　向午雨始止,午后见日。抵晚薄晴。夜月色透云矣。接连两日两夜及整半日大雨,即在南方亦仅见也。对此闷损,谁曰不宜。

　　下午二时小睡,四时起。看毕《续儿女英雄传》。六时文权来,近七时,与权、润、滋、琴、佩步往章家。盖今日清儿生日,前去吃面也。珏人则五时已先往矣。惟湜儿午后即出,夜十时后始归,竟未往。到章家后遇汉儿及锴、镇两孙。饭后与雪村长谈,至九时半辞归。权、汉亦分道归去。

　　十时就寝。接澄儿廿四日信。

8 月 27 日（七月十八日　庚戌）星期四

　　积雨初晴,又兼出伏,微风鼓之,倍见凉快。月色亦复如洗耳。

　　晨六时起。看刘译《文学与艺术》第四部,颇晦涩难晓也。

　　午前接车站货运部通知,谓沪运之件已到,尽今日下午五时前提取云。会润儿在外,亦已电话联系得知,乃电约湜儿于二时往会于西站,雇车运回。外表略有磨损而已。因与家人腾地安置,亦栗六至晚方休。计运到文件柜一,被箱一,紫竹书架二,折叠方桌一。虽所费不赀,亦大周于用矣。琴珠、滋儿以参加时事学习,湜儿以赴电台教练,俱未归晚饭。余仅与珏、润、佩及元孙同餐而已。饭后,偕珏人出门,乘三轮往大众剧场看中国京剧团演出。会汉儿、锴孙及卢家之戚徐、陈两氏伉俪。凡占第八排中联号八座。盖昨日汉属镇孙购得戏票,先期送来者。八时开场,先李金泉、刘元汉之《徐母骂曹》继为茹元俊、余元龙、王鸣仲、郝鸣振等之《艳阳楼》。十时一刻休息。旋为《三堂会审》、《玉堂春》。卢艳琴饰苏三,江世玉饰王金龙,叶盛长饰刘秉义,张盛利饰潘必正。至十一

时廿分始散。艳琴早享盛名,辍唱廿年,今日重登,氍毹依然,风致
非凡,唱做俱活,虽臻迟暮,毕竟不掩其为,斫轮老手也。曩见其唱
《宝莲灯》,尚未展其长耳。出场后,与汉等别,仍乘三轮入崇文
门归。

小坐,盥洗,十二时始就寝。

8 月 28 日（七月十九日　辛亥）星期五

晴,爽。

晨六时起。看刘译《文学与艺术》,终觉格格难了了耳。一则
外国典实填满其中,一则译笔亦未能畅达也。

午后小睡。小文来辞行,明日以休假,偕眷回南,须两旬始归
京云。

夜饭后,与珏人走访调孚、卧云夫妇,谈至八时三刻,乃步归。
韵锵已返社,托滋儿带来帐单。此次运费及车力上下等,共用去六
十六万四千一百元(此间西站提取手续费及运家车力三万余元不
计),其钱系向漱儿支取,当汇还之。

均正书来,约星期上午八时在中山公园来今雨轩小叙,已约力
子、雪村、彬然、锡光、韵锵云。

十时就寝。

8 月 29 日（七月二十日　壬子）星期六

晴,下午有云翳,气仍爽。

晨六时起。写信与漱儿,汇还一百万元。（韵锵在沪整支,余
款在京交余。）适汉儿来饭,即属伊于饭后到班时带至邮局付汇。
锴、镇、鉴三孙午前十时来,镇、锴于午后二时去,锴则夜饭后归去。

达先饭后过谈,坐移时,赴中图上班。

二时后,余小睡一时许。

夜饭后,与珏人赴南门仓访韵锵,顺访趾华。在座晤振甫,谈至八时归。趾华则已出看戏未见也。归时文权在,谈至十时辞去。

十时就寝。

8 月 30 日(七月廿一日　癸丑)星期

竟日阴翳,欲雨未果,气较暖。

晨六时起。七时一刻出,乘电车到天安门,应均正中山公园之约。行至禄米仓西口,适遇晓先来访,知余有约,伊即转往八条访圣陶。余到公园时,在门首遇汉儿,伊亦以组中开会,在来今雨轩与同组之人啜茗也。时尚早,即独自徜徉园中,至八时后,始遇彬然,乃就座。有顷,韵锵、均正、雪村、锡光先后至。九时后,力子始到。由韵锵报告在沪处理售屋及应付迁出同人事宜。继即决定致酬五良,(五百万元,由村径函说明。所谓解铃即是系铃人也。)并谈旧开明结帐完了后办法,将听新机构决定执行云。十一时半始散。

出园后,与均正、雪村、彬然同乘环行电车各归。余则径往东四北大街,在魏家胡同口下,步往八条圣陶家,已十二时十分矣。晓先先在,蠖生、至美亦在。因共饮,且纵谈焉,直至下午四时半,始偕晓先辞出,同行至东四北大街,伊乘电车归去,余亦乘三轮遄返。

清儿、达先来省,共进晚饭。饭后坐院中长谈,十时乃去。余等旋亦就寝。

8 月 31 日 (七月廿二日　甲寅) 星期一

晴，爽。

晨六时起。看李琪《〈实践论〉解释》。午后小睡，近来午睡渐成习惯，似乎对身体有好处，或者衰颓日增，需要接力乎？

金泉源见过，送来入场券四张，盖明日为金星笔厂迁京一周年纪念，职工发起联合晚会也。

夜饭后，与珏人过访亦秀、农祥。在其家晤及祖璋、永清、芳娟。谈至九时一刻归。过安乐各进冰结凌一杯，然后缓步到家。

十时半就寝。

9 月 1 日 (七月廿三日　乙卯) 星期二

晴，快！下午渐感热，入夜闷甚，雷电大作，十时后，大雨如注，移时始止。

晨六时起。看《〈实践论〉解释》，甚清晰易解，竟不能释手矣。

午后小睡移时。夜饭后，与珏人、润、湜两儿往八大人胡同金星笔厂北京分厂参加成立一周年晚会。看大合唱两节，宁波马灯调一节，相声一节，蒙古舞一节，已九时许，即归。

文权来谈，至十时去。去后不久，雨即至，就枕听檐注，真有秋雨梧桐之感耳。今岁北涝南旱，一反数十年之常态，殊令人苦闷也。

9 月 2 日 (七月廿四日　丙辰) 星期三

阴霾，午后晴，气凉爽。

晨六时起。看《〈实践论〉解释》毕之。填报八月份工作表。

接瀞儿八月三十日来信,寄来照片一帧,告沪地今岁奇热,请珏人乘文权假归时偕行南游云。

午逮小睡,三时起。略翻刘译《文学与艺术》。

六时夜饭,饭后珏人挈元孙往看清儿,近九时乃归。

十时就寝。

9月3日（七月廿五日　丁巳）星期四

晴,爽。

晨六时起。初步选出《史记》卅五篇,计十四万言,备提征所中同意后入手编注。

近日精神阑珊,午后必睡,且合眼便梦,其衰侵之兆乎? 写信寄复君宙。夜九时半收听转播杨宝森《伍子胥》,自文昭关起,凡芦中人、浣纱女、访专诸、吴市吹箫以迄刺王僚。十一时廿分始毕。字正腔圆,当之无愧矣。听毕就枕,良久始入睡。

9月4日（七月廿六日　戊午）星期五

晴,暖。

晨六时起。略读《实践论》。晓先夫人来,因留午饭。饭后余偕湜儿出游,步至青年会乘电车到大蒋家胡同下,过粮食店中和剧院购得京市京剧二团今晚夜戏票二,仍回蒋家胡同,再乘电车直抵永定门,在关厢一带闲眺,走过铁道线南,始折返入城。永定门箭楼形制隘小,远不逮内城之相称。可见明代嘉靖时物力已绌,竟渐入下坡路矣。凭吊久之,既而循城根而西,越先农坛南垣始见陶然亭东之苇荡。近已浚疏一清,延荡南岸绕行而西,登亭一览,旋下北行,在窑台德昆茶社啜茗休息。时已三时,憩一小时后即行。由三门阁、黑窑厂、粉坊、琉璃街到骡马市大街,以时尚早,复折西行北去,经宣武门外大街东,折入西茶食胡同南,折入永光寺中街,抵椿树下头条,转东又北折,走西椿树胡同,复东折经前青场、鹿犄角胡同进厂西门,同过东西琉璃厂,出厂东门,由杨梅竹斜街到煤市桥,又南抵大栅栏,东去转北,走珠宝市到西河沿,穿由劝业场、廊房头条、门框胡同,再到大栅栏,已将六时,乃入厚德福进晚餐。及餐毕,复由煤市街南行,经珠市口而东,复北折入粮食店。七时到中和,登楼入座,计已步行四小时余,十年来,仅有之事矣。鼓兴而作,尚堪一试腰脚,亦大慰耳。七时半开戏,先为杨盛春、翟韵奎之《三岔口》。继为李多奎之《太君辞朝》。继为梁小鸾、祁荣雯、高宝贤之《玉堂春》。最后为裘盛戎、谭富英、李世琦之《捉放曹》。自过关公堂带行路宿店止,已十一时廿分,即雇三轮遄返。到家濯身,小坐,十二时后始就寝。

晚间文权、农祥俱来,余未之晤也。

9 月 5 日（七月廿七日　己未）星期六

晴,爽。

晨六时起,重检《史记》选目,略有增损。饭后小睡,以明日将作西山之游,遂为充分之休息,近五时乃起。夜饭后,文权来谈,九时半去。余收听转播张君秋、刘连荣之《霸王别姬》,十一时半始就寝。

9 月 6 日（七月廿八日　庚申）星期

晴,热。晨五时起。湜儿以团会故,五时半即出,余则与润儿于六时三刻到出版总署,看彬然及乔峰。晤伏园、灿然。七时四十分,余附乔峰车行。(与乔、彬、灿同乘,伏园以事中止。)润及其同人等别乘大吉普行,并时出发。车出西直门,由飞机场侧径达卧佛寺(正名十方普觉寺)。山门内为天王殿,再进为正殿,后为卧佛殿。中供铜铸佛涅槃象,东侧柜置清高宗、仁宗、宣宗、文宗、穆宗、德宗及西太后所献巨履,高宗所献者大与佛足等,其他以次减缩,此非物力所关,实乃封建积习,不敢侈逾祖制耳。然,西后所上乃较大,岂左右奄寺必欲抑穆、德二幼主而已之,因以取媚乎?西侧柜置袁世凯、黎元洪、徐世昌等民国总统之所献,则蛇足而已。可晒弥甚。徘徊片晌即出,仍乘车登山,达于碧云寺山门外。碧云寺规制甚宏,山门前先历重门,若城洞者二,始见山门。入门即步步陟山,渐进渐高,初为哼哈二将,继为弥勒。殿中供铜铸坦腹弥勒像,极伟。顾两侧空具佛座或为天王像已遭撤去者。再进则方池莹澈,鱼藻纷披,石梁跨其上。度梁为正殿,殿供释迦、普贤、文殊及罗汉云山诸像,极为精严。但释迦之前陈列三世金身旧像,显不调和,且感赘馀,询诸人知为后殿移置于此者,所谓后殿,则改为中山纪念堂矣。纪念堂中奉孙中山相片,东侧置水晶棺(苏联所赠)及铜棺各一,当时未用,遗留作念而已。堂后为金刚石,座上建五塔,左为水泉院,右为罗汉堂。余与彬然、乔峰、灿然等先参罗汉堂,后登金刚座。座下今为孙中山衣冠冢,由左右隧道石磴盘上,始抵塔下平台。四眺,各具胜览,尤以南瞰玉泉为佳。旋下,憩于水泉院。翠柏交荫,如在室中。院有屋已废,仅具基址,甚敞。余等即杂坐其上,各出所携糇糒,从容进食,时仅十时三刻也。坐憩时晤见竺藕舫及萨空了、郑小箴。十二时半离寺,乔峰、灿然有事先返。余与彬然附乘大吉普再绕玉泉,到颐和园。先入谐趣园,继入长廊,逐步坐憩,(游人甚挤,竟无茶座可占。)达于荇桥,遂从后山沿湖重到谐趣园,已三时许。会集同人出园,登吉普,三时三刻开车返城,由西郊公园后新道入西直门,四时三十五分,到总署下车,即步归。

达先来谈,移时去。知雪村明日入苏联红十字会医院重施手术割治唾腺云。夜八时半即就卧,以积倦,未久便入睡也。

9 月 7 日(七月廿九日 辛酉)星期一

晴,暖。

晨六时起。竟日无电,收音机失效矣。幸入夜电来,灯火仍获通明也。近日修治下水道及重植电杆,此种景象往往而有,亦未能掌握支配之故耳。

午后小睡。四时半,刚主见过,云昨自津门来,并告以中亦自南京来,但尚未见。长谈抵暮,因留晚饭。饭后复谈,七时半始去。为书介于中华之卢文迪、姚绍华洽《晚明史籍考》之出版云。

十时就寝。

9 月 8 日(八月大建辛酉 壬戌 朔 白露)星期二

晴,热,竟类伏暑。今年北方天气真异常矣。

晨六时起。写就《史记》选读拟目及略例五则,将与西谛及所中同仁商定后再入手。

午饭后仍小睡。四时三刻,刚主见过,谓已晤到以中,少停将来访余云,因共谈,以须之至。七时,以中偕余元盦、朱士嘉两君(俱科学院近代史所研究所研究人员)来。小坐后同赴东安市场森隆小酌,叙谈至九时半始散。下楼话别各归。

文权来省,九时去,未及晤言也。回家后,感奇热,濯身,坐院中纳凉,十一时后乃入卧。

9 月 9 日（八月初二日　癸亥）星期三

晴,热。

晨六时起。看《实践论》及《文学与艺术》。午饭后小睡片晌。起后翻《丛书集成》。

夜饭后,张姓缝工来,与润、滋等缠说多时,九时半始去。此人长舌,颇可厌。只索耐之。

十时后就寝。

接澄儿、漱儿七日所发信各一件,投门隙内,翌晨始发见之。

9 月 10 日（八月初三日　甲子）星期四

晴,热,傍晚阵雨即止,入夜晦冥无星。

晨六时起。看《文学与艺术》,对欧洲文坛不熟悉,终感扞格难入也。

午后小睡。睡起续点《事类统编》。此事久辍,殊自愧耳。（初愿于治事之隙通读一过,点句焉。）今后当勉完之。

夜饭后,予同、绍虞见过,盖应高等教育部之召,来京开会者（绍虞前日到,予同昨日到）。痛谈别后事,至九时半辞去。（住崇外东兴隆街六号高教部招待所。）当有十日句留云。

十时就寝。

9 月 11 日（八月初四日　乙丑）星期五

阴雨,晚晴,骤凉。

晨六时起。续点《事类统编》。午后小睡。睡起仍点《统编》。

夜饭后,清儿、达先来省,谈至十时乃去。因属达先明日约绍虞、予同、曙先、圣陶、西谛于星期日上午同会中山公园。如电话联系明晚当可获得确讯耳。

十时半就寝。

9 月 12 日 (八月初五日　丙寅) 星期六

晴,凉。

晨六时起。看《学习毛泽东同志的实践论》(一九五一年一月廿九日《人民日报》之社论)及《〈实践论〉开辟了我们学术革命的思想道路》(一九五一年二月十六日《人民日报》社论)。

午后小睡。睡起续点《事类统编》。

夜饭后,文权来,汉儿、芷芬亦来,惟达先竟未至,不识公园之约究何如也。十时廿分,权、芷、汉去,余亦各归寝。

有顷,湜儿始归。

9 月 13 日 (八月初六日　丁卯) 星期

晴和。

晨六时起。七时,振甫来。有顷,达先来,谓周、郭俱已晤及,郑、叶亦已洽通,约在十时前会于来今雨轩矣。伊别有北海之约,请先去。届时自到也,因先出。余则与振甫于八时出,乘三轮到中山公园,徜徉于柏林、唐花坞、水榭等处。至九时半乃循长廊往来今雨轩,择座啜茗,以俟豫约之人。有顷,芷芬至。又有顷,圣陶至。绍虞至。十时半,予同、西谛及谛子阿佩始至。盖先在西边吃茶,久乃寻至也。其时达先亦来。谈叙至十一时半,即分乘谛、圣两车出前门,往肉市全聚德午餐,小饮啖鸭,并长谈至二时后始罢。

离饭馆后,芷、振、达皆归去。余与圣陶、予同、绍虞共载以赴西谛之家,复纵谈。在座晤空了,至五时辞出(即将《史记》选读拟目及略例交西谛求是)。偕圣陶归其家夜饮,然后返。

抵家已八时矣。达先、清儿在,复谈至九时半去。

十时就寝。

9 月 14 日 (八月初七　戊辰) 星期一

晴,爽。

晨六时起。看李达《〈实践论〉解说》,并参看李琪《解释》。

书复澄儿,午后小睡未及发。汉儿来午饭,上月在来今雨轩所摄之照片已印出带来,云瑞为摄之全体照居然完整,因属放大一帧,藉资留念。

下午五时,芷芬来省,因共夜饭。谈至九时半始辞去。

滋儿今日独乘骑车往游卧佛、碧云两寺,上午七时半出门,下午四时三刻归家。清游竟日,独往独来,虽稍累,亦致快也。

夜十时后就寝。

9 月 15 日 (八月初八　己巳) 星期二

晴,暖。

晨六时起。看《〈实践论〉解说》竟日。

午后小睡片响。滋儿在家未出,为蠖生作地图,父子一室中工作,各事所事,亦一快也。

写信与濮文彬,即与寄澄儿之信同时付邮。

文权傍晚应招来吃蟹,九时始罢,复共饮咖啡,欢谈至十时乃去。

十一时就寝。寝前听转播,谭富英、梁小鸾《打渔杀家》及裘盛戎《坐寨盗马》,亦殊过瘾。

9 月 16 日（八月初九日　庚午）星期三

晴,暖近燠。

晨六时起。看《实践论》。午后二时,所中车来接,过接平伯,同出城诣所开会。七时已,车归近八时。

夜饭后,彬然夫妇见过,谈移时去。十时就寝。

9 月 17 日（八月初十日　辛未）星期四

晴,暖。

晨六时起。八时与滋儿出,拟往游门头沟。乘电车到前门公共汽车集合场,京门车适开出,立待至八时五十分上,乘客甚挤。车出西直门,西北绕过农业试验场,折而南,复折而西,至中央大道,再向南,至新市区中心,又西折,始入京门公路,迤西南经八宝山、石景山,越楼式口岭,过城子村,渡永定河,沿西岸傍铁道至河滩车站,又西折,经东辛房、西辛房、滑石大道,始抵圈门口下,时已十一时五分矣。圈门者,门头沟之东口也。久涸为细石路,屋舍在两岸,形成高冈,询诸人登山,南逾重岭,即潭柘寺。惜山上小路往来须三十里,只得废然而止。循沟西上,止于山椒,登北岸东返,逾沟仍抵滑石道,顺道东下,寻得一家小饭馆,入门无人,门外人云,休息久矣。遂出,过西辛房,入东辛房,见路北有新华书店,随意入览,竟购得中华新出《新华小学地图》上下册,(此书甫出,城内即被购一空。)喜甚。时正十二时,新华掩门休息,乃出。其对面即为东辛房汽车站,立未久,东行车即至,攀登直驶,一时许到新市区之永定路下，觅得一小馆果腹解渴，藉资休息。二时半即在永定路乘京永路汽车直入复兴门，达于前门停车场已三时许。仍乘电车回米市大街青年会前下，步由无量大人胡同、什方院归。

夜饭后，文权来，谈至九时半去。

十时就寝。

9月18日 (八月十一日　壬申) 星期五

晴，和。

晨六时起。七时与珏人、滋儿出，乘三轮到东安市场，乘三路公共汽车到西直门转京颐汽车，直达颐和园。八时半入园，在玉澜堂前赁一小艇，相将登。滋即划舟入烟波深处，径渡至玉带桥舣以登焉。下舟后泛于万寿山后溪壑中。浓荫交翠，朱栏横波，东近岚沼始尽返棹，至鱼藻轩上，凡历三小时，已十一时半矣。在轩东北槛上啜茗，憩至十二时许，至石丈亭人民食堂午餐，候两席后始得食。虽非假日，为游客如云，如为星期恐尚未必获坐也。食已已二时矣。离食堂，东循长廊到排云殿，穿德辉殿登转轮藏，以里急下山如厕，嗣于云辉玉宇坊西之石栏旁摄取一影，并购得手杖一，复自东廊之后登山，至赤城霞起西坡下。出园待车已四时一刻。未几得乘，径抵西直门，再转三路公共汽车到东安市场下，仍乘三轮径归。到家已五时半。

知晓先夫人曾来访，盖知珏人径赴沪，来托带物件也。

夜饭后小坐，听唱片，九时即寝。

9月19日 (八月十二日　癸酉) 星期六

初昙，旋晴，气凉爽。

晨六时起。看耿斗垣《万卷精华楼藏书记》楚辞之部。午后看范仲沄《中国通史简编》修订本第一册，较原著改进多多矣。

文叔偕雪村来访，文叔自沪丧偶归。雪村则初自苏联红十字医院告痊出院也。把谈至五时始去。

傍晚，文权来，合家吃面，以权今日生辰也。食后纵谈至九时半去。

听转播筱兰英、王则昭全部《伍子胥》，自文昭关至刺王僚止，十一时始睡。

9 月 20 日（八月十三日　甲戌）星期

晴，较昨前为热。

晨六时起。八时与滋儿出，信步由大雅宝东口城阙出城，沿铁道至建国门，度护城河而东，循大道南入东便门，复沿铁道东南行，阻于桥而返。即由蟠桃宫西行，沿河南入白衣庵大院，转由下二条胡同入小市口，径达铁辘轳把，登新辟之八路公共汽车，由花市大街、崇外大街入崇文门，至东单牌楼下，穿菜场仍徐步以归。

到家时清儿、达先、建孙及锴、镇两孙俱在。有顷，芷芬至，又有顷，汉儿挈鉴孙至。近午，达、建去，清、汉、芷等留家午饭。饭后，余偕滋儿复出，步至吉祥剧院看和平京剧团演出。一时开场，为张承贵、罗万喜之《钓金龟》，半小时毕。继为《打渔杀家》，贯盛习饰肖恩，朱桂华饰桂英，沙贵福饰大教师。唱做俱到家。休息后为《英杰烈》，自开茶馆至卖弓团圆止，历两小时。毛世来饰陈秀英，王世霞饰匡忠，张荣兴饰皇甫刚，詹世辅饰陈母，均称其材。毛之反串武生尤佳也。武五时散出，仍步返，则清、汉等俱已归去矣。

夜饭后，润、琴出看电影，湜出听音乐，俱十时后归。佩则晨七时出,参加新华旅行团,往游碧云寺,下午五时乃归。

余以积倦,九时即就卧。

9月21日(八月十四日　乙亥)星期一

晴,和,午后上云,闻雷,细雨见点即止。夜月皓然。

晨六时起。看《中国通史简编》修订本第一编。

十时,剑三见过,长谈,留饭。饭后复谈至二时,辞去。渠自济南来出席文代大会,住东四旅馆三〇三号,将有十日句留云。

剑三行后小睡片晌,复看《通史简编》。夜饭后文权来省,九时去。珏人与琴、佩谈家常,颇道从前艰辛经历。十时半始各就寝。

润儿夜参民进小组,十时始归。

9月22日(八月十五日　丙子　中秋节)星期二

晴,爽。夜月朗澈。

晨六时起。看《中国通史简编》。

午后小睡。傍晚文权来,因共夜饭。夜饭后,珏人、湜儿挈元孙往清儿所步月,润、琴、滋、佩往北海公园玩月。余则与文权坐院中月下闲谈。九时,珏等归。十时,文权去。又越半小时,润等亦归,余已就寝矣。

9月23日(八月十六日　丁丑　秋分)星期三

晴,爽。

晨六时起。七时半与珏人、滋儿乘三轮到东安门大街,附三路公共汽车往西直门,又乘三轮赴西郊公园,在动物园中游览二小时。凡狮、象、虎、豹、猿、鹿之属俱得饱看矣。十一时一刻出园,仍附公共汽车回东安门大街,复乘三轮归。

抵家已十二时半,遂午饭。饭后小睡,至四时起,复看《通史简编》。夜饭后,独往史家胡同西口乘电车到小经厂,诣实验剧场看中国京剧团演出。昨日购票(滋儿手)时,剧目为叶盛兰、杜近芳之《柳荫记》,今日改为云燕铭、李世章之《春香闹学》,张春华、张云溪、陈世鼎等《水帘洞》,李宗义、赵炳啸、王泉奎、贾松龄等之《失空斩》。盖叶盛兰有病,临时改动者也。

八时开,云燕铭之春香极活泼,顽皮之至。唱昆曲亦入调。二张开打别具风格,其他辅助演出之龙女、小龙、魔王、群猴等亦各显身手,真有穿梭流水之妙。李宗义之孔明、王泉奎之司马懿、赵炳啸之马谡、贾松龄之老军,各到好处。十一时十五分《空城计》甫毕。余不及看《斩马谡》,即离剧场南归,乘三轮行。到家已将十二时,濯足休息,近一时乃睡。

9 月 24 日 (八月十七日 戊寅)星期四

晴,爽。

晨六时起。看《中国通史简编》。午间与珏人、滋儿擘蟹为乐。午后小睡,起后仍看《通史》。

夜饭后,亦秀、文权、芷芬、汉儿、达先、清儿来,谈至十时去。文权归心如箭,而火车票难购,令人焦急,不免又使渠情绪波动也。渠今晚即须往西单营业所排队候购,不识能否如愿耳。

十一时就寝。

润儿以工作忙,须连夜赶办波兰经济展览会开幕事宜,今晚竟未归。

9月25日(八月十八日　己卯)星期五

晴，爽。

晨六时起。填写履历表，至十时半始毕。封固寄送北大人事室。盖三日前来函补办者。

午后小睡，睡起点毕《事类统编》一册。

滋儿归言文权已购得后日车票，为之大慰。

夜饭后，文权来，余适以平伯见招，未及多谈，即往晤平伯伉俪及郭绍虞、浦江清、杨荫浏、曹安和。听诸人唱曲。荫浏吹弹。有顷，亦秀至，且谈且听，至十时，乃偕亦秀步月而返。送伊至小油房口，然后独自归家。少坐后，近十一时乃寝。

绍虞已搬至东四旅馆，与剑三同住矣。须下月上旬之杪方返沪云。

9月26日[①](癸巳岁八月　大建辛酉　壬戌　朔　十九日庚辰)星期六

晴和，傍晚略燠，夜深雨，绵延迄于翌旦。

晨六时起。看《斯大林语言学著作中的哲学问题》。点《事类统编》。午后伯恳见过，谈移时去。知渠近乘休假之隙，曾到沈阳探亲访友云。

夜饭后，绍虞来，谈至九时半去。

珏人偕琴珠、滋儿、佩华、湜儿往大华看电影。文权、达先、清儿、汉儿、鉴孙来省，十时后去。鉴孙留。

润儿为参加波兰经济展览会开幕典礼，十时始归。

---

①底本为："复初日记第三卷"。原注："癸巳中秋后六日碧庄老人自署。"

十一时就寝,已见雨。

9 月 27 日（八月二十日　辛巳）星期

阴雨,午后放晴,傍晚又阵雨大作,雷电交至,黄昏后星斗满天矣。气凉燠忽变。

晨六时起。七时,文权来,嘱阿凤送鉴孙到清儿家。八时三刻,珏人偕文权雨中出发,分乘三轮二辆,径赴车站。滋、湜两儿送之。润则仍往波兰经济展览会服务,盖今日为开放第一日,观众拥挤,须统计人数类别也。

十时半,滋、湜归,告安送其母上车,目睹开驶出站云。

午逭小睡,睡起点《事类统编》。湜儿午后一时出,深夜十一时乃归。润儿归来,夜饭后复往汇报工作,十时始返。余十时就寝。

9 月 28 日（八月廿一日　壬午）星期一

晴,爽。

晨六时起。九时,凤祥来,持圣陶函,属邀绍虞、剑三晚饭其家。盖知余将过访之也。

续点《事类统编》。午后看《南雷文定》。三时半出,步至红星戏院购票入场,待看四点十分开场之电影《一九五二年国庆节》。庄严伟大,恍若身临其境矣。五时半毕。乘电车到东四旅馆（在六条口新建者）访晤绍虞、剑三。适侃如与同室,遂共邀以赴圣陶之约。七时小饮,与墨林、至善及叶、林同席。饮后长谈,至九时半始行。余送郭、陆、王三人返旅舍,在四条口乘三轮以归。

到家正十时也。少坐便寝。

9 月 29 日（八月廿二日　癸未）星期二

晴,和。

晨六时起。整理什物,并仍续点《事类统编》。午后小睡。

傍晚,芷芬、汉儿先后来,言车票已购得,约明晨九时在车站集合,同往泰安。

夜饭后,余即出,独往东安门大街北京剧场看中国京剧团演出《柳荫记》。八时开,十一时半止。叶盛兰饰梁山伯,杜近芳饰祝英台。最后一场蝶舞殊佳妙,前在实验剧场蹉失者,今乃得偿矣。散戏后独乘三轮在月下遄归,道路凄清又别具一格耳。

十二时到家,小坐即寝。

9 月 30 日（八月廿三日　甲申）星期三

晴和。

晨六时起。八时四十分出,润儿送余赴车站与芷、汉会,同入站台,九时五十分开车,润儿目送余行始归去。车中尚不甚挤,虽硬席,犹得各占一座也。十二时过天津,始入餐车饭。新例先购饭票,分批就食,而用广播招呼之,甚有秩序。久不乘火车,大大改进矣。晚七时过济南,过济南后车甚挤,殆不容坐。到泰安已九时,泰安设备较差,出站后即恃手电筒示路,先摸索至交通旅馆(中国旅行社特设),八十馀间俱住满。(盖京津各地机关人员多利用国庆节假日相约游览泰山者也。)乃寻至西门大街,中西旅馆得一间(上房),添支一铺,各租布被一领,就宿焉。随以所携德州烧鸡及面包果腹。并与掌柜吴姓商谈,藉探登岱之方,当介一轿头沙有春来,言定雇三乘兜子,明日携被上山,后日下山,沙去已十时半,即就眠。新地颇难入睡,而芷芬却鼾声震户矣。

10 月 1 日(八月廿四日　乙酉　国庆节)星期四

晴,爽,日中则颇热,深晚冷。

晨六时起,舁兜子者七人(沙为班首)已齐集,余等步至东首一家小馆名"心中乐"者,入谋早点,其馆门面甚狭,炉具挤列,意仅烧饼、油果、包子而已。岂知内院有北屋三间,颇轩敞,足抵京中中等馆子也。居然吃到虾仁面条,诚意外收获矣。食毕,返旅馆略休,八时属兜子在北城外岱宗坊相候,乃由沙有春导行入西门,(仅存城门,全城城墙据沙言民国以来内战八出八入,为炮火所毁无馀云云。)径游北城岱庙。庙制甚壮丽,四周有城墙,前为午门,两侧有东华、西华门,气势与禁城相埒。从可知往昔岱宗之尊严矣。碑碣甚多,不暇悉记。正殿即宋天贶殿,中供东岳泰山之神像,貌端庄,冕旒拱圭,全身装金,虽破旧犹有古色古香也。配像已撤,而壁画如新,后墙及左右墙满绘东岳出巡图,骑仗森列,从官如云,缀以楼阁树石桥道诸物,威仪赫奕,青绿色犹碧鲜,若新修。徘徊其下久之。传为宋绘或元明有续修添补耳。护以铁栏,知当地人士犹能珍惜,暗为点首而去。其东南别院中,汉柏两株,一权枒,一直干,苍翠郁茂,依旧挺植,为摄影其下。旋出东门,遵道出泰安北门里许,即至岱宗坊,过坊北上,山路迤逦,溪涧萦洄,先入一天门停舆,东行访王母池,观孙真人坐化肉身,复回一天门,乘舆过万仙楼,地渐高,一天门西北有红门宫、红门石坊,两柱镌联云"人间灵应无双境,天下巍岩第一山"。入览一巡即出,在万仙楼后下舆,东北越岭访经石峪,登降颇劳卒达之。坡陀平衍斜广数亩,遍刻北齐时梁父令王子椿隶书《金刚经》,字大如斗,所谓"晾经台"。明隆庆侍郎万恭就其北端倒凿“曝经石”三大字，字大三尺许。再北又有平岩覆之，若重檐。檐之上岩泉纷披而下，有如水帘，两旁题刻甚夥，以泉流故，经字被蚀（大雨及偶发山洪时当更甚）剥损残灭泰半。余等在存字“三藐三菩提”之旁摄留一影，水帘岩稍西，石壁中分（今已为人用砖砌填）曰“仙峡石”，又名“试剑石”。万恭即磨壁为记，并建石亭，题曰“高山流水”。余等即亭旁斜上陟岭，复返原处。稍北有人民革命军、新四军所建纪念碑。复北行，茶于斗母阁之听泉山房。旋乘舆过登仙桥，歇马崖、壶天阁、玉皇庙，至回马岭，山势陡高，因停舆摄景，既登回马岭过黄岘岭下，峰回路转，磴道倚崖临壑，尚修坦，有石短垣为栏，行人不觉险。迤逦直至二虎庙，今称“伏虎庙”，庙旁即中天门，盖登岱及半矣。即憩于茶棚，啖挂面，甚不中食。起行过灵官庙，乘舆过快活三度云步桥，桥跨绝壑，景殊胜，亦摄影焉。再上盘道抵朝阳洞，未歇，复升过柏洞及对松山。先为柏林茂荫，后则两山遍树，松干不大而苍奇，类盆盎中物。以磴道急，未及下，经龙门坊、升仙坊，皆盘道，所谓十八盘也。盘道尽即南天门。盖山巅双峰之阙，因建阁其间耳。门之前盘道尤峻，类削成者，人不敢俯瞰，遂称急十八盘。兜子止于此，时已六时，山上旧有小店六七处，俱住满。碧霞宫正值葺理中，亦无容客地，只得在南天门旁一家小店（门上粘有字条，曰“元宝店”，上有店号三字，昏黑不能辨）息焉。其店仅有老屋五六间，土窑烟熏，壁泥斑驳，不得已入之，亦先有六七人住矣。余等幸得旁边一落脚。未饭前曾登西首月观峰看落日。屋尤窳陋，门窗多隙罅，壁穿有光。强进馒头一枚，沙土碜牙。将就拥被而卧。山顶夜寒，竟感瑟索矣。穿墙之外适当山路，其夜泰安师范学生乘游行馀兴，鼓勇登山，鸣角歌呼，前后相属，余何能寐？即在瑟索中坐以待旦,而芷芬犹有鼾声,余徒羡而已。

10 月 2 日(八月廿五日　丙戌)星期五

晴煦,黎明前(四时许)余即呼起芷、汉及沙有春,未及盥洗即挟被登日观峰,时月明如昼,阴处以电筒济之,较坐土室中为大快矣。游客亦正不鲜,比过碧霞宫至日观峰,先在而欢呼者大有人在。新建气象台墙外几无插足地,盖泰安学生外复有他地前往之军人干部等人也。山顶晓风甚厉,无法立望,乃择岩石之较稳者隐栖其下,坐对东方,以俟日出。其时星斗满天,峰下一片茫茫,不辨高下,但见其为浩浩之大海耳。风啸聒耳,寒袭衣裾,裹被犹不免牙相撞也。良久,东方微白,星斗渐稀,天际朱霞横亘,由红入紫,渐转黄碧。又有顷,黄碧之间赤轮微露,景色绝丽,于是观众狂欢极呼以赞之。须臾半出,又须臾全出,欲离未离之顷,日体动荡,若浮汤圆,其即所谓浴日欤? 又须臾,日光万道,辐射不复红艳可玩,晶荧耀目,乃不可逼视矣。观众皆欢呼起行,轰然四散,时正六时也。设不躬逢其会,仅余三人者其苍凉茫渺之感殆别构一境界乎? 离日观峰,西登玉皇顶,观所谓泰山绝顶者。三五石块聚攒,颇似天坛之七星石耳。其下即见巨大石方柱,稍扁而上戴石冠,大类佛家之经幢而无一字可扪。人皆指为秦皇之没字碑,亦有人云此非碑,其下乃瘗封禅之会检玉函者。其然乎? 由此下,穿东岳庙寝宫而出,观唐宋以下摩崖大碑。东岳正殿即在其前。此与寝宫皆圮废,神像露坐,颓垣岩壁间,令人殊难为怀。再下,即碧霞元君庙,俗称"碧霞宫"。规制仅亚岱庙,露台前有两铜碑,东侧屋中有玉石碑,惜多倾坏待修耳。

自碧霞宫出,急返南天门,未及再东,一看舍身崖及仙人桥,即乘舆下山，由原路到朝阳洞，憩息饮茶，兼进早餐。油果面条，远胜昨日中天门及山上两餐也。时已八时，稍坐即行，复至中天门，易路由山西南麓下，路窄难行，废舆徒步下山，虽快速，而沙草易滑，余倾跌一次，右股大酸。沙导行山田间，越阡至无极庙，中供无极老母，左为太阳宫，右为太阴宫，别无他神。其门外照壁上大书一"福"字。四角画阿弥陀佛四字，四字中除佛字外，俱加口旁，其殆昔之一贯道魔窟乎？今植苹果出售，且沽茶，余与汉儿买得苹果三斤，未茶即行。过百丈崖下一线，悬瀑飞溅，喷沫其上。新建石桥卧虹偃波，栏以铁槛，颜曰长寿，不中不西，岂与无极庙有连？特修以诱致游人乎？不能明也。再下，为黑龙潭，承瀑流渟澄渊，境绝幽。再下，为拦水坝，盖新建之水闸，以调节山水者。闻为沦陷时，日寇所筑，今用为山下疗养院自来水水源。再下，为大众桥，形制颇似长寿桥，为昔时冯玉祥所建，今其衣冠墓即在桥东面西。兴筑石工殊考究，大刻深书，曰"冯玉祥先生之墓"，题"一九五二年郭沫若书"。字涅金，耀日生辉。冯为不朽矣。过大众桥即近平地，兜子速行而南，度田越阡，遵道而至中西旅馆，时为一时半，即属掌柜代购三时半浦口至济南车票，而余等仍往心中乐进饭。饭后返店，收拾行李，相将往车站候车。届时携登，以软席仍得占坐，五时半即到济南下车，后乘三轮到中西旅社，客满，再至新新一问，亦无隙地，盖亦国庆节旅客甚多，且当地政府召开会议也，因急寻至经二路中国图书发行公司济南分公司访王畹香，未遇，以国庆休假多离去也。坐待良久，始晤其会计科副科长张镜清，伴出寻畹香，展转至振华书店，晤其主郭滋甫，乃得电话招王至，最后终得滋甫之力，在经二纬三路定得华北旅社房间，始将行李搬往，时已将九时矣。又承畹香、滋甫伴往附近小馆吃禹城呰鸡烧饼。十一时始返旅社就寝。王、郭辞去,甚得意不去也。

10 月 3 日（八月廿六日　丁亥）星期六

晴,爽,类昨,入夜稍热。

晨五时起。六时半,与芷、汉出,即在附近啜豆浆及啖油果子,加以鸡蛋白糖,颇滑落可口。食已,余与汉回旅社,芷则往剪子巷口铁路营业所购明晨六时廿六分青岛—北京通车票,以票难购,排队至两小时,且恐拥挤,改购软席票。八时半,持票返。畹香已来,乃偕之同游,承其导至剪子巷看趵突泉。方池碧藻,清流无歇,池中水面有涌起者,类沸腾。又一池尤汹涌,高出水面尺许馀,喷珠滚雪,倚栏观之,不忍去。畹香云,全济南市自来水即导源于此,今其南即为自来水厂。离趵突泉后,由正觉寺街转至东南城外连观黑虎、玛瑙二泉,前者声吼如虎,(今已砌屋束之,不闻声,而下有三石龙头喷水入方池中,甚清。)后者水清见底,底石红黄相间,类玛瑙,其水皆供人取汲,其旁溢出之水,俱入城河。余等度河入城,(城已拆除,仅存土坯,多开阙口。)穿城而北,达于大明湖上。近湖人家门外俱绕清沟流水,淙淙度以板桥。刘铁云所谓家家流水,户户垂杨,犹依稀仿佛焉。大明湖坊即在鹊华桥侧,入坊土堤深入,两旁俱舣游舫。赁得隗姓一舫,撑船者为一老者,年已七十八岁,一路闲谈,于近六十年山东吏事,娓娓上口,尤倾倒于张曜之治鲁云。已十四岁时亲见张抚卒于任所,阖城巷哭出殡时,丐儿亦各出一钱制献万民伞焉。其人弄舟已六十三年,盖生老于斯云。忆昨日沙有春(年六十一,接此活已四十年)语亦多近三十年掌故,于民国军阀兴替及国民党军官闻人皆耳熟能详,曾亲导陈毅登岱察势致奏驱除,李先念解放全鲁之功云云。真"礼失求野"矣。大明湖新加葺治，积苇游草芟夷殆尽，弥望湖光映以山色，（北有华不注、鹊山等，南有千佛山。）景绝佳。其幅圆殆大于北京之什刹海前海也。舟初度，撑至西北铁公祠，祀明臣铁铉。旁有小沧浪，现碑帖尚存，而像设已撤，改为工人文化馆矣。憩八角亭观小学生歌舞，良久乃移舟北极殿月下亭。北极殿居湖之北基，峻庙崇祀真武神，所谓北极大帝也。塑像极生活，且有壁画，惜多残缺，盖无知者所为。因叹破除迷信一词下藏有无数毁弃文物之杀机也。月下亭即在其西，为韩复榘，或为极庙余地以其高峻与之相称也，建筑殊俗劣，今为公安派出所。继至汇泉堂，亦非旧貌，今为卫生陈列馆。最后至历下亭，在诸胜迹中最为完整，唐杜甫、李邕画象石刻嵌亭后，厅事西首名流楹联甚多，不胜录。门口一联曰："海右此亭古，济南名士多。"及亭上一联曰："四面荷花三面柳，一城山色半城湖。"为绝佳。徜徉久之，时已将二时，乃拿舟回原处登岸，乘三轮赴天镜泉汇泉楼午饭。楼临泉上，池鱼多盈尺者，泳游其中，悠然自得。而泉清见底，泉脉缕缕，不时自池底冉冉而上，日光照之灼耀如鉴，天镜之名殆以此乎？（济南有七十二泉，余等已观其四。）此楼烹鲜最著即池上跃鲤，当客献生，择定后当场摔杀之，立烹以进。味固鲜腴，其如杀风景何。（昨夕把鸡，亦对客生宰，且以多为贵，鲜血淋漓，殊令人难堪也。）足征远庖厨之说非无因也。（把字亦作扒，不知何义。据畹香言，系酥烂之义，当地土话，问人煮物烂不烂，曰扒不扒，有音无字，随便凑写，初无定画，其言或得其实。余见市招有脱骨把鸡，字样可证。）食已，正三时半，即走返旅社，谢畹香去。牵率六十五老翁奔走半日馀，心良不忍也。返后偃卧小休，汉儿以积倦多食，忽患腹泻，遂令独卧社中静养。余与芷芬出外，间行在宏济堂，为珏人购得阿胶二斤，顺在附近啖饺子果腹。

八时回旅社,九时半即睡,以明晨又须拂晓起行也。

10 月 4 日（八月廿七日　戊子）星期

晴,煦。

拂晓起,五时往寻饮,豆浆者尚未开市,乃忍饥起行,幸汉儿热已退,勉可行动,即乘三轮奔车站,六时检票入站台,待至三十二分始到,盖青岛开出途中有脱误矣。上车后硬席甚挤,余等入软席,寥寥数人耳。盖一般旅客之乘软席者多须卧位,而精算之人多不欲坐软席,以是余等乃得宽坐偃息乎其中。惟因车行脱误,沿途耽阁甚久,几于无站不停,余等并不赶路,只索从容饱看沿线诸站也。自济南开出后,滦口即停,过黄河大桥后鹊山未停,余与芷芬即至餐车进早餐,带面包与汉食之。既而经桑梓店停,孙庄未停,晏城停,王字庄未停,禹城停甚久,龙黄不当停（此班车规定过此站不停）而停,张庄停,林庄不当停而停,平原停,三唐未停,黄河涯停,于官屯未停,德州停,以人挤通过困难,惮于入餐车,即向售货员购烧鸡（即耙鸡）、烧饼果腹。许官屯未停,桑园停,安陵停,吕家寨未停,连镇停,东光停,南霞口未停,泊镇停,大满庄不当停而停,冯家口停,砖河停,捷地未停,沧县停,姚官屯停,兴济停,李窑不当停而停,青县停,马庙停,唐官屯停,陈官屯停,静海听,独流停,良王庄停,周李庄未停,杨柳青停,曹庄未停,抵天津西站将暮矣。车去北站、东站,复返北站,再开北京,已昏黑。购包子代晚餐。自此,双轨车即赶行,但沿途仍多停歇,车至永定门竟为京沪通车沪来车所追出,以是不得不在站候十五分再行。比到前门车站,已九时三刻矣。统计脱误二小时馀,出站后与芷、汉别,径乘三轮归。时已逾十时,全家将寝矣。润、琴、滋、佩及元孙俱见,独湜儿以感冒早寝未之见耳。

余急急取汤濯身洗足，拥被便卧，亦未克过视湜也。

10 月 5 日（八月廿八日　己丑）星期一

晴，煦。

晨五时始醒，积疲颇感腿酸也。六时起行动后，亦复如常。竟日补记前五日日记，至下午五时始已。

接濬儿（附顯孙信）、漱儿二日来信，告珏人到即往女科诊病，劝其多留几时（二日已接文权廿八日报到片）。据云，伊颇信赖且兴趣甚佳云。元孙离余五日，倍见依依，令人顿忘老至，欣慰弥甚。湜儿强起入学，余询知一日之夜狂欢志庆，积倦未得畅睡所致耳。

夜饭后，与诸儿话游踪，芷芬来省，知汉儿已愈，照常工作矣，共谈至十时，始辞去。余亦就睡。十二时后雨。

10 月 6 日（八月廿九日　庚寅）星期二

阴，细雨旋止，既而放晴，气和煦。

晨六时起。写信谢畹香，并复濬、漱两儿及顯孙，属告珏人悉心治病，返京期候自酌。十一时付邮。

午后小睡，是日赵四掌柜来葺漏，下午五时毕（随带一壮工）。明日尚须来修西屋之窗云。

傍晚，建孙来，因共夜饭。饭后，达先、清儿来省，谈至八时三刻，带建孙去。九时半即寝。

是夕，润出参民进小组，滋、佩俱参团小组，十时前皆归。

10 月 7. 日（八月三十日　辛卯）星期三

晴,煦。

晨六时起。寄书西谛,催询前送《史记》选目意见。

四掌柜仍带一壮工来修葺,婆娑一日,四时三刻即去。窗尚未入手也。京中土木工之洋,诚莫可奈何耳。

午后小睡。睡起,看中国青年出版社新书《宇宙的构造》。夜饭后,独往吉祥看中国京剧团演出,至已开演,为徐玉川主演之《扈家庄》。玉川虽稚,武功却好。继为贾松龄、云燕铭、赵炳啸、徐和才之《葛麻》,盖观摩楚剧而作,情辞仍旧,表演有精胜处。独徐和才平平耳。继为王泉奎、韩少芳等之《打龙袍》。少芳之李后,唱腔甚新,嗓音微弱也。泉奎之包拯,声宏实大,殆过裘盛戎矣。九时半休息,三刻复开,为张云溪、张春华、张世桐、徐玉川之《三岔口》,惊险活脱,诚有出神入化之妙。十时半毕。乘三轮径归。小坐,就寝刚十一时。家中已睡静矣。

10 月 8 日（九月大建壬戌　壬辰　朔　寒露）星期四

晴,煦,微有风,偶昙。

晨五时三刻起,黎明之顷也。迟木匠竟未至。

翻《丛书集成》。午后小睡。睡起与元孙调弄为乐。

晚饭后六时半即出,乘三轮往东安市场北门,独诣吉祥,看京市第一京剧团演出新排之《岳飞》。七时开演,十一时一刻止。中间仅八时半休息十分钟耳。自三路撤兵起,庐墓屯田,金牌夜召,至罗织冤宪风波,冤狱止,结以岳坟流芳。剧情紧凑,尤以周三畏挂冠,张保探监,风波就义诸场为激昂悲凉。李万春饰岳飞,万啸

甫饰周三畏,唐世辛饰张保,李庆春饰万俟卨,俱能刻画性格,深切
动人也。

十一时四十分返家,十二时就寝。

10月9日（九月初二日　癸巳）星期五

晴,煦。

晨六时起。八时半出,步至青年会乘电车到天安门,拟往劳动
人民文化宫参观波兰经济展览会也。至则太庙南门外团体之排队
以俟者已有三列,余以个人故,反得先购门票以入。时正九点,各
处方开门,正在拂拭整理中,颇得闲静谛观。乃后之来者不久便逐
队踵至,一若浪涌,余遂不得不如浪之沫,随波前推矣。自正殿、二
殿、东西二配殿一巡而出。大都所陈为机械,非门外汉所能了了。
匆匆历时一点而已。在出口处卖品亭购得纪念章一枚,扬长出南
门矣。

出太庙正十时,乃西去入天安门,历端门至午门,自阙左门出,
东沿筒子河到东华门,复步至东安门大街,在义利食品公司购得饼
饵等物,即乘三轮径归。到家已十一时许矣。出饵逗元孙。未几,
啖面作午餐。

午后小睡。滋儿今日下午一时半往第一门诊部复查,据告甚
平稳,六个月后再查云。是基本上已痊可矣。为之大慰。

接澄儿六日来信,知埩孙淘气,竟击破埥孙之额皮云云。为之
一笑。

夜饭后,接潗、漱七日信,告珏人已就杜克明诊过,并往同济医
院检查,现转泌尿科诊断中。请示留沪根治妥否。余为不寐,诸儿
俱建议留沪云。

看周扬一九五三年九月廿四日在中国文学艺术工作者第二次代表大会上的报告,题为《为创造更多的优秀的文学艺术作品而奋斗》,面面顾到,而得一总方向,甚佩。

10 月 10 日(九月初三日　甲午　辛亥革命纪念)星期六

晴,煦。

晨五时即起。七时后,写信两封,一复张店澄儿,告珏人去沪就医情形,顺便教训升埻,属伊保持光荣的少年先锋队员,积极带头领导诸弟。一复濬、漱两儿,属禀告其母,悉心就诊,勿急图返京,并汇一百万元去供用。

午后未睡,续点《事类统编》,垂暮始罢。

夜饭后,清、汉及达先、芷芬俱来省,与润等一堂长谈,颇不寂寞,至十时半乃去。余亦就寝。

10 月 11 日(九月初四日　乙未)星期

晴,有风,感凉矣。

晨六时起。看茅盾一九五三年九月廿五日在中国文学工作者第二次代表大会上的报告《新的现实和新的任务》。此与周扬之报告洵为当代文学之重要文献。

八时半出,乘三轮赴中山公园会文叔、晓先、芷芬及镇孙于来今雨轩西部。又遇光暄,谈至十一时行,在棋盘街乘公共汽车到石驸马桥,同饭于芷芬所。食顷,汉儿、鉴孙及达先、建孙归来,盖中图今日举行运动会,伊等前往参加者也。饭后复谈,晓先夫人亦至,谈益剧。四时许行,文叔等归去,余偕达先、建孙乘公共汽车到东单,往达家,途遇叔湘夫妇,立谈片晌而别。至达先所,雪村已出访剑三,清儿亦赴民进开会,小坐有顷,接潏、漱与清挂号信,余明知严重,即拆阅之,知珏人将入院施手术,盖泌尿科检查结果尿道有瘤肿,白果大,必须割去云。漱处理甚详,为慎重计,特致书于诸姊妹兄弟,征取一致意见也。余属达先明晨长途电话与漱洽,主张留沪速医,授权签字施手术。即持信归,遍示诸儿。夜饭讫,余即详示潏、漱,告以此间统一意见,再令润持往清所,共同看过(琴、佩、滋俱先往矣),即挂号发出。达先意长途电话恐一时接不着,改用电报先发,文曰:“函悉母决留沪诊治一切授权处理函详”。亦随函送出矣。近十时,润等自清所毕归,告知一切。余即就寝。

10 月 12 日 (九月初五日　丙申) 星期一

晴,凉,御薄棉。

晨五时半即起。心悬上海,不能久睡,起后亦无俚自若也。盼续信不至,抵暮,琴珠、滋儿归,知达先电话告已与漱儿通话,珏人于十日入上海市第二医院(即前仁济医院),须待全身检查后始可施手术。现小溲已用皮管解决,精神尚好,且有表姨仁葆在彼照料云。

夜饭后润、滋、琴、佩俱往清儿所会汉儿谈,八时半偕汉儿及达先、芷芬同归,备告一切,并知汉儿今日有信寄沪,与清合汇一百万元去矣。谈至十时半,汉等辞去。余亦就寝。

10 月 13 日 (九月初六日　丁酉) 星期二

晴,凉胜于昨。

晨六时起。润、琴今日有信去沪慰母,竟日盼信,仍无续至者,想见彼处忙乱耳。写定《史记》读本选目及略例草案。下午二时一刻出,乘三轮径赴团城晤西谛。三时在会议厅开中国古典文学组工作会议。到其芳、平伯、冠英、积贤及两女同志。汇报各人工作后,讨论《诗经》选注问题及《史记》选注问题。会上决定《史记选》纯着眼在记叙文学,并不须阑入史学上之各问题云。大约只求精选八万言耳。六时散会,余与平伯乘西谛车到黄化门,即饭其家,谈至八时,辞出,平伯先得车驰去。余行至景山东街,始得车,索价五千元,偿其欲乃得归。亦可知其惫矣。

到家与诸儿谈遥摇上海情状,十时后始寝。

10 月 14 日（九月初七日　戊戌）星期三

时昙时晴,气较昨略暖。

晨六时起。看孙子书《傀儡戏考原》。望信不至,甚急灼,不识珏人已否经过手术也。

午后小睡。三时起,芷芬来省,谈至五时,晓先夫妇来,六时,晓先夫妇去。余与芷芬乘三轮赴八条,往访圣陶。晤墨林,谈珏人病情,即夜饭其家。知圣陶明日将与灿然有西北之行,谈至八时半,辞出,与芷芬同行至东四北大街,余先乘三轮径归。

到家仍无上海信来,颇诧,潏、权诸人为何惜墨至此耶? 十时就寝。

10 月 15 日（九月初八日　己亥）星期四

晴,时昙,殆将变,较暖。

晨六时起。看《联共(布)党史》第九章。润儿推荐者也。

心悬上海珏人之疾,殊不宁贴。接十三日澄儿复信,知有信径向上海问候矣。

午后小睡,噩梦频作。北大送本月薪水来,顺为所中送到嘉业堂景刻蜀大字本《史记》三十二册,尚有景宋百衲本,不及带来云。足征积贤办事有方也。

夜八时始盼到潄儿十三日仁济医院信,知珏人之疾尚在彻底检查中,新讯肚中有瘤则大是,症结恐系癌症乎?当令湜儿持函往招清儿商量,中途遇清、汉同来,以信中有文权十四动身来京语,可面详。适达先至,因属与润儿偕往车站候之。有顷,文权独来,谓未见润等。又有顷,润等亦归,盖站上未接着,径往宿舍访之耳。于是,大家从长讨论,咸主解决小便问题,肚中云云只索返京再计。(以年龄高,未敢贸然动手术,或待来京向苏联红十字医院治。)俟明晨复信指示之。时已十一时,达、清归去,文权、汉儿俱下宿焉。

余是夕为之展转不寐。

10 月 16 日（九月初九日　庚子　重阳节）星期五

初阴,旋开霁,日出气暖。

晨六时起,于门楼得潄儿十三日书,词与潄言同,盖昨晚深夜邮投者,当时未之觉耳。因并潄函合复之,即用昨夜合议之意告。十时即写好,以须诸儿看过,俟下午二时佩华归,与之看。五时润儿归,与之看,遂送邮发出,俾明日上午京沪通车可以递往也。

饭后小睡一时许,尚好。昨夕达先以余岑寂,为购长安今日夜戏票二枚,贻我今日夜饭后与滋儿同往观之。滋儿径自出版社往,余则乘吴海车赴会焉。七时半开场,先为冯玉亭(饰贺天龙)、张玉禅(饰孟海公),周瑛鹏、马鸿麟等合演之《雁荡山》。通场不发一言,纯以武戏表现情节,舞姿之熟练整齐,大有可观。盖观摩演出时从东北京剧团学来者。继为严慧春(饰陈妙常),冯玉增(饰艄公)之《秋江》。即转演观摩演出之川剧。休息后,为王玉让(饰李逵),杨菊芬(饰宋江)等合演之《黑旋风》。自李逵下山探粮起,包有曹登龙杏花村抢亲,李逵错闹忠义堂、宋江杏花村质对,吴用派人攻灭曹庄,李逵负荆请罪各节。玉让表现细到,刻画黑旋风个性极恰当。十时二刻散,即与滋儿乘三轮归。

到家小坐,就寝已十二时。

文权夜饭后来省,约今晚在我家与诸儿商议处理上海诊疗事宜云。

10 月 17 日(九月初十日　辛丑)星期六

晴,暖,偶有云翳。

晨五时半即起,心悬珏人之疾,委实不能稳睡矣。在禄米仓东口正大煤铺,购得筛块门头沟煤一吨,计卅万元。八时,福顺派一木工来,为西屋修窗,其人老实,前此樊、臧两匠所回绝须重新改做者,居然不添木料,仅易铰链即成,并另做牛奶箱一只,直至晚五时半始去。除午饭外,竟未休息。此一工作态度大堪表扬也。习气已深之老工人,不改造,此后恐难存足耳。

午饭后,小睡片晌,梦扰不宁。四时后,润儿归,谓已向领导上请准假,拟不待上海检查之结论,即先去探望矣。并告汉儿有电话通知清。接漱儿信(十五发,今上午到)知仍无结论,今晚约清等来我家再作详细讨论云。

六时,彬然见过,承慰问,谈至七时去。

汉儿、芷芬来夜饭,文权亦饭而后来。有顷,雪村、达先、清儿、建孙俱来,大家商量结果与漱儿来信主张者完全一致,即余前日信上所言办法是京沪意见统一矣。当即由滋儿、佩华出购票,遍走四城各营业所,俱已罄,须明晨黎明再去排队矣。时已十时半,清等先已去。文权、芷芬、汉儿亦去。约明日上午八时在车站再设法云。

十一时半就寝,如何熟寐耶!

10 月 18 日(九月十一日　壬寅)星期

阴森,傍晚微雨,入夜加甚,中宵略止,后即淅沥达旦,未有间歇。

晨五时即起。以滋儿三时即出,前往前门铁道营业所购票也。七时半,滋归,居然买得明日票一纸,润儿亦赶往文化宫办临时交代,旋归,携箱径奔车站会权、芷。有顷,琴珠挈元孙亦赶赴站上探询之。十时二十分,琴、元返,告润已登车成行。为之大慰。盖文权黎明到站购得京沪今日退票一张,竟获遂行耳。权、芷午后当来省云。

调孚见过,谈至十时半去。即以西谛所送故宫绘画馆今日预展请柬贻之。

十一时许,均正来慰问,并谈开明清委会结束建议事,近午去。

饭后小雨,余亦小睡,绘画预展拟稍延再往。乃睡起后文权、芷芬先后来省,遂与长谈,未果行。五时前,芷芬去。文权则留家共夜饭焉。

夜饭后,余独往中和看戏,盖佩华昨日为余购得戏票也。昨报所揭戏目本为吴素秋之《孔雀东南飞》及姜铁麟之前部《武松》,今日报揭之目则改为《嘉兴府》与《苏小妹》矣。未说明改目之由。余到彼为七时,开演乃延至七时半,亦与报载之时间不符,似与商业道德有背,甚不取也。《嘉兴府》后即休息,八时三刻《苏小妹》

上演,角色与前此所见无大变更,十一时半始散。出院后,雨虽止,而地如膏,一时觅车不得,行至大栅栏外乃以七千元昂价得一三轮,竟长驰以返。到家已十二时。滋、湜、琴、佩俱未睡待余。足征近日家庭空气紧张,伊等恐余有失,倍见照料也。

余洗面,小坐,越半时乃寝。

10 月 19 日(九月十二日　癸卯)星期一

阴雨,午后晴,气陡冷。

晨六时起。准备下午学习讨论时发言提纲,十二时始了。

午饭后一时五十分,所中车即来,仍停在禄米仓东龙凤口,步往登之,顺至老君堂接平伯。二时半即到北京大学教室楼矣。晤其芳、贾芝、冠英、积贤、力扬等。三时开会,余先发言,就《实践论》的中心内容概括说明一下,并结合自己的思想工作方法谈谈体会。其后以次发言,讨论至六时四十分始已,乘车送回城中。

到家已七时半,匆匆夜饭。达先适送十六日潜寄汉书来,知珏人肺中有水,其他检查仍无结论,真急煞人也。芷芬、振甫、文权都来,因共谈。达先先去,权、芷、振谈至九时半皆去。十时就寝。

10 月 20 日(九月十三日　甲辰)星期二

晴,冷。

晨六时起。琴珠昨夜就潜信中语详复润儿,即呈余看。余因加写一信,于九时并发邮。

午后小睡。三时,赵四掌柜来,即将修屋工资收去。

看王兆云《挥麈诗话》、顾元庆《夷白斋诗话》、朱承爵《存余堂诗话》、王文禄《诗的》、王世贞《国朝诗评》。

抵暮盼沪信未至,想今日润儿必当有书寄出也。

夜饭后,文权来省,谈至九时去。十时就寝。

10 月 21 日 (九月十四日　乙巳) 星期三

晴,冷。

晨六时起。略翻《文学与艺术》,以所中学委会有勘误送到,因寻行数墨点正之。

十时半,晓先见过,承慰问,长谈留饭,一时去。

小睡至三时起。看明徐咸《西园杂记》。心情难宁,无法看整帙也。四时,芷芬来省,知汉儿亦将于下班后来饭。谈至七时,汉至,因共饭。未几,文权亦至,有顷,达先亦到。适接漱儿十九日来信,知珏人小便已恢复,可以不用皮管,自上厕所云。虽去根治犹远(尚无检查结论),当前困难暂得解决,焉得而不慰。传示诸儿,咸为额手,即时写复一书,详告家中近况,并附湜儿安禀。

十时许,权、达、芷、汉皆辞去。此信即交芷携出投邮,径寄潜、漱、润三儿。

越半时就寝。

10 月 22 日 (九月十五日　丙午) 星期四

晴,薄寒,日中温煦。

晨六时起。看《文学与艺术》及《西园杂记》。十一时半,文权来,盖以胃中不舒,到干面胡同第一门诊部就医,顺来见省也。据告,昨夜亦接潜十九日信,告母病情形与漱儿同。饭后去。

余小睡未果,即起出散步,由南小街信步于朝阳门大街、东四牌楼、南大街、史家胡同等处,归家已四时半,虽略乏,而气乃舒矣。

傍晚六时十分,接润儿二十晨发来之信,知十九准时到沪,当晚不见去院见母,但一切情形较已了然,现在检查结论尚未得出,而导尿管已取去四五天,可以自己小便,且能下床行动云。寄信后当往院见母,再禀耳。

余连得三信,皆同,心为宽慰不少。夜饭后,即就灯下写复,琴珠、滋儿亦各附去安禀焉。

达先昨晚归去后腹痛不舒,今日未上班,晚间命湜儿特往视之。信写好即与滋儿步出投邮,顺在禄米仓口吃馄饨,扬长踏月而归。遇湜儿于南小街,知达先已告瘥,惟倦而思睡,明日尚恐未能上班办事也。于是,父子三人由什方院行。到家小憩,十时乃寝。

10 月 23 日(九月十六日　丁未)星期五

晴,冷如昨。

晨六时起。看明末郑仲夔《耳新》六卷。午后小睡即起。四时出散步,阅一时许乃许。

夜饭后望润儿续信,竟不至,闷损甚。文权来省,谈至九时去。十时就寝。遥揣珏人病端有无变化,殊难入睡也。

连日心境恶劣甚,昨晚稍好,今盼信未到,不免又自堕深渊耳。

10 月 24 日(九月十七日　戊申　霜降)星期六

晴,较和。夜月皎甚,连夕如此。

晨六时起。接所中送到胡念贻同志《屈原作品考》、《宋玉作品的真伪问题》及《屈原作品真伪问题》参考资料各一份。又送到中国文学史组工作计划一份,及第一部分第一阶段研究计划一份,因翻阅之。九时,接润儿廿一日书,告其母尿道口之硬块已割去,刻下尚在半睡眠状态,当晚由漱儿陪。廿二、廿三医师准许家属陪侍,拟由葆贞、纯葆两姨轮值,经过尚好,预先准备之输血亦未用云。当即写复,十时自出投邮。

午后小睡,睡起看明余永麟《北窗琐语》及莫是龙《笔麈》。傍晚文权、芷芬先后来,因共饭。饭后与权、芷、滋同往东总布胡同看达先、清儿,即以润函示之,兼晤雪村、密先。有顷,琴珠挈元孙踵至,谈至八时,中图同人有来视达者,余等即行。芷芬持润函归报汉儿。权、琴、滋、元随余径归。

湜夜饭后即出,十时始归。权复回余家,后与滋等抹纸牌为戏。十一时始去。余就寝已近十二时。

10 月 25 日(九月十八日　己酉)星期

阴霾竟日,夜深始见月,转温。

晨六时起。九时三刻接润儿廿二日来书,告母已见过,神色尚好,经过手术后,并不觉大痛,只尾闾酸麻而已。是日已进食,诸事有大舅母等照料,属请放心云云。为之大慰,即写复之。

萧文豹为所中送书来,余属送还不需者,并付其《章氏丛书》续编书价十万元。

午饭后,与湜步往吉祥看荣艺京剧团演出。一时开场,为王素琴、贯盛吉、茹富华、李少广之《铁弓缘》。继为管绍华、刘砚亭之《击鼓骂曹》。后为王贯茹、李及、王少亭、罗荣贵、韦三奎之《凤还巢》。除贯盛吉较为突出外,馀平平而已。五时散,余与湜仍步归。

到家清儿在,有顷,文权来,因共夜饭。饭后达先及建昌来,伊等抹牌为乐,余乃就灯下作书与珏人慰之,附琴珠信中,备明晨投邮。

九时后,权、清、达、建辞去。十时就寝。

10 月 26 日（九月十九日　庚戌）星期一

晴,煦,夜深月姣。

晨六时半起。九时十分,接廿四日润儿来书,续告见到伊母施手术后一切良好,导尿皮管又再度撤去。惟小便后觉微痛,且有微红,想系新施手术所致耳。切片化验则尚无结论。伊母已在盘算何日出院,何日回京等事云。余即时书复慰问,并属尊重珏意,争取早日返京也。十时即自出投邮。

午后未睡,看《悦心集》自遣。五时半出,走访均正于演乐胡同。盖渠属滋儿转告今晚力子在南河沿文化俱乐部邀饭,谈开明未了事宜,约同往赴之也。至则已黑,即相将出,乘三轮径奔南河沿。力子适驱车及门,彬然、雪村则已先在。有顷觉农至。又有顷锡光至,最后西谛、达先俱至。乃设食饮啤酒,八时罢,即就谈开明旧账结束、分配股利等事。大概每股连升值在内,可内八十六元六角余。此次派息连红利每股可得十一元云。九时散,约后晚在萃华楼再谈,并约青年方面李庚、李湜等共决之。附觉农车返东总布胡同,余下车后即由宝珠子胡同穿行北归。

到家汉儿在,因属湜儿陪往清家,并带今日所接润信与看焉。

十时就寝。以今晚不免多食,颇感不舒。

10 月 27 日（九月二十日　辛亥）星期二

晴,煦。

晨六时半起。八时,雪村见过,出商中两家旧书目录,属为点定可否出售之书,俾新华设古籍门市部应用之。谈至九时半去。

盼沪信未至，即写一信与瀋、漱、润，询故，十一时投邮。并书与积贤明日不出席学习，属为请假。

午后小睡，心绪恶劣，萦情沪状，竟无法看书也。

傍晚琴珠归，携呈润儿廿四日信，今日在中国青年社接到者。知珏病化验结论仍无，提出是否再进行手术及留沪、回京诸问题。今日为湜儿十九岁初度之辰，家中晚上吃面，文权亦来与。食后，余与琴珠各写一信复润儿，只有不再进行手术，争取回京两语作主干耳。九时，文权辞返宿舍，即托将此函带出付邮。

十时就寝，仍感胸闷饱胀，中夜起坐略得大解，终夜弗安矣。

10月28日（九月廿一日　壬子）星期三

晴，报载寒潮将至，未果，天气反煦暖地润，殆寒流转向蓄严寒以待发乎？

晨七时起。为新华古籍门市部点定商中两家可售书目。盼沪续信不至，真如热磨上之蚂蚁矣。午后小睡不熟，四时起。诗圣来访，谈至五时许去。六时出，赴萃华楼之约。至则力子、李湜已先在。有顷，雪村、觉农、均正、锡光、诗圣、西谛、彬然陆续至，遂再谈开明结束问题。惟股息每股由十一元改为七元矣。权操人手，予取从心又何言哉！吃饭后复谈，九时一刻散，即乘三轮遄归。文权、芷芬、达先、清、汉两及滋、湜、琴、佩正在讨论处理珏病问题，众议如验出非癌而可以根治者，当然再施手术，但无十分把握，仍以争取出院赶速回京为要，即本此意，由滋儿执笔写就，在场诸儿辈俱签名其后，连夜封发，即由汉儿带出投邮，已将十一时矣。（因今日瀋有信与清，提出处理棘手云云也。）权等去后，拖着郑重心情就寝，诚难安眠耳。

10 月 29 日（九月廿二日　癸丑）星期四

昙阴兼至,略润,恐致雨,气仍如昨。

晨七时起。看胡念贻论文。九时半接润儿廿六日来信,续告其母现象甚佳,心理负担已消失,惟化验结论仍未作出云。即写复家中琐状,并重申昨夜众意金同之语。如可争取早回,还以作速打干车票为要。十一时后付邮。

午后小睡片晌,起看彭元瑞《宋四六话》。浞儿四时便归,盖感冒不胜担负矣。夜煎神曲一剂饮之。

夜饭后,属滋儿持润信送清儿。甫去,又来廿六日中午晋福里发一信,言母况日好,大小便俱正常,胃口亦好,只化验结论未得(以不在同院作,须送市立统一化验机构也),颇为心焦云。此信意外见得至感快慰。十时就寝。

10 月 30 日（九月廿三日　甲寅）星期五

黎明前雨声破晓,上午濛雨,近午止。午后霁,转冷,夜出初御棉鞋矣。

晨六时半起。上午无沪信,盖昨晚提先到达耳。

下午二时出,与琴珠、滋儿、佩华往红星看电影《方珍珠》,顺投一书去沪。(上午写寄珏人,设词慰之,并附琴珠代元孙口气禀慰信。)四时散出,仍步归。六时夜饭,饭后仍与琴、滋、佩出,往粮食店中和戏院看尚长春领导之新宁实验京剧团演出之《龙潭鲍骆》。武艺纯熟,类杂耍矣。其中较突出者惟杨逸梅之马金定,颇有陈永玲之泼辣风味耳。十一时半散,回家已十二时,即就寝。

10 月 31 日(九月廿四日　乙卯)星期六

晴,有风作声,大类初冬。

晨七时起。湜儿以昨晚九时所接润儿廿八信及廿八日潜儿寄汉儿信呈余,并谓昨夜自余等出后,文权、清、汉、达先俱来省余,(潜信即由汉自携来)知珏人病况,检查结论已于廿七日下午获得,断系癌症,尿道口之硬块即系癌派生者。惟根在何处,仍未能明,其他现象尚好,决定廿九日出院,暂住漱儿家,润将于三十日携病历返京云云。余一时为之瞑眩。有顷,清儿来省,强以好言相慰,余亦强作镇定,默然相向者久之。十一时,余仍作书寄漱,并附致慰信于珏人,饰词稳之,其实字里行间蕴蓄无限悲痛矣。下午既不能睡,又不能坐定作思,竟如蚁旋磨耳。

六时,文权来,因共晚饭,饭后芷芬、达先俱来,为试探润究否来京,即属琴珠、滋儿往车站接候。余等坐候之,至九时半,润、滋、琴果同归。即详告见母经过,知珏人已安居漱儿家矣。携来仁济医院介绍信(致苏联红十字会医院),记载病历甚详,断为尿道壁附近纤维组织中转移性腺癌,又附注切片,可见组织颇似卵巢囊腺癌转移(?),须请临床详细检查,找寻原发地点云云。极感该院处理之详慎。只好略等几时接回后送苏联红十字会医院诊视也。

十时半,权、芷、达去,十一时,湜儿始归,余乃就寝。

11 月 1 日(九月廿五日　丙辰)星期

晴,冷。

晨七时起。八时半墨林来访,即以珏病历视之,谈至九时半去。知圣陶不日亦将自陕返京矣。承老友关垂,至感也。十一时,余偕润儿出,步至青年会,乘电车往西单,再步往石驸马桥汉儿家。至则文权已在,十二时半,达先乃至,因共饮,(伯衡赠余绍酒两瓶,由润带京分其一与芷芬,今共享之。)并啖烤鸭焉。

午后二时,余与芷芬往访晓先,适伊等夫妇偕出,未晤,即转往文叔处访问之,坐谈达四时许乃行。芷归去。余亦在从报子街中间雇三轮径返,适光暄、守勤在,盖来慰问珏人病者。晤谈移时去。

夜饭后,写信与珏人,告今日琐事,即晚令润出投邮筒,俾上海每日可接此间信息耳。

灯下与润、琴、滋、佩谈今日家务处理事宜,令具体商拟方案,俾与清、汉辈共议施行,总以不烦渎珏人操心为第一义。

十时就寝。

湜儿以参加冼星海逝世八周年纪念晚会,十二时始归。体弱而多务,甚以为虑。

11 月 2 日(九月廿六日　丁巳)星期一

晴,冷。

晨六时半起。看胡念贻《屈原作品考》、《宋玉作品的真伪问题》及范宁《关于中国封建制度产生的时代问题》。沪信仍未至,余仍写寄四信,一慰珏人并致漱,一致濬,一致澄,一致钱伯衡(道谢)。

午后,雪英来访珏近状,具告之,且告我家处理此问题的办法,四时始去。

夜检出珏人冬衣等备邮寄去沪。

听唱片自遣。滋儿、琴珠俱以夜间有会,未归饭。滋十时归。琴则近十一时乃归也。

余十时半就寝。

11 月 3 日（九月廿七日　戊午）星期二

晴，不烈，傍晚微风细雨，颇冷，恐将上冻矣。

晨六时半起。检出珏人冬衣十二件，属阿凤缝包并写信汇一百万元寄沪。候润儿抽暇付邮。

午后一时半，乘三轮到黄化门大街访西谛，同车出城，赴北大研所讨论胡念贻《屈原》论文，至则平伯已先在，少坐，共载以行。二时三刻到所，三时开会。中国古典文学组、中国文学史组工作人员全体（除子书、冠英因病未到）俱出席，并邀北大中文系教授杨晦、浦江清、游国恩、林庚、季镇淮参加讨论。因屈、宋作品谁属，久成问题，辩说至三小时之久，仍无结果。余赞同林庚说，只能相信司马迁《屈原列传》耳。六时十分散会，仍乘西谛车入城，在地安门改雇三轮归。已遭雨，到家七时半矣。吃馄饨当餐。

文权来省，而上海仍无信，念甚。

润儿散班后去寄信，邮局六时后不收包裹，只得退回。润儿九时出参加波兰招待晚会，十一时后始归。琴珠、滋儿俱以听报告，十时后归。余则俟文权九时半去后即寝。

11 月 4 日（九月廿八日　己未）星期三

初昙，旋晴，气较昨和。

晨六时半起。候沪信至九时不至，即加写一信，附昨写信中，正写至一半，漱儿信至（一日写，二日寄），知珏人一切正常，惟略感腰酸耳。因续属顺其心境行事云云。

午饭时，润儿抽暇归，父子共啖面条果腹。饭后即令润携包裹及汇款信往邮局寄出。检出刘刻景蜀大字本《史记》及日人泷川资言《史记会注考证》，备入手再校前校之本。四时半停。

入夜取伯衡所赠绍酒饮之。晚饭后听唱片为遣。十时就寝。

11 月 5 日（九月廿九日　庚申）**星期四**

晴,时昙,颇冷。

晨六时半起。用蜀本及日人泷川资言会注本开始校《史记》、《五帝本纪》四之三。下午五时止,中间仅写寄漱儿一信,自出投邮而已。上海仍无信至,汉儿、芷芬俱来夜饭,文权、达先饭后亦至即承省问,长谈。芷、汉八时出,往访振甫夫人及亦秀。九时权、达去,而芷、汉复至,因与润、琴、滋、佩再谈管理家务事宜,大约轮廓已定,总以统一分配为原则也。十一时始已。芷、汉去。而余等各归寝。

11 月 6 日（九月三十日　辛酉）**星期五**

阴冷,彤云献晚,入夜雨,未几止。

晨七时起,上午迟信不至,十时写一书寄漱儿,十一时出携投邮筒,即乘三轮往西城绒线胡同中国图书发行公司看达先及汉儿。(昨知王畹芗在京,故今日拟邀之共饭。)知畹芗已于十一时返济南矣。于是三人偕出,往会芷芬于曲园(亦昨日约定),四人共饭而罢。一时,汉、达回公司上班,余与芷芬逛西单市场,并在西单新华书店买到十月分《人民画报》,遂与芷别,登环行电车回青年会步归于家。时正二时。

元孙出往派出所卫生组注射预防白喉针药,三时返。

续校《五帝本纪》,通看一过,五时乃已。六时一刻出,乘三轮赴萃华楼与力子、均正、彬然、锡光同为李湜饯行,盖渠将调任离京,赴长春工作也。当邀调孚、李庚、韵锵、宝懋、业康作陪。力子以怀仁堂有会,一开始致意后即行。余等畅叙至九时一刻始散。仍乘三轮归。

接珏人四日信(纯葆代写),知体软腰痛,他无所苦。五日移住潆儿家云。

十时后就寝。

11月7日(十月　小建癸亥　壬戌　朔)星期六

晴,冷。

晨六时半起。写信寄潆儿,复四日珏人来信,无非安慰而已。

用刘景印宋百衲本复校《五帝本纪》一过,午后三时始毕。出散步,由南小街东堂子胡同、米市大街、东四南大街、朝阳门大街、万历桥、前拐棒胡同后回南小街而归。历时一时馀。觉少疲矣。

滋儿因携呈潆寄清函,知珏人将于五日移住其家,馀话与珏自信同,惟知能出听书,兴甚佳,为更慰耳。

文权来,晚间共啖馄饨为餐。食后,权及儿辈玩纸牌,十时乃去。余亦俟其去后乃寝。

11月8日(十月初二日　癸亥　立冬)星期

阴寒,初见微雪,飘然即止。

晨七时起。八时半偕湜儿出,步至灯市东口,乘二路公共汽车往故宫后门购票入,即往东路访绘画馆,管门人谓在东路,乃径至斋宫,只见商周综合艺术展览,继询诸人,始知须由中路转宁寿宫。遂由坤宁宫而南,出乾清门转东,出景运门,入锡庆门,历皇极门、宁寿门,登皇极殿。中陈晋隋以至唐五代宋元名画剧迹,满壁满柜,目不暇接,惜天阴光暗,观者又多,挨肩叠背,竟莫能稍稍舒观耳。余目力复不济,真望洋兴叹矣。仅得略看王孟希〔希孟〕《千里江山图》及宋诸家册页而已。复转宁寿宫及两庑,看明清诸名迹,殆同走马看花,已十二时半,以湜儿一时须往电台练歌咏,即与之匆匆离馆,历保和、中和、太和三殿之左,径出太和门、午门。湜径赴电台。余乃在阙左门乘三轮以归。

到家午饭,润、滋两儿正唤匠在家装火炉。有顷,芷芬、镇孙至,谈至四时半去。五时,清儿、达先、建孙至,六时汉儿、鉴孙至,因共夜饭。试生火,颇灵,遂围炉畅话。

是日上午接得纯葆信,亦告珏人近况者。乃有话题矣。九时,汉儿挈鉴孙先去。近十时,清、达亦挈建孙去。伊等去后,余等亦各就寝。

11 月 9 日(十月初三日 甲子)星期一

晴,冷。

晨六时半起。八时廿分接六日漱儿信,与潖儿及纯葆语多同,遂分写两信,寄潖、漱,自出投邮。

校《夏本纪》,未及半已五时矣。

积贤午前来,送到粘贴用纸一批,并将其芳对《史记》选目意见见示,改选六篇,大多余前此初选所用者。谈移时去。

傍晚,建孙来晚饭,后余妈来接去。

十时就寝。

11 月 10 日(十月初四日 乙丑)星期二

晴,寒,初见冻。

晨六时半起。写信寄珏人。十一时又改写《史记》选目略例，寄积贤，属与其芳商定印发，再征取所中同人意见。十一时半，润儿归，陪余往东来顺吃涮羊，近一时罢。顺在吉祥购得明晚尚凌云戏票一张。信步由王府井南行，润则到文化宫办公，余乃顺东长安街缓行至东单，始乘三轮归。

用蜀本及百衲本校毕《夏本纪》。今日为润儿生日，夜间文权、芷芬、清儿、建孙俱来吃面。饭后达先、振甫及其夫人来访，谈至九时半都去矣。

滋儿以参加团小组未及归饭。十时半始返。余已睡矣。

11 月 11 日（十月初五日　丙寅）星期三

晴色不朗，时阴，入夜雨雪，彻旦始止，寒尚不烈。

晨六时半起。用泷川资言《史记会注考证》本校《夏本纪》。午后曾出散步。近黑始停笔。午前仍发信与潜、漱，属相机劝母回京。六时，滋儿归告，叶宅有电话通知，谓接上海电报，硕民于十日下午三时逝世。老友凋谢，闻之伤心，惨怛久之。

夜饭后，接漱儿沪讯二号（八日写，九日寄），详告珏人近况甚佳，为之一慰。七时，独往吉祥看凌明京剧团演出。七时一刻开，先为《龙凤呈祥》，尚凌云饰孙尚香，王少亭饰刘备，罗荣贵饰孙权，王世续饰乔玄（后饰鲁肃），徐元珊饰赵云，张英奎饰张飞勉能对付，刘雪涛饰周瑜，姚元秀饰国太则不够水平矣。休息后为《红娘》，亦只看尚凌云一人耳。凌云唱做尚佳，行头亦挺，惜扮相微差（长脸而牙不白），不免减色也。十一时散，正降大雪，亟乘三轮遄返，到家已十一时半，拂拭就寝，已十二时。

11 月 12 日（十月初六日　丁卯）星期四

初阴，近午晴，积雪微溶，午后畅晴，檐滴乃尽，气较寒于昨，但不甚感刺肤也。

晨六时半起。八时半接珏人十日来信（纯葆代书），告近状甚适，有归意矣。即作书一通（编京讯三号）寄潏、漱，复之，属打干车票，此间接通知后即派人去接取。别作一缄唁圣南附去，令伊等亲去致奠，并划十万元作楮敬。十一时发出之。

午后续校泷川本《夏本纪》，四时半毕之。

二时，达先来省，告清儿已入院候产，日内当可分娩云。及夜饭时，建孙来告顷五时许，其母已生一小妹妹矣，为之大慰，即由滋儿写信告慰珏人。适文权、汉儿、锴孙俱来，因商定由滋请假去沪接母，信中即叙入之，交文权于归途中投邮。

汉等后去，近十时矣。十时后，略听转播杨宝森《失街亭》，即寝，未及听完也。是日初御羊裘。

11 月 13 日（十月初七日　戊辰）星期五

晴，晨有雾，略见南风，气不甚冷。

六时半起。八时半晨，乘三轮到午门，购票径入故宫，直奔外东路绘画馆，时早人稀，晤徐邦达外，游人不多，得从容一一浏览。于张择端《清明上河图》及王孟希〔希孟〕《千里江山图》俱伏柜谛观之，其他虽属烟云过眼，比出馆已十一时五十分矣。因在乾清门稍息，复往东路钟粹宫看陈叔通捐献之《明清百梅图》。复往西路匆匆一周，而出神武门已一时廿分，爰乘三轮遄返。午饭即以杜裹馄饨果腹。坐定后，殊感吃力，欲睡又未能帖然，勉撑看书，阅李达

《〈矛盾论〉解说》。

夜饭后，文权、达先、芷芬、汉儿俱来，决定明晨由润儿往购车票，如得到，后日星期即可打发滋儿南下迎母矣。杂谈至九时半，文权去。十时许，达、芷、汉亦去。余等即各归寝。入睡已十一时矣。

11 月 14 日 (十月初八日　己巳) 星期六

晴，寒。

晨四时，润儿即披星出，往前外铁道营业所排队买车票，七时回，果然购到，甚慰。润之归，余方起也。看《矛盾论》。腰脊忽感痛，岂无意中挫闪耶？饭后益甚，引被而卧，依然不能反侧也。雪村见过，适湜儿在家，招待之，余未及起，匆匆就床一话而去，歉甚。

夜饭后，文权来，湜儿出参加晚会，润、琴出看电影。初发炉火，因与权、滋等围炉长谈，一边整理明日行囊，九时半，权去。十时就寝。

十一时，润、琴归，余竟未之知。湜儿归时已将一时半，隔窗告余知之。睡后腰痛仍剧。

11 月 15 日 (十月初九日　庚午) 星期

阴，寒。近午始露阳光。傍晚复阴，不甚寒，恐酿雪也。

晨六时半起。腰痛稍好。静庐来，以所著《中国近代出版史料初编》见贻。有顷，雪村至，共谈至十时，静庐去，十一时雪村始去。

滋儿八时四十分出，佩华伴送如车站，准刻开出，十时半归报，在站上晤文权，同送上车云。因写信(京讯四)复漱沪讯三号，告滋儿成行。午后二时半，晓先偕立斋过访(立斋来京出席全国工商界会议者），长谈至四时半始辞去。

晚饭时，芷芬、汉儿来省，伊等已在市场饭过，余等乃进餐。餐后纵谈至九时许，芷等去。

十时就寝。

11 月 16 日（十月初十日　辛未）星期一

拂晓雨，断续近午方止，辛未三时后见日光，气不甚冷，然室内炽炉之旁亦仅六十一度耳。

晨六时半起。元孙不驯，余为调柔之，历两时，始少安。腰痛已幸，少歇否则奈何矣。以蜀本、百衲本、泷川本重校《殷本纪》一过。前后历四时半，不克，再卓坐矣。

写信寄珏人，告准备遥祝寿诞。润儿六时半往参民进小组会，令携出投邮。甫行，接濬儿十四日来函，知珏人尚住其家，望滋儿往迎。

夜接平伯柬，告十八日不往所中（以小病），旋接所中通知，谓司机病，须休假一周，无车可拨，请斟酌，因作书与积贤，属代向学委会请假，十八日亦不往矣。可谓三病相值，亦可笑也。

十时就卧，明月照窗，院庭静寂，吾知沍寒即将袭来耳。

11 月 17 日（十月十一日　壬申）星期二

晴，寒。早起窗上有浮冰矣。

晨六时三刻起。接漱儿十四日明片，告衣包已到，车票亦定至下月六日左右云。大概未接滋函，致有此说耳。遂作书复濬儿兼及漱儿，无非重申前说也。又复平伯。

午前中国青年出版社送柬来（丁立准所书），约午后三时往铁狮子胡同十二号印刷厂参观并聚餐,晚上开成立大会。(正式并入领导,惟厂中经济仍独立。)余以今日珏人生日,已约芷、汉、权、敫来晚面,因复谢之。

十时至下午四时,用蜀本及百衲本校《周本纪》一过,颇有异同。傍晚圣陶见过,盖前日自兰州返京也,约往小饮,顺将《刘申叔遗书》带来。余甚感之,未能从其行耳。

夜权、汉、敫、芷俱来面,知清儿已携儿平安归于其家,深为引慰。面后,谈至九时,权、芷、汉、润、琴偕敫往其家看清儿母子,十时许,润、琴归,余亦就寝。

接力扬书,谓十八之会以车停,可不前往,足征照顾。

11 月 18 日(十月十二日　癸酉)星期三

晴,寒,有风。

晨七时起。九时写信寄上海濬、漱、滋三儿,属告其母,昨夕夜宴状况,并告清母子已平安出院。

用泷川本校《周本纪》索隐、正义,至下午五时,仅及三之一,即罢。

夜看《刘申叔遗书》中之《左盦外集》。十时就寝。

11 月 19 日(十月十三日　甲戌)星期四

晴,寒。

晨七时起。盼滋儿信未得,即追一信寄之。聊抒悬念。

午间,浞儿需棉制服,属润儿陪往买之。附带购得草绿色衬衫两件,一时可以应付矣。

下午续校《周本记》索隐、正义,至五时接灯始毕之。

夜饭后,与湜儿步月往看清儿母子,兼晤雪村、达先。清幸甚健,乳水亦至矣。慰慰。谈至九时十分,仍偕湜儿踏月归。

看刘申叔论文杂记,十时半始寝。

归时在门楼中捡得滋儿十七日信,告安抵,正拟奔走购车票云。一信往返动经四五日,亦难免绊肚牵肠矣。安得缩地令人立见耶?

11 月 20 日(十月十四日　乙亥)星期五

晴,寒不甚烈。

晨六时半起。八时三刻挈元孙往故宫看机械钟表,阿凤从。九时半入,先经西路,继游东路,至十一时,即由景阳宫径返西路于怡情书史,观开钟,历时十分钟。离彼后从中路坤宁门入,历外三殿,出午门、端门、天安门,乘电车到王府井南,一再走至东安市场,在上海菜饭馆吃面及面筋百叶。一时后始乘三轮归。

接绍虞十七日信,知明年将复开文学批评史课程也。

接澄儿十八日来询母归未,并告其家近状。

三时,王叔阳见过,盖来京谒出版总署,有所洽商也,近五时乃去。谈海外用书事甚悉。

五时三刻出,乘三轮往访圣陶、墨林,因就饮焉。晚饭后,长谈至九时乃归。凤祥照我到八条西口,仍乘三轮行。到家濯足易衷衣,十时一刻就寝。

11 月 21 日(十月十五日　丙子)星期六

阴,有彤云,向午晴,刮风见寒。

六时起,天未甚明也。九时,接滋儿十九日信,知车票已定在下月七日,设法提前竟办不到,为之大患。交通工具不便使用至此,亦当前之羞也,即时书复,既陷入无可奈何之境,只索坐待二十天耳。

十时,命阿凤将物往探清儿,并携元孙顺视其新生之小表妹也。十二时始归。

午后看学习文件。夜饭后,与润、琴步往大华看苏军红旗歌舞团在中国电影,会佩华(伊先在新华听报告故),湜儿则终未至。(晨出未归,留票属来未果。)十时毕,仍徐步以归。往返俱在明月下,街洁如银铺玉砌,竟不觉寒气之袭人矣。到家湜儿已在,归未久也。少坐即寝。

11 月 22 日（十月十六日　丁丑　小雪）星期

晴,寒。

晨七时起。看《左盦外集》。

十时,俞承荫来访,与谈移时去。

下午一时独往吉祥看和平京剧团演出。先为《豆汁记》,挨时而已。继为贯盛习之《甘露寺》,亦看一人而已。休息后为《木兰从军》,毛世来饰木兰,张荣兴饰花弧,均好,其他亦凑数矣。世来舞剑及杀敌数场身段极佳。五时散,徐步以归。

达先在,因共夜饭。饭已,文权至,共谈至九时乃去。

午前九时接滋儿二十日信,说明续假陪母同归。即复之。十时后就寝。

11 月 23 日（十月十七日　戊寅）星期一

晴,寒。

晨六时即起。竟日盼沪信不至,因亦未写信。看学习文件两篇。用蜀本及百衲本校《秦本纪》,下午四时乃毕。

夜看孙子书《论中国短篇白话小说》。十时就寝。

11 月 24 日(十月十八日   己卯)星期二

阴,寒。

晨六时半起。看毕孙著,甚佩精博。

俟沪信不至,又去一信询之,顺属滋儿速办续假手续。十时开始复用泷川本统校《秦本纪》一过,下午四时毕。

夜饭后,接滋儿廿二日信,知锦祥四舅亦自苏至沪,探视珏人,极感。珏曾患感冒已愈云。

看《左盦外集》。十时就寝。

11 月 25 日(十月十九日   庚辰)星期三

阴,寒,酿雪未果。

晨六时起,在灯光下着衣。复用学习资料涉历之。写信寄海上三儿,复滋廿二日来书,自出投邮。顺过清儿一探之。母子甚健,亦足慰也矣。

午后以蜀本、百衲本校《秦始皇本纪》,至四时半歇手,完四之三也。五时汉儿来省,夜饭后去。夜饭后文权来,知其住屋已配得,在顶银胡同内草厂大坑五号,拉润儿同往看之。返报有西屋两间,尚整洁。又谈至九时乃去。

十时就寝。

11 月 26 日(十月二十日   辛巳)星期四

晴,无风,较前和煦。

晨六时三刻起。写信与海上三儿至十时。接滋儿廿三日信，又加数语缄发之。

续校蜀本、百衲本《秦始皇本纪》，毕之。并再用泷川本校四分之一，已四时三刻，垂冥矣。

夜饭后，看学习过渡时期总路〔线〕资料。十时就寝。

11 月 27 日（十月廿一日　壬午）星期五

晴，煦如昨。

晨七时起。看学习资料。旧开明股息及董事酬劳俱收到。上海无信来，仍写一信寄之，告先备年事，已令阿凤腌肉两脚云。傍晚，芷芬来省，谈至夜九时乃去。佩华参加团会，未归夜饭，九时半始归。

十时就寝。

11 月 28 日（十月廿二日　癸未）星期六

晴，煦。

晨六时犹未晓即起，点灯穿衣。

接滋儿廿五敏德坊信，廿六吴江路信，知珏人精神极愉快，当作复，寄瀋所。雪村见过，属为看定所拟新华书店发行古籍计画。午前看毕。午后正摊书续校，而倪农祥来访，与谈至近五时乃去。

夜饭后，润、琴出看电影，湜出参加团会。达先来谈，十时达去。即以其尊人之稿交伊带去。十时半，润、琴归。余即寝。十一时半，湜始归。

11 月 29 日（十月廿三日　甲申）星期

阴翳竟日夕，气不甚寒，而不爽。晨大雾，殆酿雪也。

　　晨七时起。八时雪村来，谈移时去。九时，藏云来，谓自宁来京已五日，明年将调来科学院中古史研究所矣。并知以中亦将北调云。承录示南京图书馆所藏各本《史记》目，至以为感。谈至十时一刻，同往八条访圣陶、墨林。圣陶昨有柬至，邀饮其家，故往焉。晤叔湘、文叔、心如、在田、晓先、芷芬、彬然。十二时开饮。饭后纵谈，四时始散。余偕芬同归。文权至，因共饭。

　　晚饭后，汉儿、达先、鉴孙亦来，谈家庭措施，甚悉。下月起，将由润、滋两房轮值矣。十时，芷等各归。余亦就寝。

11 月 30 日（十月廿四日　乙酉）星期一

　　阴，入晚微雨便止，气仍如昨。

　　晨六时半起。竟日看学习总路线文件，长长短短，凡十一篇，尚有一长篇须明日再看矣。沪讯未至，余仍寄去一信。青年会有昆曲演出，亦秀送票二张（今明两晚），以入晚有雨，未果往听。

　　明日起，家务交润儿管，作必要处分，故谈至十时，乃各归寝。

12 月 1 日（十月廿五日　丙戌）星期二

　　阴翳，偶见日光。气尚不甚冷。

　　晨六时半起。看列宁《论国家资本主义和新经济政策》，近午乃毕。

　　接滋儿廿七写、廿八寄信，知珏人身体尚好，廿八即移住潘家。当复之（编京讯十五号），午后自出投邮，顺至东安市场吉祥一看，购得明晚京市第四京剧团戏票一纸，仍信步由灯市口、史家胡同以归。

　　用泷川本续校《秦始皇本纪》，至四时半止，及半矣。夜饭后，看李维汉在全国工商联上的报告。十时就寝。

12 月 2 日（十月廿六日　丁亥）星期三

晴，寒。

晨六时半起。达先来，略谈即去。

接滋儿廿九夜所写信，知三十日始住瀋家，打点回京准备矣。即复之，并填好十一月分工作汇报表书寄积贤属转。一并付邮。

下午续用泷川本校《秦始皇本纪》毕之。看张献之遗著《诗词曲语辞汇释》。此书再版已出，达先近水楼台，亦未获得，今晨无以报命，特将样书来塞望，遂得纵观之也。

夜饭后，独往吉祥看戏，至则徐喜成、马长礼之《黄金台》已将毕。接演姜铁麟、张龙华之《三岔口》。龙华初见，武工亦不差也。休息后为吴素秋、李德彬、张曼君等之《红娘》，都为前此所见之旧人，惟崔夫人易以筱兰芬耳。兰芬初见，唱做亦佳，素秋则艺又增高矣。刻画红娘的是可儿。十一时即行，未散也。乘三轮亟归，已四屋寂静。少坐就寝，殆将子夜。

12 月 3 日（十月廿七日　戊子）星期四

晴，寒。

晨六时半起。沪讯不至，作一书寄珏人，言屈计归期，此书到时，正待动身，将俟返面后再寄瀋、漱诸儿也。

用蜀本、百衲本校《项羽本纪》，自十时至下午四时，毕之。四时半，芷芬来省，谈至夜饭后八时乃去。

看《诗词曲语辞汇释》。十时后始就寝。

12 月 4 日(十月廿八日　己丑)星期五

晴,寒。

晨六时半起。接滋儿一日来禀,谓七日准偕漱奉母归。并附漱儿书,或能携弥同同来也

又接君宙信,托代领股息,即转履善办之。

用泷川本校《项羽本纪》,至下午四时过半矣。眼花头眩即止。

夜饭后看《诗词曲语辞汇释》,九时半即就枕,惟其早睡,转为不寐,十二时后始入睡。

学习总路线文件已久,今日提出问题四则寄积贤转学委会,想不久当开会漫谈耳。

12 月 5 日(十月廿九日　庚寅)星期六

阴晴间作,不甚寒。

晨六时半起。续以泷川本校《项羽本纪》,至下午四时毕之。

午后颉刚偕丁君陶来访,盖为大中国、广益等联作四联书店事晋京与出版总署有所洽商也。谈移时去。谓即往平伯所访谈云。

夜饭后,文权、达先、建孙来省,谈至九时半去。湜儿晨出,直至深夜十一时许乃归。

余总觉得学生而负担过于成人,殊非合理之道耳。强调社会活动未能折服我心也。十一时就寝。

12 月 6 日(十一月大建甲子　辛卯　朔)星期

晴,寒。

　　晨六时天甫明,佩华即出,风中乘骑车赴阜成门外新华印刷厂
为突击工作。伊身体并不坚实(昨日尚在施行气腹),而令冲寒犯
霜,奔十里外加班劳作,新华当局亦太不顾劳动纪律矣。

　　七时起。看《诗词曲语辞汇释》。

　　午后,琴珠往语文学习社参加座谈会。润儿往饭汉儿家。

　　二时,表姨甥蔡顺林来省,十馀年未见,几不相识,近在铁路任
事,最近调来丰台机务段工作,今乘星期来访云。询其家况,甚悉。
谈至四时许,辞去。约下星期日来饭。顺林出未几,润儿及锴孙
来,言汉儿备菜候往饭,须索走一遭去。伊等到东四人民市场购
物,径赴石驸马桥。余则乘三轮往晤芷芬及镇、鉴诸孙,即晚饭其
家,至九时后,与润儿偕归。余乘三轮,伊御骑车。到家已将十时,
琴、佩亦归家未久也。十一时就寝。颇不寐,二时即醒,竟矇眬达
旦,百不舒服。

12 月 7 日 (十一月初二日　壬辰　大雪) 星期一

　　晴,寒。

　　晨七时起。神倦体颓。接平伯片询颉刚行踪,盖日前颉往访
未晤也,顺询其手稿属题事。因作书答之,并其稿册于湜儿散学归
后饬送前去。写信即起,便顺笔复绍虞、君宙,午后亦封发之。

　　午饭后精神稍振,即用蜀本校《汉高本纪》一过,续用百衲本
再校,则仅及三之一已日暮矣,遂止。

　　夜饭后,文权来谈,八时三刻去。

　　接澄儿五日信,告清儿汇款与之已到,顺询其母归未。又接滋
儿五日信,则告已准备登程矣。想此时沪来火车已渡江,明日黄昏
当可相见也。

十时,听转播,李和曾《辕门斩子》,十一时乃寝。

12 月 8 日（十一月初三日　癸巳）星期二

大雪竟日,午后暂止,复作,入夜始停,气寒。

晨六时半起。用百衲本校《高祖本纪》,毕之。复用汲古阁本再校,至下午三时半,颉刚、君匋见过,遂止。仅得三之一。谈至五时许辞去。

锴孙来,同夜饭。饭后七时半,余与润、湜、琴、锴同出,一行赴车站接珏人。至则尚早,乃往鲜鱼口购得皮帽一,再回车站,遇晓先、雪英、文权、芷芬、佩华。未几,钟鸣车到,相将偕入站台,八时五十四分,准时接到,漱儿、滋儿及弥同拥护出站,雇马车两乘,余及珏人、漱儿、弥同乘其一,文权、芷芬、滋儿乘其一,晓先、雪英归去。润、琴、湜、佩、锴各御骑车,夹护以行。雪滑,马蹄不能快行,历一小时,至十时始到家。至门则达先、汉儿、元孙、阿凤伫候久矣。欢谈至十一时,芷芬、锴孙、达先归去。汉儿留与漱儿同宿,姊妹久别,宜其有此也。珏人身体、精神俱好,兴奋过甚,絮谈至二时后始入睡。余心怜其疾之深,而又不得不力为隐瞒慰喻之,中心痛苦殆不堪言。

12 月 9 日（十一月初四日　甲午）星期三

晴,寒,雪融未尽。

晨七时起。上午雪村夫人来访珏人。漱儿偕阿凤往车站提取行李。午后,珏人、漱儿往东总布胡同看清儿,傍晚始归。

余续用汲古阁本校《高祖本纪》,近暮毕之。

文权、汉儿、锴孙、鉴孙俱来,因共夜饭,且小饮焉。饭后,欢谈至九时许,文权等皆去。十时就寝。

12月10日（十一月初五日　乙未）星期四

晴,寒。

晨六时三刻起。与漱儿长谈。十一时晓先夫人来访珏人,因共饭。饭后陪珏人抹牌为乐,晓夫人及漱儿与偕,打四圈,三时三刻罢。

四时,漱儿、弥同偕晓先夫人至其家,即住往汉儿家。建孙来省,夜饭后,滋儿送归。

九时半就寝。

12月11日（十一月初六日　丙申）星期五

晴,寒。

晨七时起。漱儿九时自汉儿所挈弥同归,余与讨论学习提纲,就北大工会所提四问题逐一探究,获有概念而后已。

午后二时,所中车来接,即乘以过平伯,共载以行,王佩璋附焉。三时开会,由工会方面主席,其芳、冠英、贾芝、范宁、蔚林、积贤、念贻等十三人共同漫谈,至六时半始散。已漆黑矣。仅解决一题耳。仍由所车送回。

抵家正八时,文权在,余从容进餐,并微酌以舒气。饭后,与权、漱等闲谈,九时后,文权去。

十时洗足,易衷衣就寝。

12月12日（十一月初七日　丁酉）星期六

晴,寒。

晨七时起。与漱儿闲谈。十时,清儿归省,产后甫满月,今晚将携酒来为外孙女建新弥月称庆,并为珏人、漱、滋洗尘也。十一时,漱儿往东安市场购物,午间归来。

开明旧工友黄明宝(近已参军)适至,因共饭。饭后明宝去。清返家接建新来,所谓移巢也。下午四时,其女佣志华来接归。清则仍留待晚间共饮。

均正夫人来访珏人,谈至五时去。

颉刚、君匋来访,抵晚去。夜达先、芷芬、文权、汉儿、锴、镇、鉴及建昌俱至,遂分两批吃面。先打发锴、镇、鉴、昌、弥、元六孙,然后余与珏人、文权、达先、清儿、芷芬、汉儿、漱儿、润、琴、滋、佩、湜同坐小饮,至八时乃罢。食后,权、达、芷陪珏人打牌,清、汉、漱、润、琴、滋、佩、湜谈处理家庭要则。至十一时许,权、达、清、芷、镇归去。汉、锴、鉴俱留宿焉。珏人兴尚高,幸未觉疲,即拊令就卧。余俟诸务安排讫,乃就寝。已十二时许矣。

夜饭后,周迪贵来访漱儿,谈移时去。

12 月 13 日(十一月初八 戊戌)星期

晴,寒。

晨七时一刻起。九时,墨林、绍铭来访珏人,移时去。十时许,顺林来,时润、琴、汉、漱、湜、锴、鉴、弥、元俱往游北海,惟滋在家耳。佩华则一早又赴新华加班。十二时,余与珏人、顺林、滋儿先饭,适云瑞来访,并拉同饮。饭后文权及润等一行归(权在途中,为润等邀去者。)再具餐焉。

下午,晓先夫妇、光暄夫妇先后来访珏人。傍晚,顺林去,光暄夫妇去。夜饭后,晓先夫妇、文权、汉儿、锴、鉴两孙归去。九时就寝。

12 月 14 日（十一月初九日　己亥）星期一

晴，寒。

晨七时起。滋儿黎明出，往铁道营业所为漱儿购车票，七时半归。十时，调孚夫人、锡光夫人来访珏人，有顷，汉儿亦至。十一许，锡光夫人、调孚夫人去。漱儿往看清儿，近午同来午饭。午后属珏人小睡，余与清、漱两儿谈，薄暮，建昌来、清遂与同归。夜小饮。准备明晨漱儿成行事。盖自十五日起，京沪通车每日加开一次，早七时半、晚九时半各有一班。此次漱儿南归，即乘七时半者，故须早为之所也。

十时俱就寝。

12 月 15 日（十一月初十日　庚子）星期二

晴，寒。

四时半起，在灯火下穿衣。次第唤漱、润、滋、凤及弥同起。从容具餐，于六时半出门，余与珏人送至门首，润、滋则各御骑车送往车站。阿凤及漱、弥各乘三轮行。八时半，阿凤归报，车已准时开出，达先亦在站送行。现润、滋、达各赴办公地点工作矣。为之大慰。十一时，清儿来省，因共饭。饭后谈至二时，珏人小睡，清儿归去。余则候所中车来即发，乃延下半小时始见到，遂乘以过平伯，并佩璋，共载出城，径赴中关园俱乐部参加所务会议。至则全所人员已到齐，西谛亦早到（渠三日前甫自维也纳归）。盖三时半矣。余等至，即围坐开会，先由西谛报告在莫斯科参观高尔基研究所概况。继由其芳报告本所成立以来各组研究工作进行情况。继由王燎荧报告本所成立以来经费开支情况。继由出席者就各方面工作提出意见,但辩论及建议殊不多。已五时半,休息十分,再开讨论三草案:通过《北京大学文学研究所暂行组织规程》十条、《研究人员聘用暂行细则》十条、《提请校长核准并通过关于保证按时完成研究计划及提高研究工作质量的办法》十一条。即公布实施。六时五十分始散,即与平伯、贾芝、佩璋附西谛车入城,在地安门下车,转乘三轮归家,已八时。

达先在,余乃暖酒小酌(以路上颇受寒冷),稍舒手足僵冷,然后进餐,九时一刻,达先去。十时就寝。

在所务会议休息时,与其芳、冠英、平伯谈《史记》选目,略有斟酌,即定将先注一篇提出征求意见也。又与子书、默存略谈数语,匆忙之情可见。

12 月 16 日(十一月十一日　辛丑)星期三

晴,寒。

晨六时半起,仍就灯下穿衣。用汲古阁本校集解序《五帝本纪》、《夏本纪》,毕之。历时五小时,午后四时半乃已。

夜小饮,饭后农祥来访,谈至九时半去。约明日共游通县。

十时就寝。

12 月 17 日(十一月十二日　壬寅)星期四

晴,寒。

晨六时半起。九时,农祥来同出,乘三轮到前门棋盘街,即乘直达通县汽车出朝阳门,历四十分钟,便到通县城中心新开辟干路,乃相将北过鼓楼,出北门,徘徊于运河之滨,流水潺潺,不类严冬。少选返城，已十一时半，便在县政府前一家饭馆店啖馅儿饼，以鸡丝汤下之。十二时半即乘直达汽车西行，一时十分到东单下车，再转电车到天安门，往文化宫参观民间工艺品展览会，虽非星期，而观众依然拥挤，殊不能从容一览也。三时出，即乘三轮归。农祥亦归去。

到家彬然夫人在，正与珏人谈，承关切来访，又多破费，甚歉仄也。四时许去。

六时四十分，农祥复来，因共小饮，夜饭后，谈至九时，乃去。

接绍虞十五日复书，慰问珏人之疾。

十时就寝。寝前看平伯《红楼梦的回目》稿。

12 月 18 日（十一月十三日　癸卯）星期五

晴，不甚烈，傍晚微有风，气仍如前昨，不甚寒也。

晨七时起。十时，清儿来省，午饭后二时乃去，以敦促其母小睡。睡至四时乃起。上午九时起，为选作《史记选》试稿，择定《孙武〔子〕吴起列传》分段揭写，并标点之。又用蜀本、百衲本、汲古本、泷川本通校一过，下午四时半始已。明日将试作校记并撰次简释焉。

接君宙十六日复书，慰问珏人之疾，并以余咳呛气急购药数事别缄邮来云。故人关切，弥足感叹矣。夜饭后，邮递续件至，则匣装药丸一瓶，药片二瓶，药浆一瓶俱到矣。即夕起药浆服一匙，当夜咳稍好。

续看平伯《红楼梦的回目》稿，十时后就寝。

12 月 19 日（十一月十四日　甲辰）星期六

晴，寒如昨。夜月甚姣。

晨七时起。接所中工会学委会通知，今日下午三时在所举行学习讨论，不免临时准备。看完平伯稿。下午二时一刻，所中车来，乃乘以过平伯，即以《红楼梦回目》稿还之。遂与平伯、佩璋共载出城，径赴研所适三时。开会听人发言，六时半乃散，仍车送入城，在大雅宝下，步以归。月上久矣。

颉刚见过，适出城，未之见，甚歉。

到家汉儿、文权俱在，知已饭过，即煮馄饨为餐。

镇孙盲肠炎，已送院割治，据汉言，经过甚好，可勿念云。九时半，文权、汉儿去。十时就寝。

滋、佩夜在大华看电影，十时始归。

12 月 20 日（十一月十五日　乙巳）星期

晴，略有风，寒威较烈。

晨六时三刻起。九时一刻出，乘三轮往访西谛，迎风而行，虽御皮帽，两耳俱掩，比到其家，颊冷于冰，须髯皆凝细沫矣。晤西谛，即以志公及余订购《中国戏曲丛刊》之款面交之，并知已约颉刚来午饭，至为愉快。少待，颉刚至，三人长谈，余与西谛坚劝摆脱大中国诸事，仍归学界来京工作，彼首肯。午刻空了至，因共小饮焉。（席间并约曾昭月、王天木同饭续谈。）饭后再谈至二时三刻，乃与颉刚辞出，各乘三轮分头行。

三时到家，珏人正与琴、佩、湜打牌为乐。有顷终局，润、琴往医院探镇孙，滋、佩则往东安市场购物。

傍晚,达先来,旋往中图参加晚会。润、琴、滋、佩俱返,即共夜饭。饭后,琴、佩同出,偕往小经厂实验剧场看越剧,十一时半始归。

滋儿受凉呕吐,九时即睡。余十时就寝。

12 月 21 日（十一月十六日　丙午）星期一

晴,寒。

晨七时起。着手准备《孙子吴起列传》作选例,分别注好应注号码,并作好校记十二则,已下午三时半,即歇手。

滋儿昨夜睡后即平复,今晨仍按时入社工作。傍晚,清儿、建昌、文权、达先、芷芬先后来,润、琴、滋、佩、湜亦俱归。七时共吃冬至夜饭。治馔略丰,团坐快嚼,珏人乃大乐,余等但求悦之而已。九时半,文权等皆去。十时就寝。

下午四时,曾写信复君宙,谢其惠药。文权行时托带出投邮。

12 月 22 日（十一月十七日　丁未　冬至）星期二

晴,寒。

晨七时起。元孙昨日多食,夜中数吐,今日坚属静卧,十一时起。下午二时又卧,竟连夜睡,体遂复。撰《孙子吴起列传》注释二十五则,上午九时至下午四时止。

晓先夫人来看珏人,因午饭,饭后二时去。遂属珏小睡。

凤祥将圣陶命来邀,五时乘三轮过之。因与圣陶、墨林长谈,小饮后复谈。墨林以圣南寄来硕民遗影一帧见赠,捧览黯然。八时半辞归。承以三轮送返。

看报数纸,十时就寝。月色烂然如银。

12 月 23 日（十一月十八日　戊申）星期三

晴,寒。

晨七时起。续撰《孙子吴起列传》注释五十二则,自上午九时至下午四时始止,以翻检多,颇感累也。又兼牙痛故。

珏人午后仍小睡。本区本段选民榜今日下午三时揭示,在我家大门之东,我家除元孙外,俱列名其上,在人民民主专政下,此次普选,诚旷古未有之盛矣。

夜饭后,农祥、亦秀来访,谈至九时半去。

佩华归告今晨出版总署胡署长作报告,明年元旦起,中国图书发行公司正式并入新华书店云。全国图书发行机构至是始统一。

十时就寝。

接漱儿廿一日禀,下星期日迁居吴江路潘家矣。

12 月 24 日（十一月十九日　己酉）星期四

晴,寒。

晨七时起。

续撰《孙子吴起列传》注释四十六则。自午前九时至傍晚五时半始停,尚馀卅六则,只得待明日矣。

清儿午后三时来省,五时半去。

夜饭后与滋湜两儿陪珏人打牌四圈。

十时就寝。

12 月 25 日（十一月二十日　庚戌）星期五

晴,寒。

晨七时起。九时续撰注释,至下午三时半,全部毕,凡一六〇则,四五纸。又重拟《史记选》篇目三纸,作书寄与其芳(傍晚湜儿归后,属亲往邮局挂号寄出)。在全目未确定前,仍继续为校勘工作也。

夜饭后,与滋、湜陪珏人打牌四圈,佩华归后,替滋续下,九时三刻罢。十时就寝。

珏人前数夕小溲又不畅,近日略好,余心耽念医言,终感悬悬不宁耳。每日下午必劝其小睡,亦为此故。

12 月 26 日(十一月廿一日　辛亥)星期六

晴,寒。

晨七时起。用汲古本校《殷本纪》,毕之。

午后二时,颉刚来,畅谈至七时去。因共小饮焉。临行,约一月三日同会圣陶家。圣陶午间曾来访我,匆匆一谈即行。

夜饭后,文权、清儿、达先、建昌来省,遂陪珏人打牌四圈,近十时皆去。十时半就寝。

12 月 27 日(十一月廿二日　壬子)星期

晴,寒不烈。

晨七时起。汉儿来省,午饭后往圣陶家,余因写参考材料两则,并颉刚托信令带呈之。

午后锴孙来省,清儿、建昌来省,傍晚文权、达先、芷芬、汉儿来省,因共夜饭。以今日为琴珠生日,用面代餐。

下午,银富来,知渠或可调回上海也。坐移时去。权、芷、达、清、琴、佩等先后陪珏人打牌,计十圈,九时半乃罢。芷等亦去。

十时就寝。

12 月 28 日（十一月廿三日　癸丑）星期一

晴，仍不大寒。

晨七时起。竟日无客来。写信寄澄儿，询近况。用汲古本校《周本记》、《秦本纪》，毕之。并校《秦始皇本纪》四之一，下午四时半歇。

夜饭时，文权来告，沪屋有龃龉，漱之搬入是否果行，则大成问题耳。为之不怿良久。

八时，与滋、湜两儿陪珏人打牌四圈。十时后就寝。

12 月 29 日（十一月廿四日　甲寅）星期二

晴，不甚冷。

晨七时起。用汲古本续校完《始皇本纪》，并校《项羽本纪》，毕之。自午前九时至午后四时半乃止，其间仅二时至二时半出席普选小组开会耳。

珏人午前十时独往看清儿，十二时，阿凤往接归。午后三时仍属小睡，至近五时乃起。

夜饭后，乘三轮往吉祥看联谊京剧团演出，七时一刻开，戏为郑瑶卿（花衫）、侯荣湘（小生）、王元芝（旦）之《红娘》。侯之小生尚可，郑则远不逮前所见诸艺人矣。休息后，为张金波（净）、陈啸秋（旦）、朱鸿声（生）之《二进宫》。唱做尚卖力，十一时散，仍乘三轮归。久不夜出看戏，独往独来殊感冷落也。

十二时就寝。

12 月 30 日（十一月廿五日　乙卯）星期三

晴，较昨略寒。

晨七时起。写信复潏、漱两儿。用泷川本校《高祖本纪》，兼及集解、索隐、正义，并看考证，颇不易速进，至下午四时半仅完三分之二耳。

夜小饮，七时，润等诸人俱以普选提名事到十四号开会，八时许乃归。

饭后，珏人小睡三小时。夜饭后，琴、滋、湜陪伊打牌六圈。十时始歇。

余听转播张君秋、刘连荣《霸王别姬》，近十一时乃寝。

12 月 31 日（十一月廿六日　丙辰）星期四

晴，寒。

晨七时起。用泷川本校毕《高祖本纪》，又用蜀本、百衲本、汲古本、泷川本校毕《吕后本纪》。傍晚始歇。

午后珏人小睡，清儿来省，建昌从，夜饭后去。

九时半，洗足，易衷衣而寝。

谢事还读，忽已经年，检点成绩，大负素志，引衾自惭，跼蹐难安。今后不痛自刻厉，则浮生虚度，殆无所取偿矣。

1954 年

1月1日①(癸巳岁十一月 大建甲子 辛卯 朔 二十七日 丁巳)**星期五**

晴,寒。

晨七时起。九时达先来省,十一时小文、家梅来,因共午饭。饭后,清儿来,即偕达先往南河沿相屋,小文、家梅亦去。

滋、湜、琴、佩陪珏人打牌。令琰来,夜饭后去。文权来。

六时三刻,余独往吉祥看中国京剧团演《彩楼记》。七时半开,十一时止。江世玉饰吕蒙正,高玉倩饰刘翠屏,始终不懈,刻画入微,于评雪辨踪及祭灶赶斋诸场尤出色。而董德义之老院公及冯玉增、叶德霖之两僧人亦佳。终场精神愉快也。

散戏后乘三轮遄返,比就寝已十二时。

是日上午润、琴挈元孙游北海,滋、佩、湜则下午三时往,皆逾时而归。润儿为珏人往大栅栏同仁堂药铺洽制膏滋,盖日前清儿特求施今墨大夫所开之方,谓清补延年。主用晒干参云。余交款三十万,尚有三万馀找回,但其中阿胶二两则由家中称去耳。

1月2日(十一月廿八日 戊午)**星期六**

阴晴间作,气不甚寒。

---

①底本为:"复初日记第四卷"。原注:"癸巳嘉平月初二日署,时正小寒节。今岁北地不大冷,窗上仅呈薄翳而已。往年层冰结花矣。碧庄容叟记于小雅一廛。"

晨七时起。写信复内弟锦祥及漱儿。九时许,汉儿偕镇孙来省,汉儿午间往和平餐厅聚餐,并到北海与中图同人摄影。镇孙则午饭后往视其四姨母。午后,滋儿自社中归,感冒发热,即卧。

填写十二月分工作汇报表,函寄积贤转冠英,并询前寄《史记选》试作等收到未。又顺询医疗证、工会证等两问题(医疗证使用处所及工会证贴用会费印花)。

接六姨葆贞来信,慰候珏人。四时,汉儿复来,挈元孙往清家。傍晚偕镇孙同来晚饭。饭后,汉、镇往大华看《智取华山》,盖滋、佩先已购票,以滋不适,遂转赠与汉、镇也。

有顷,清儿、建昌、达先、雪英来,八时许,清即归去。雪英亦去。九时半,达先去。建昌则留宿焉。

十时就寝。

1月3日（十一月廿九日　己未）星期

阴,晨有微雪,旋止。午前后略现阳光,不甚冷。

晨七时起。九时,雪村见过,告新华书店旧籍发行部五日开幕,约明日往看。少坐便接建昌去。十时,余乘三轮到八条圣陶家,晤圣陶、墨林、至善。越半时,元善至,久待颉刚不至,到十二时半乃来,因共饭畅谈。下午三时三刻,余与颉刚辞出,分道各归。

到家,文权在。有顷,芷芬来,因共夜饭。七时半,芷芬去。八时二十分,余偕润、琴往大华看《智取华山》电影。在门首遇王益、静芷、孟超等。与王益立谈片晌。九时许,始入场,坐即开映。此片背景险峻,剧情紧张,写解放军之智勇与蒋匪兵之腐朽对照,真深刻动人也。十一时始散,仍三轮归。知文权曾陪珏人打牌四圈归去矣。

滋儿寒热未退,午前延张静容大夫来诊,谓系重感冒,注射盘尼西林液,夜间热略退,仅四五分浮热矣。

1月4日(十一月三十日　庚申)星期一

阴霾,晨有浓霜,旋飞雪花。近午霁,午后有日光,气乃寒冷。

晨七时起。九时半乘三轮往东单新华书店古典发行部参观,会晤雪村及主持此部之赵向。阁架列柜陈多商务旧物,中华间有之。他出版处所所出者綦少,开明旧籍竟绝无也。谈至十一时,即与雪村偕行过其家。知清儿已归省来我家矣。少坐便行步归午饭。

滋儿寒热已退,忽吐血数口,不免着慌,琴珠到社告知人事科,当由保健员刘文淑前来探视陪同往干面胡同联合门诊部及辛寺胡同中央直属第三联合门诊部透视。据查,看不出什么,约十二日再往摄影细检,再行治疗。归后偃卧休息,血渐止。亦只有静养而已。惟珏人、佩华诸人已大受刺戟矣。

午后,清儿去。校正所中送来印发《孙子吴起列传》试作稿(颇有讹捝)。备明日赴会讨论时应用也。

五时半出,乘三轮往石驸马桥汉儿家。至则芷芬、文权已在。有顷,汉儿归,又有顷,润儿来,遂共夜饭。晓先、雪英先后来。纵谈上下,至九时一刻乃各归。

余仍乘三轮,润儿骑车从护焉。到家已十时,略问诸事,即就寝。

1月5日(十二月　小建乙丑　辛酉　朔)星期二

晴,寒。

晨七时起。写信告颉刚，约明日下午六时半，在全聚德吃鸭。又写信复纯葆，汇十万元去，聊慰其母疾。盖前日有书来告也。

午后一时半出，乘三轮往西谛家，待平伯、佩璋来，即同附西谛车出城，径赴北大文研所开会，汇报工作后，讨论《史记选》问题。决定校记与注释并作校释，仍冀尽量白话化。六时半散，仍附西谛车入城，在地安门下，再换三轮归家。

文权正候余谈，而北屋适假与本地选民小组开会，遂在南屋夜饭，并与权谈。知渠办公地点将移至西总布胡同云。八时三刻，小组会散。文权亦去。

听转播，谭富英、裘盛戎在长安演出之《捉放曹》，十时就寝。滋儿略痊，在家休养。

接澄儿三日来信，告近状甚悉。

1月6日（十二月初二日　壬戌　小寒）星期三

晴，寒。

晨七时起。用蜀本、百衲本、汲古本校《孝文本纪》，拟校毕本纪之部，再入手作选篇校释也。至午后四时，仅及《孝文〈本〉纪》弱半耳。

雪英来探问滋儿疾，五时半先行，盖乘电车赴全聚德之会也。有顷，余亦偕珏人出，乘三轮往全聚德。至则颉刚、汉儿、达先、文叔已先在。其后，薰宇、晓先、剑华、芷芬、调孚、卧云、均正、国华、振甫、祖璋、雪村、耦庄、清儿、彬然及夫人、锡光及夫人先后至。雪英亦后余等到。圣陶、墨林、至善则中间至。凡廿七人，分坐三席，余与颉刚、圣陶、雪村、至善、达先、芷芬、汉儿、彬然同座。每席各啖两烤鸭，近年来，未有之盛矣。今日之宴，一为圣陶庆还历，一为颉刚叙旧谊。盖亦借端作此欢会耳。

九时散，仍与珏人乘原车归（因等待车酬特昂）。珏人之车张棉帷，往返未冲风，兴尚佳。归后幸平安也。

又听转播裴盛戎《铡美案》半小时，近十一时乃睡。

湜儿夜在天桥大剧场（新建规模特大之戏院）参加德国技术团联欢晚会，十一时半始归。

1 月 7 日（十二月初三日　癸亥）星期四

晴，寒。

晨七时起。上午大扫除，年例所谓掸檐尘也。午后珏人小睡，余则续校《孝文本纪》，三本俱毕。复用泷川本校，则仅及四之一耳。

夜湜儿又感冒发热，煎神曲投之，令盖被发汗，未识能否退凉也。幸滋儿已渐痊，虽时时偃卧，而饮食如常矣。

十时就寝。

接五日潄儿来书，知迁入吴江路。

1 月 8 日（十二月初四日　甲子）星期五

晴，较昨为暖，午后阴，气亦渐寒。

晨七时起。湜儿尚有七分热，未起床。用泷川本校毕《孝文〈本〉纪》，又用蜀本、百衲本、汲古本、泷川本校《孝景本纪》，下午四时毕之。

珏人午后仍小睡。文权来省，因共夜饭。知所配住屋又改变到南衣袍胡同矣。夜长梦多，殆谓此乎？汉儿亦来饭，饭后九时，与权同行辞出，分道归去。

十时就寝。

1月9日（十二月初五日　乙丑）星期六

晴，寒。

晨七时起。滋儿休养后已大好。湜儿寒热亦退，仍属休息。用蜀本、百衲本、汲古本校毕《孝武本纪》。下午复用会注本校，则仅及半耳。

芷芬四时来，夜饭后去。文权夜饭后来，旋去。七时半，选民小组在余家开会，九时始散。

十时就寝。

接孙家晋信，知良才于三日逝世，老友又弱一个，不禁黯然。

1月10日（十二月初六日　丙寅）星期

晴，寒。

晨七时起。上午无客至，略翻彬然交来新华古典门市部拟印书目。午后，琴、佩、湜陪珏人打牌，文权、清儿、达先、汉儿、建昌、元锴来省。有顷，颉刚来，知已定十三日南归，纵谈达暮，以贺其表妹结婚去。权等则留家夜饭。

饭后，余偕阿凤往实验剧场看天津市越剧团旅京公演《红楼梦》，步往史家胡同西口，乘环行电车，挤甚，大半中国青年出版社之同人也。到剧场后，越五分钟开演。先后凡十场，休息时晤见熟人甚众，墨林、煦桎、刘重、小川诸人，俱交谈片晌也。主角为筱少卿（饰宝玉）、裘爱花（饰黛玉），自宝钗入园起，至宝玉离家漂流止，中惟"葬花"、"焚稿"、"哭灵"三场为精采。至于布景灯光、服装及音乐配奏皆臻上乘，盖近年越剧之走时端赖此等处耳。十一时散,与阿凤各乘三轮归。

十二时就寝。

书唁家晋丧舅。

(接纯葆信,知款已到。)

1 月 11 日 (十二月初七日　丁卯)星期一

晴,寒。

晨七时起。续用泷川本校毕《孝武本纪》。复看彬然送来拟重印书目,写信复之,略提意见供参考。商务书馆派人送《古本戏曲丛刊初集》第一期书四十册来。盖此书由商务承印者也。夜饭后,参加选民小组开会,仍在我家举行,八时半散。九时半就寝。

接淑儿书,复湜儿者。

1 月 12 日 (十二月初八日　戊辰)星期二

阴晴间作,望雪未果,仍寒。

晨七时起。珏人佐我剪帖《项羽本纪》,调浆作糊,亦费半日,盖准备着手作校释矣。午后,珏人小睡。余略形寒,就炉火看《拜月亭记》,毕之。

夜饭后,琴、佩、湜、陪珏人打牌四圈。润儿参加民进小组开会,未归饭,归告工作将调(自图书馆调往出版管理科),已到公布之境云。

十时就寝。

日来珏人小溲又感艰涩,今晚尤甚,夜数起,且又见红,甚虑之。岂五日来膏滋所致乎?明当暂停服用也。

1 月 13 日（十二月初九日　己巳）星期三

晴,寒。

晨七时起。开始标点《史记·项羽本纪》,历六时,仅逾半耳。四时半歇,花眼茫然矣。

夜饭后,文权来,知潗儿已整装待运,可如期迁京也。九时半去。

接东单区人民政府通知,明日上午九时召听推销公债报告。余对建设公债当然拥护,顾必欲以地方人士相看待则颇不甘受,即由润儿为草一函,复谢之,声明认购当在工作单位(北京大学)也。

十时就寝。

1 月 14 日（十二月初十日　庚午）星期四

阴,晨有飞雪,近午即止,略积见白而已。

七时起。续将《项羽本纪》标点分段讫,午后四时乃已。眼倦神疲,殆难再支,真堪自嗤也。

珏人昨宵甚安,起三次而已。今日下午仍小睡。夜饭后,文权适来,又与佩、湜陪同打牌四圈,兴亦尚佳。乃十时就寝后,小溲又感急,而解不畅,终夜数起,遂失寐。比及天明,竟达十一次,余大为忧虑,而无如何,痛苦之至。

1 月 15 日（十二月十一日　辛未）星期五

阴,寒,但积雪渐融矣。

七时起。九时,平伯见过,谈文艺理论学习事,并携到积贤致余信,附孙子书所提《史记选》注文意见三则,俱有是正处,甚感。

又校中工会今日作认购建设公债动员报告,以司机有病,未能来接,附表属认报。余填认百万元,分十次在工资中扣清(与平伯暗合),即封入平伯书就之信封中寄与积贤转出。谈至近十一时,平伯去。

珏人今晨十时始起,精神委顿。午饭后,仍劝就睡。余亦积晚欠睡,无能集中精力作校释,勉将泷川资言《史记总论》读毕。殊多裨益,五时乃已。

五时珏人起,精神稍复。夜饭后,清儿来省,八时去。九时半就寝。是夕珏人得安睡,仅起三次,小解尚畅。余为稍安。

1 月 16 日(十二月十二日　壬申)星期六

晴,寒。

晨七时起。珏人精神较佳,午后仍令小睡两小时。余着手作《史记选》校注。

夜饭后,湜儿出看电影。汉儿、芷芬来省,谈至九时半乃去。约明午请珏人吃馆子。

十时就寝。珏人又数起小解,未得畅。

1 月 17 日(十二月十三日　癸酉)星期

阴,寒。

晨八时起。

晓先来访,有顷,静庐来访,大椿来访,伯恳来访,谈至十一时,伯恳、静庐先后去。留晓先、大椿午饭。

清、汉两儿来接珏人,因挈元孙同去。知往东安市场国强餐厅吃西餐。

午后大椿去。余与晓先同往八条访圣陶。适渠与墨林往实验剧场看川剧《红梅记》,遂与至善、满子晤谈至二时,与晓同到隆福寺闲逛,久不履此,觉一切修整,景象大异往昔。东北隅又新建曲艺厅,摊肆俱拦以玻窗,非复廊下凄凉之状矣。诚不愧人民市场云。徘徊良久,四时仍回到圣陶家,芷芬已在,告珏人已由汉儿安送回家。颇慰。坐待至五时三刻,圣陶、墨林归,乃共饮畅谈。饭后复谈至九时,乃辞出。三人同行至八条西口,晓、芷乘电车归去,余乃乘三轮遄返。到家少坐,十时即寝。

珏人午出,兴尚佳,闻归后打牌四圈云。夜睡后仍数起小溲,不甚通畅也,至为担忧疾之复动耳。

仲村来访,未晤,至歉。

1月18日(十二月十四日　甲戌)星期一

晴,不甚烈,寒亦不强。

晨七时起。写信复澄儿,慰问一切。为静庐校《近代出版史料》关于《书目答问》所举版刻丛书之部。

下午珏人小睡,余偕滋儿出散步,由南小街、方巾巷出南衣袍胡同、西观音寺到东单,再循米市大街而北,由干面胡同、禄米仓复归于家,历时一小时有半。滋儿即偃卧,余则整理材料,备作校注。

北大本月薪水尚未送来,不知何故?岂积贤有病乎?颇念之。

夜饭后,润儿出看电影。振甫、蕴玉、农祥、亦秀来访,谈至九时乃去。润亦归矣。

十时就寝。是夕珏人睡颇安,只起溲两次耳。

1月19日(十二月十五日　乙亥)星期二

阴,寒,夜中月色却皎莹也。

　　晨七时起。为文艺理论学习看学习材料一日。北大派人送积贤书来，承为代订精米廿斤，并说明另外送来薪水。乃送件人投信即行，未将钱留下。滋儿出询，已去矣。遂往平伯所问到未，据答，钱、信俱到，只得归来。比到门口，此送信人亦想着，重来矣。空累滋儿及平伯，亦可笑也。

　　午后珏人小睡，甫就枕，雪村夫人、雪村之妹及建昌来访，于是珏人乃起。适芷芬来，遂陪同打牌六圈。近五时客皆去。

　　入晚，文权至，因共夜饭。据告，沪运家具已到，且径送新屋矣。饭后，滋儿帮同设计安排，约廿二夜润、滋等同往佐理云。九时，文权去。

　　十时就寝。是夕珏人小溲又见阻，频起不畅且又见红，殊为耽心。奈何！

1 月 20 日 (十二月十六日　丙子　大寒) 星期三

　　阴，寒，晨雪，午后开霁，旋放晴。夜月姣。

　　七时起。撰《项羽本纪》校释，自午前九时至午后四时三刻，仅成十八条，已感倦矣。即止。

　　珏人午后小睡，亦时起溲，影响精神颇大。夜睡尚好，仅起三次，惟破晓之际腹部左侧感刺痛，竟不能寐，则明明疾有发展矣。无法抚慰之，方寸如绞。奈何！

　　余十时就寝。

1 月 21 日 (十二月十七日　丁丑) 星期四

　　晴，寒。

　　晨七时起。珏人痛未止，终日卧床，仅进粥两次耳。幸下午七时稍止,夜尚安睡,且无浮热。九时后,竟忘痛矣。心上略得苟安。

续撰《项羽本纪》校释。心绪有影响,成绩自不待言,仅逮昨三之二耳。

夜饭后,独往大众观剧,盖程砚秋剧团在彼演出,煦柽购票见招也。七时廿分到,有顷煦柽、蕴玉、葆华、琴珠偕来,同自社中下班径至。握坐甫定,即开幕。先为垫戏《万花亭》。八时正剧上演,标名《祝英台抗婚》,实即通行之《梁祝哀史》。砚秋饰英台,李丹林饰梁山伯,于世文饰祝员外,贯盛吉饰媒婆,钱元通饰老师尚见工力,馀则碌碌备员,临时凑数者。砚秋演剧三十年,前在京常看之,颇足萦念,今年事已高(近六旬)体肥硕,逾昔非复苗条柳,且臃肿,只末了蝶舞一场赖幼功尚感翩跹耳。除唱腔有独到处外,殆无能叫座矣。竟与尚小云、荀慧生有同感,悲夫!

十一时半散,余乘三轮先返。有顷,琴珠亦御骑车归,已十二时矣。询知珏人,尚安,则亦就寝。

1月22日(十二月十八日　戊寅)星期五

晴,寒。窗结层冰矣。夜深冻月犹莹也。

晨七时起。竟日撰《项羽本纪》校释,已得五十四则。珏人仍偃卧未起,午后四时得大解甚畅,但入夜乃形寒发热,睡眠尚好,仅起溲一次耳。饮食则大减,只进半碗粥,深恐日虚也。

余精神亦剧衰,不但翻书写字感头晕,傍晚瞑坐竟觉天旋地转也。

夜饭时,文权来,其后清、汉两儿及镇孙来,俱省候珏人。九时后去。达先民进开会后亦来,清等已行,略坐便去。

十时就寝。

1 月 23 日 (十二月十九日　己卯) 星期六

晴,寒。

晨七时起。续撰《项羽本纪》校释。午后雪英来看珏人,夜饭后去。

珏人仍偃卧未起,惟精神已略好。

文权来夜饭,约明晨共往车站接濬儿。

十时就寝。

1 月 24 日 (十二月二十日　庚辰) 星期

晴,冱寒。

晨七时起。润、琴、滋、佩、湜往车站接濬儿,九时同归。清儿、文权、小同、元鉴、汉儿、建昌亦先后到。适墨林来看珏人,一时挤塞屋中,颇呈忙乱。

十一时墨林去。午饭已,清、汉、鉴、建、润送濬等归其家,帮同料理,粗粗就绪,再来我家。

有顷,芷芬来,又有顷,晓先、雪英来(清儿、建昌则径归矣)。夜饭后笑谈至八时半,晓、雪、芷、汉、鉴送权、濬、小同归去。顺道各返。

十时就寝。珏人中午起,兴奋甚,抵九时始就眠,竟未好寐。

是日,投票选举。

1 月 25 日 (十二月廿一日　辛巳) 星期一

晴,寒。

晨八时乃起。珏人照常起,微感右足略僵,家人见其起,已大慰矣。近午,濬儿挈小同来饭。湜儿在大众剧场购得明晚戏票两张,午后陪小同游北海。

余续撰校释,至五时歇,积至九十条矣。

夜饭后,濬儿、小同方欲归去,清儿、建昌来,复谈至九时半,始同行各返其家。

十时就寝。

颉刚寄《示我周行》两册至,盖在京时面向告假者也。午后四时,佩璋见过,传达校方意图,属填简历卡。晚灯下即令滋儿代填之。

1月26日（十二月廿二日　壬午）星期二

晴,寒。

晨七时起。作书与积贤,寄简历卡去。珏人仍起行,小溲又频作,夜数起不畅,汉儿、芷芬先后来午饭。濬儿午未来,小同带面归去饷之。夜饭时,濬及小同俱来。余仍续撰校释。晚饭后,与湜儿往鲜鱼口大众剧场看京市第四京剧团演出。余乘三轮,湜御骑车,来去俱未得并行也(以快慢不同故)。七时半开演,为吴素秋、姜铁麟主演之全部《伊帕尔汗〔罕〕》,十一时十分散。全剧十八场,较前已有改进,其中刻画纪昀献计一场已删除,改由兆惠承之,似稍安。惟服色仍紊乱,好在戏者戏也,亦不必苛求之耳。素秋演戏诚能喜怒哀乐恰如其分,观之殊感意满也。十二时就寝。

1月27日（十二月廿三日　癸未）星期三

晴,寒。

晨七时半起。续撰《史记》校释。

潏儿午来饭,饭后去。夜未至,小同则夜饭后去。湜儿午后出,深夜十二时乃归。在廿六中学参加文艺演出也。珏人午后小睡,一般状况尚好,夜起亦略稀。余十时就寝。

1 月 28 日（十二月廿四日　甲申）星期四

晴,寒威较昨稍霁。

晨七时起。看列宁《论作家》,准备下午出席研所讨论会。

潏儿、小同近午来,饭后,潏仍归去。小同则夜饭后仍携食归饷其母。

所中无通知,亦无车至,竟未能往。薄暮,佩璋见过,又传校方命,须赶填简历等四项,因知平伯亦未去也。

夜饭。填四项讫,即修函寄积贤,湜儿适出晚会,即命带出投邮。

珏人尚好,午后小睡,微觉头胀耳。

八时半,听转播马连良在大众剧场演出之《群英会》、《借东风》。十一时始就寝。

湜儿仍于十二时后始归。

1 月 29 日（十二月廿五日　乙酉）星期五

晴,寒,无风。

晨七时半起。续撰《史记》校释。

潏儿、小同来午饭,饭后去。珏人略憩片晌。五时,余歇手,偕滋儿步往南衣袍胡同潏儿家。收拾已楚楚矣。稍坐即与潏及小同等同行归。

夜饭后,谈至九时许,潏母子去。

十时就寝。

1月30日（十二月廿六日　丙戌）星期六

晴，寒，有风。

晨七时起。心绪欠佳，抽架上《红楼梦》看之，尽三数回。

午后偕滋儿步往史家胡同西口，乘环行电车到北海后门下。入园循北岸行，至小西天、五龙亭、陟冰度北海至东南岸，登过陟山桥，再穿长廊，绕出琼岛之西，在双虹榭小坐啜茗焉。四时出园，乘二路公共汽车到东安市场下，在百货公司及市场书摊购物数事，仍缓步而归。

夜饭时，文权、潏儿、小同俱集，饭后达先至，谈至九时，权等先去。达再坐少顷乃去。元镨、建昌午前来，饭后去。湜儿夜出听乐会，十时半乃归。余俟其返，乃就寝。

珏人日间未睡，夜间小溲又频数不畅矣。奈何？

1月31日（十二月廿七日　丁亥）星期

晴，寒。

晨七时半起。珏人仍起视年事。下午四时略睡片晌，幸尚好。小文、家梅来。清儿亦至，遂同午饭。午后，顺林来告，后日返苏省亲，少坐即行。小文以排队购票先去。家梅今晚亦南归。坐至三时辞去。清儿亦于二时前归去矣。潏儿、文权、小同则竟日在此。

夜饭后，权、琴、佩陪珏人打牌四圈。九时后，权等三人归去。

余日间看《红楼梦》，夜间听转播马连良、袁世海《将相和》录音。十时半就寝。

今日接北大文研所通知，即日起至十一止，放寒假十天云。

2 月 1 日（十二月廿八日　戊子）星期一

晴,寒。

晨七时半起。湜儿即往车站接昌顯及戴景宸,九时半与潃及顯、宸俱至。适业熊之同事朱俊民送澄儿托带之肉物等来,与谈移时,辞去。小同一早即来,午饭后随潃、顯、宸往游北海。珏人后小睡片晌。四时半潃归其家(傍晚再来)。顯、宸偕返余家。

五时三刻赴中国青年出版社之约(谢宗玄曾于三时来速),为互贺春节聚餐。晤语今、李庚、均正、力子、彬然、调孚、立准、必陶、锡光、若达、志公、沛霖、祖璋、至善。分坐两席。食后登楼,在会议室聚谈至九时乃散。附社中车南归,在禄米仓中龙凤口下,步以归。

到家热闹甚,清儿、汉儿、达先正与文权、潃、顯、宸等谑谈。润、滋、琴、佩与焉。十时后,权、潃、顯、小同、清、达、汉各归去。景宸即下榻余家。

湜儿午后一时出,深夜十二时半乃归。余放心不下,直待其归始合眼。珏人夜数起,但较昨略好。

夜接颉刚三十日信,告将寄空白地图来,属填清代驿程。

2 月 2 日（十二月廿九日　己丑）星期二

晴,寒。

晨七时半起。与昌顯、景宸等闲谈,伊等出外时则看《红楼梦》。数十年来复看,今乃不能罢手,足征移人之深。

伯恳午后携物来探滋儿,盖工会劳保委员应例之事也。然亦难为矣。

夜全家吃年夜饭,益以潗儿、文权、昌顯、昌硕、景宸,乃用条桌凑合圆桌,围坐焉。近九时乃罢。十时,权、潗、顯、硕去。余即寝。家人为过年事忙至十二时,始各就眠。劳扰又是一岁,诸事尚可,惟珏人得症至棘手,而滋儿又旧疾复展,大为刺戟耳。

工作较顺,恨精力不逮,恐致覆悚,则不无懔懔焉。

2月3日(甲午岁正月　大建丙寅　庚寅元旦　春节)星期三

晴,寒。

晨八时起。振甫来,静庐来,谈至十时去。

文权、潗儿、昌顯、昌硕、清儿、建昌、芷芬、汉儿、元锴、元镇、元鉴来拜年。午饭时,分两桌坐。饭后权、潗、顯、硕、宸游天坛。小文、培元来。祖璋、沛霖、大椿、诗圣来,承荫、祥城、弘琰等来。薄暮,光暄、守勤来。酬酢竟日,颇感疲乏。六时与小文、培元先吃夜饭。饭已,权等始归。余以须往吉祥看戏,六时四十分即出,乘三轮到彼,正七时。院门未开,人甚挤,及开门拥而入,秩序颇乱,因此戏单亦一抢而光,竟未得掣取也。

七时半开,为茹元俊之《挑滑车》。继为冯玉增、严慧敏之《秋江》。继为李和曾、王玉敏之《辕门斩子》。休息后为叶盛章之《时迁偷鸡》(即所谓巧连环),终场紧凑,唱做不懈,故每一剧终必鼓掌谢幕数四。慧敏、玉增之演做,较前更上一层。和曾、玉敏之唱工亦有进。盛章之轻巧矫捷则叹观止矣。十一时一刻散,仍乘三轮遄返。珏人虽已睡,闻余声开灯见迓,并告知夜饭后各人归去景况云。

十二时就寝。

2 月 4 日（正月初二日　辛卯　立春）星期四

晴,寒,有风。

晨七时半起。胡嘉来,谈移时去。久安、玉英来,少坐即去。

是午,清儿家请权、濬、顯、硕、宸并珏人、滋、湜同往。余与润儿午饭讫,走至吉祥看戏。一时开,先为姜铁麟、宋世庚、萧英翔等之《金锁阵》,休息十分。二时接演《元宵谜》,吴素秋饰吕昭华、张曼君饰赵秀英、李德彬饰郭廷章、杨元才饰书童、张荣善饰吕刚中、孙振群饰赵班侯、刘鸣才饰李福庭、汪鸣辰饰苍头。剧情紧凑,谐趣横生,四时三刻散。在场晤雪村、彬然及其夫人,比散戏,人挤未再见。余仍与润儿步归。

知均正、葆华曾来,失迓为歉。

夜饭后,权、濬等去。珏人以不无辛苦又略受凉,竟发热,未饭即睡。

九时半,余亦就寝。

2 月 5 日（正月初三日　壬辰）星期五

晴,寒。

晨七时半起。珏人以约请章家来饭,仍强起。十时,雪村夫人及妹来,清儿、建昌、建新来。十一时半雪村至,达先亦前至,乃午饭。权、濬、顯、硕、宸俱在,仍分坐两席。饭后,珏人支持不下,即属偃卧。

彬然、调孚来,永清来,谈至三时许,彬去,余则与调过八条访圣陶家。晤其伉俪,谈至五时,调孚辞归。余亦出乘环行电车到西单下,步往石驸马桥芷、汉家。有顷,权、濬、顯、硕、宸、滋、佩、湜俱至。六时半即饭。余与湜因往长安看夜戏,匆匆进食,七时行。步至长安已将开幕。场中熟人极多,中国青年出版社及新华旧中图同人,几占半场。余位即在必陶夫妇旁。须臾,《云罗山》开场,此剧新排,系演明代均州恶霸任彦虎横行残暴,终招民愤,全家被歼事。自始至终,历四小时,生旦净丑齐全,尤以武丑为主要线索,极紧张,而谐趣间作,诚佳剧也。其中李少春饰白士永,叶盛章饰刘小义,黄玉华饰方玉姣,高玉倩饰白素莲,曹韵清饰白守训,李金泉饰白氏,娄振奎前饰任伯玉,后饰万雄飞,刘元汉饰任彦虎,李幼春饰蒙氏,孙盛武饰蒙三辈,骆洪年饰任郎,其他分饰家丁、猎户、百姓等人,亦俱上选,如吴鸣申、谷春章、李元瑞、阎世善、钮凤华辈,皆个个卖力,各展所长。十一时半散。乘三轮归。湜儿车慢,又待十分钟后始到。十二时后始就寝。

珏人仍有寒热,惟小溲反略见通畅,亦所不解矣。终为之耽心不宁耳。

2 月 6 日（正月初四日　癸巳）星期六

晴,寒。

晨七时半起。韵锵、履善先后来,同谈至十一时去。晓先、雪英、汉儿、芷芬来。因共午饭。文权以到班未至。饭后,芷芬先去。三时,其表姊顾太太、徐太太来候珏人,汉招呼接待之。珏人虽起应酬,强撑而已。四时半,客皆去。珏人始睡,惟寒热已退,势稍平复矣。

夜饭后,即余独往吉祥看京市二团演京剧,至则杨盛春之《白水滩》已上场。后为陈永玲、祁荣雯之《悦来店》,梁小鸾、李多奎之《金锁记》,裘盛戎之《牧虎关》。休息后为谭富英、张洪祥之《定军山》。十一时一刻散。在场晤陆振祥。休息时与谈久之。以连夜看戏，今晚精神远不逮前昨，竟时见瞌睡矣，可笑。到家小坐即睡，已十二时。

2 月 7 日（正月初五日　甲午）星期

晴，寒。

晨七时起。珏人起坐如常，心为略慰。今日汉儿陪濬、顯、硕、宸等游颐和园。元孙生日，合家吃面。午后，余小睡片晌。

陆振祥来，陆银富来，谈移时去。

六时半出，乘三轮径赴小经厂实验剧场，看中国京剧团演《野猪林》。小文亦至。即坐余旁。地当第一排居中，清晰之至。李少春饰林冲，黄玉华饰林妻，娄振奎饰高俅，孙盛武饰衙内，骆洪年饰陆谦，景荣庆饰鲁智深，叶盛章饰李小二，李幼春饰董超，叶德霖饰薛霸。自七时半开幕，十一时二十分散。终场松快，亦足征演员阵容之整也。出场后小文扶余登三轮而别。至感招呼。

到家后，小坐至十二时乃睡。

2 月 8 日（正月初六日　乙未）星期一

晴，寒威稍止。

晨八时起。写信寄业熊、澄儿。

看《红楼梦》。下午小文来，宗鲁来，小文允为昌顯购车票，宗鲁则来视其舅氏顺取沪物去。

珏人精神较好，午后陪同打牌四圈。属令小睡，而小文等来，遂未果。夜睡尚好。

晚饭后，看毕《红楼梦》八十回。

十时半就卧。

2月9日（正月初七日　丙申）星期二

晴，煦，大有春感矣。

晨七时半起。看《红楼梦》后四十回。细味笔墨确有不同。

午饭后与潗、滋、陪珏人打牌四圈。属伊小睡一小时。伊今日甚高兴，上午曾与滋往潗寓探视，遂偕同归饭也。

夜饭时，文权来，饭后谈至近九时，偕潗、顯、硕去。

十时就寝。

2月10日（正月初八日　丁酉）星期三

浓雾，向午开晴煦和，傍晚微风。

晨七时起。命湜儿陪昌顯、景宸往西郊游颐和园。九时半，余偕滋儿出散步，信行至青年会电车站，附车到天桥，因往东北纬路天桥剧场一视之，适在售票，遂购得二楼一排两张，顺道入天坛一游。在柏林中穿行，未登殿，循皇穹宇而西，沿斋宫出。已将十二时，即在天桥近旁福盛斋午饭，啖烙饼坛肉，及榨菜肉片汤，尚洁鲜。饭后过天桥剧场，入登楼小憩，一时开戏，为河北京剧团所演唱。首为何郡英、秦国庆之《玉堂春》，次为张海涛之《追韩信》。休息后为李砚秋、郭景春、陈茂春之《擂鼓战金山》。此班以武功胜，且多幼童，好为之必有前途也。五时散，仍与滋儿乘电车入城，至青年会下，步由无量大人胡同及什方院归家。有顷，小文至，送代购车票来。又有顷，湜、顯、宸归，乃共饭。饭后略坐，小文即辞去。

文权来，谈至九时半，偕顯、硕去。十时就寝。

2 月 11 日（正月初九日　戊戌）星期四

晴,有风,还寒。

晨七时起。滋、湜陪顯、宸往游北海。午后,潛、宸、湜陪珏人打牌四圈。三时后,潛、滋、湜、顯、硕、宸往东安市场购物,薄暮始归。

汉儿来,因共夜饭。饭已,文权来,八时半,潛、湜送顯、宸到车站,权挈硕归去。

余看《红楼梦》待湜归。九时三刻,琴珠、佩华乘骑车先归,谓自办公处所径往车站会顯、宸,亲送上车,视车开出始与其他送行者分道各归。湜正候电车,送潛归去后再来家云。有顷,湜至,乃各就寝。

2 月 12 日（正月初十日　己亥）星期五

晴,寒。

晨七时半起。潛儿挈硕孙午刻来饭,谓汇文小学已由文权领去考过,能否录取,殊无把握云。

午后,潛、硕归去。珏人小睡,余乃填写一月分工作汇报表,函寄积贤,属代提。许妈告假归去,今夕未回。夜饭后,滋、琴、佩陪珏人打牌四圈毕,即属珏人就寝。

看《红楼梦》至十时,余亦寝。

接澄儿十日复信,知六月间业熊将调京工作云。

2 月 13 日（正月十一日　庚子）星期六

晴,寒。

晨七时起。看毕《红楼梦》四十回。封建家庭之崩溃，实不可背免之历史发展规律耳。昔人所谓繁华转眼，今乃知理所必至也。

士方、士中昆仲来饭，饭后滋儿陪之，盘桓抵暮乃去。硕孙昨考汇文未取，今考育英，潗儿陪之，未识能否录取也。

下午，索介然见过，知自西安返京，工作亦将调来科学院也。

夜饭时，文权来，八时同潗、硕归去。

珏人以未昼寝，权等去后即睡。九时许，余亦就寝。

2 月 14 日（正月十二日　辛丑）星期

阴黟竟日，又寒，晨且见雪。

晨七时起。写信复中华书局卢文迪、姚绍华，对选印文史书目略表意见，备明日送去（今日例假不便）。

九时半出，乘三轮往中山公园，在来今雨轩晤彬然、晓先、雪村、文叔。有顷，雪舟至，又有顷，寿白至，十馀年未见矣。畅谈至十一时三刻乃散，约每月第二星期小集于此。是会本约有圣陶、伏园、心如，俱未到也。归家时，圣陶夫人、叔湘夫人、调孚夫人适来探视珏人，因留午饭而后去。午后二时，芝九、尔松来谈，三时三刻去。四时，觉明来，小文来。小文送物至，少坐便去。觉明则谈至五时半乃行。

文权、芷芬来夜饭。饭后达先来。七时，余独往吉祥看戏。七时半开，先为徐志良、冯玉亭之《葭萌关》，继为杨菊芬、赵炳啸之《放曹行路》。休息后为杜近芳、江世玉之《凤还巢》。十一时一刻散，即乘三轮归。

到家小坐，十二时始就寝。

2 月 15 日（正月十三日　壬寅）星期一

晴，煦，较昨大异。

晨八时始起。复颉刚，允于暑假中为查填清代驿程图。盖《示我周行》所载程里并不全按驿路逐一钩稽，当可得其仿佛，但费时必不少，而所中预定工作自有程限，未便腾移故，只能待假中为之耳。

湜儿为社会活动所牵，辛苦劳顿，昨又发烧，且咳嗽频作，今日又须往电台参加歌咏录音，劝阻弗听，未及午饭，仍扬长而往，此种偏差余实为之痛心矣。下午看所中新近发来之学习资料《为动员一切力量把我国建设成为一个伟大的社会主义国家而斗争》，至四时毕之。

六时，湜儿归，潘、硕亦至，乃共夜饭。

八时许，潘、硕去。九时就寝。

2 月 16 日（正月十四日　癸卯）星期二

阴霾，午显昼，晡时又阴，有风，感寒威犹盛也。

晨七时半起。续撰《史记》校释，自上午九时至下午四时半，得五十四则。

潘、硕来饭，饭后，潘、滋、湜陪珏人打牌四圈。二时半，潘、硕归去（夜未至）。湜入校参加开学式，珏、滋皆小睡矣。夜饭后，桢祥来谈，亦秀、农祥来谈，八时半，桢祥去，九时一刻，农、秀去。十时就寝。

2 月 17 日（正月十五日　甲辰　元宵）星期三

晴，有风，寒。

晨七时半起。撰《史记》校释数则。

濬儿挈硕孙来饭，以不习北地风土，又大发牢骚，夜饭未来，属硕孙取去。

下午二时乘三轮往报房胡同槐树大院访桢祥父子，谈至三时半，仍乘三轮返。

到家，雪英与珏人长谈，属余为伊写信寄士秋。夜饭后，与珏人、佩华、湜儿打牌四圈而后去，已九时半。

十时人静，润儿在院中施放花炮两筒，旋各就寝。

琴珠以听报告未归晚饭，近十一时始归。北大寄来样稿三件，须审读。

2月18日（正月十六日　乙巳）星期四

晴，寒，午前后和煦，夜月姣甚。

晨七时半起。撰《史记》校释三十五则。下午五时半乃歇。

珏人午后小睡一时半。濬、硕午前来视。饭后与琴、湜陪珏人打牌四圈，然后去。

清儿午后来省，匆匆即行。珏人昨夜疾又不安，频起小溲十馀次，均难畅，今晚稍好矣。

濬、硕去后，余闲翻《古本戏曲丛刊》，十时许乃寝。

2月19日（正月十七日　丙午　雨水）星期五

晴，寒，夜月甚好。

晨七时起。撰《史记》校释廿二则。下午四时半歇。

濬、硕来饭，午后去，三时复来，夜饭后去。夜陪珏人打牌四圈，润、滋从焉。十时罢，即睡。珏人日间小睡一时，夜寝亦尚好。

一时后又溲急,数起,几于不寐。余深虑其疾之作而熟视不能展一筹,甚辛酸也。

2 月 20 日(正月十八日　丁未)星期六

晴,寒如昨,夜半月朗如昼。

晨七时起。撰《史记》校释五十六则,下午五时歇。

潏未来饭,硕孙午来饭,携榼饷之,晚亦未至。

夜饭后,润、琴出看电影,清儿、建昌来省,谈至九时半归去。十时就寝。

珏人午后小睡,夜间小溲稍畅,起亦稍减。

滋儿告余,上月廿四之夕及本月十七之夕俱各吐血一口,甚为挂虑,力为安谕之,而心头却异样不舒也。

2 月 21 日(正月十九日　戊申)星期

晴,寒。

晨七时起。八时许,令琰来,十一时达先来,十二时文权、潏儿、硕孙来,因共午饭。饭后俱去。

文叔来,荫祥来,三时,文叔去,荫祥劝珏人就医,谈移时乃去。甚感之。珏人四时小睡,汉儿、鉴孙、芷芬先后来。傍晚,珏人起,权、潏、硕复来。夜饭后,长谈,九时许权、潏、硕、芷、汉、鉴俱去。

十时就寝。

是夕珏人又数起不宁,小溲又见涩矣。

2 月 22 日(正月二十日　己酉)星期一

晴,寒,夜半月明如昼。

晨七时起。撰《史记》校释三十六则。下午一时半，佳生见过，谈至三时去。

珏人小睡，滋儿、元孙亦睡。余续撰至近五时乃已。

潘、硕午晚俱来饭。珏今日精神甚不振，夜睡尚安，溲亦较好。

2 月 23 日（正月廿一日　庚戌）星期二

晴，寒。

珏人昨夕较安，七时与余同起。精神亦稍复，为之略慰。近午与滋儿同出，步往东安市场，珏人与潘、硕则乘三轮前往，同会于稻香春门首，偕至五芳斋午餐。近以肉类缺供，点膳百呼难一应，胡乱以鱼虾蛋三品送饽饽果腹而已。幸天虽阴而无风，及返家，日又出矣。珏人不致招凉也。

余自上午九时至十一时，下午二时至五时，仍续撰《史记》校释，以断续频仍，仅得二十五则耳。夜九时许，即就寝。

珏人子夜后又频起溲，比明达十馀次，苦甚，束手无策，徒唤奈何而已！

2 月 24 日（正月廿二日　辛亥）星期三

阴沉，午后开霁，气较昨暖。

晨七时起。珏人精神又感疲惫，虽起，殊勉强也。余为此故，难于凝坐。

潘、硕来饭，不免纷扰，上午竟未能作校释，只写一信复朱翊新耳。（昨由中国青年出版社转来见侯书，因即复之。）下午二时，珏人小睡，乃得续作校释，至五时半，仅得十九条。

夜饭后，濯足剪爪，九时许即寝。

是夕珏人起便稍稀。傍晚与润儿出散步。

2 月 25 日（正月廿三日　壬子）星期四

阴霾竟日，气仍料峭。

晨七时起。珏人亦以睡眠较好，起坐后精神稍振。硕孙今日考入学又未取，潏儿大恚，诟谇交加，余等转慰安之，亦无可如何事也。傍晚，文权至，知明日尚有苏州胡同小学可考，仅寄希望一线耳。夜饭后，权去。饭后雪英来看珏人，逾时去。

九时即睡，至十一时，珏人疾又作，频起小溲，达明未宁。

余续撰校释，自午前九时至午后五时，虽有间歇，翻检时多，以稍涉考辨，仅写得十一则，进程至短，殊用惶急。

2 月 26 日（正月廿四日　癸丑）星期五

阴霾，午前昙，午后飞雪，旋止。入夜又雪。

晨七时起。续作《史记》校释卅二则，下午五时半始歇。

珏人午后小睡两小时，精神稍复，夜起亦少。自元宵以来，迄今十日，间日好坏，已成惯例，不识与病源发展究有关连否。余左眼梢剧痛，睡后全目皆胀，眼泡作肿矣。

夜饭后，潏、硕去。九时许，即就寝。

珏人夜溲又稀，仅起三次。

傍晚曾与滋、湜两儿出散步，徜徉于城阙之外，惜沙尘蔽途，未得从容领略耳。

2 月 27 日（正月廿五日　甲寅）星期六

晴，不甚寒。墙阴积雪则未融也。

晨七时起。眼痛增剧，不任久视。珏人昨睡较安，今日上午十时，偕阿凤挈元孙同往宝泉堂洗澡，来去甚感松快。

九时半，守宪、雪山、耕莘来访，盖前夕应召参加中国青年出版社董事会，来此即住社中宿舍。谈至十一时许辞去，约午后在社中会见。

饭时潜、硕来，知苏州胡同小学已准许插入试读，为之一慰。下午一时四十分出，乘三轮往老君堂中国青年出版社参加董事会。晤李庚、均正、力子、彬然、耕莘、守宪、雪山、立准、业康诸人。二时开会，由刘导生代胡耀邦作主席，一，通过公股董事变更名单，杨述去，刘导生任社长。（以调职关系，易两人增一人。）二，李庚报告一九五三年的工作总结及一九五四年工作的方针与任务。三，通过修改的公司章程（由丁立准说明）。四，财务报告，王业康报告。（包括清产核资，一九五三年企业经营情况、股息红利分配及一九五四年度预算的概算。）五，通过更换股票及改变股票票面额事项（由方蔚说明）。休息摄影。六时，五车联发，共赴八面槽萃华楼聚餐。至则出版总署主要干部、团中央有关人员及本社主要干部都在，因晤圣陶、调孚、必陶、锡光诸人。开明旧人惟觉农、振铎二人未至（觉赴西北，铎赴闽疆劳军也。）耳。共坐五席，盛会矣。余与导生、力子、圣陶、业康、祖璋、雪山、雪村同座。八时始散，车送归。

晓先来访余。

归时文权、佩华、湜儿方陪珏人打牌，建昌、元锴从。潜、清、汉、润、滋、琴正在商量苏联红十字医院之事。九时许，牌毕，权、潜、清、晓去。锴孙从权等住其家。汉儿及建昌则留住家中。一时半，珏人疾作，屡溲不下，坐卧立行皆非，扰攘直至天明未解决。余四时即披衣起,相伴待旦。

2 月 28 日（正月廿六日　乙卯）星期

大雪。

拂晓诸人俱起,润、湜往天桥苏联红十字医院叩询,汉、琴往张静容大夫家请来导溺。雪中冲寒,余悲悯而已。又眼看珏人力竭挣扎,未得解溲,痛苦殆难名状。九时,汉、琴返,谓静容不肯来,而别请雍华医院院长雍君至,以仁济医院病历示之,即施行导溺,并以溺道口微呈发炎,注射配尼西林一针而去。珏人乃得入睡。十二时始醒,食粥碗许。午后又睡,五时方醒,晚亦食粥,且能自起小溲,为之大慰。

权、濬、锴、硕来饭。清、汉则出外购物,未归饭。午后余强睡两小时,以济乏。四时起。五时许出,乘三轮过圣陶,应其招饮也。调孚已先在。祖璋、锡光、耕莘、彬然、雪村、雪山、守宪陆续至。七时开饮,纵谈至九时许乃罢归。走至东四北大街,得乘三轮行。

到家知濬等皆去。珏人亦睡。余从容小憩,十时就寝。是夕珏人仅起小溲三次。平明且得大解一次,甚安。

3 月 1 日（正月廿七日　丙辰）星期一

阴霾,不甚寒。

晨六时半起。珏人起坐如常,饭后劝令小睡。濬儿来午饭,知硕孙今已入学,从今日起,每日自携榼饭就校午餐,夜即在家食。（母子二人同食,每日自余家午后配量带去,不远来就食。）以故明日只濬儿一人来午饭矣。此在伊家减少步履,在吾家亦可略见清静,诚两便之道也。

余目肿未消，惮于用眼，竟未伏案工作。上午刚主见过，近午辞去。下午介然来，谈移时乃行。知其工作确定在科学院历史第二研究所矣。甚以为慰。

六时出，乘三轮往东安市场森隆酒楼会见诸友，盖力子、彬然、雪村及余共宴耕莘、守宪、雪山，并邀圣陶、愈之、伏园作陪也。达先亦来。谈至八时半散，仍乘三轮返。

晓先、芷芬在坐，因与谈笑至九时半，乃辞去。

十时就寝。十二时半，珏人起溲又略见涩滞，迁延至一时许，竟闭不得下，紧胀难忍，幸琴珠已学会导溺，乃唤起润、琴，放去半痰盂，始宁卧。其后起溲三次，均尚过得去。

是日滋儿复澄儿，详告家况。接漱儿信，知笙伯仍滞暹不得归，殊为焦急。

3 月 2 日（正月廿八日　丁巳）星期二

大雪竟日夕，室外陡见层冰。

晨七时起。欠睡故，眼仍肿，惟势已大减，心念工作不得不强坐久视，续撰校释。抵暮仅得二十六则。下午四时，雪英来，五时许墨林来，俱看珏人慰问者。雪中仆仆，甚感高谊，强留晚饭。饭后墨林先去。雪英又谈至九时乃去。琴珠在团中央听报告，十一时后始归。

珏人竟日起坐，午后小睡，亦未酣，小溲又不多而频，数忍至夜深一时许，不得不唤起润、琴又导溺一次后即入睡。到天明起溲两次，均短小，已失正常状态矣。

余十时就寝，亦数起照料，颇难宁睡也。

3 月 3 日（正月廿九日　戊午）星期三

晴，寒，向阳之雪已见融。

晨七时半起。续作校释，自午前九时至午后六时，仅得二十七则，中间惟午饭略歇而已。

珏人午后小睡，精神尚好。夜睡至二时许，仍以小溲不出，唤琴珠导溺，导后仍未畅，比明又起两次，均不舒。余十时许就寝。寝前左膝忽感酸楚，缘膝而下，骨干中隐有闪闪之状，殊不舒，岂连夕数起受寒所致乎？

3 月 4 日（正月三十日　己未）星期四

晴，寒，背阴处积雪犹存。

晨七时起。珏人仍起，精神少衰。余续撰《史记》校释三十七则，下午五时歇。午前写信与积贤，寄二月分工作汇报表去。饭后，瀋去，珏人及滋儿俱小睡。雪村夫人来访，珏人就床口晤谈焉，移时，余妈来接雪村夫人去。

夜九时即寝，珏人又数起小解，至十馀次，未得畅，十二时半只得唤起润、琴，仍为导溺，一时入睡，四时又起，溲稍多，比明再起，又多些。

3 月 5 日（二月　小建丁卯　庚申　朔）星期五

晴，寒，积雪未尽。

晨七时起。珏人亦起，以今日下午一时半，已约定往苏联红十字医院就诊（徐荫祥代为挂号也），故略略部署也。十一时，瀋儿来，十二时，汉儿来，即饭。饭已，瀋、汉侍珏人出，各乘三轮往天桥西先农坛根新建之苏联红十字医院，五时半乃归。知初诊只了解病历，配药九小包，令归服。约定八日下午二时再往检查，决定需否住院云。

六时，晓先、芷芬、文权来。夜饭后，达先、清儿亦至，八时，晓、芷、濬、权、清、汉、达等皆去。珏即就睡，颇酣。至十二时半醒，起溲不爽，至一时半，只得又唤润、琴为导溺，惟未畅。二时复睡，至四时又醒，仍数起溲，点点滴滴殊不快。

余续作校释，强移心力，为之藉以排遣愁怀。自午前九时至午后五时歇，得四十则。夜睡不能安。

3月6日（二月初二日　辛酉　惊蛰）**星期六**

晴，寒。

晨七时起。珏人虽起，精神殊差，午后小睡二小时，夜又早睡，兼服粉药，居然大安，仅起溲三次，且较畅。余为大慰。

自晨九时至薄暮六时，续作校释四十则，《项羽本纪》仅馀论赞未释矣。

接顯孙书。滋复漱。夜九时半就寝，睡较好。

3月7日（二月初三日　壬戌）**星期**

晴，气较和。

晨七时起。珏人以昨夜稍好，今起亦较愉快。八时三刻，余乘三轮往石驸马桥看汉儿、芷芬，少坐后，偕芷往访龙文、世泽、联棠三家，晤世泽，略谈便出。复往邱祖胡同访文叔、晓先、雪英，即在晓先家午饭。饭后与晓先、芷芬同往成方街及保安寺访寿白、心如，先后晤谈各一时许，复返晓先、文叔家啖馄饨，五时半再回芷芬家,晓先与偕,因共夜饭焉。饭后,雪英踵至,又闲谈至九时,乃各归。余仍乘三轮遄行。

到家,珏人方就睡,询悉尚安。十二时后,珏人疾又作,竟不能溲,挨至一时,唤润、琴起,为放溺,放后仍不舒,时起行,又感严重,坐定皆所宜,由是达旦,余亦为之同起。

下午顺林来。积贤来。余以出行未晤。

3 月 8 日(二月初四日 癸亥)星期一

晴,和。

平明即呼琴珠为珏人导溺,导后珏人就卧,居然入睡。十时醒,旋强起。午饭后,潸、润、琴陪送珏人往苏联红十字医院泌溺科就诊,经检查后谓明日上午再去烤电,不令住院,虽往复请求,无能为力,只得原车归来。到家已五时许,服药后即平卧,但经动后,不免流血肿胀,小溲虽急,竟不出点滴。经琴珠导溺,亦不出些许,而珏人宛转挣扎,痛苦万状。傍晚,雪村来,知达先盲肠炎入天坛第一医院待治,又添一重精神担压,余竟无心受餐矣。扰攘至夜十时,实已臻无可奈何之境。汉儿适来,乃与润儿出,电话与红十字医院联系,谓作急症可以接诊,遂写字条令滋儿往看立准,商借汽车。有顷,滋儿得借乘返,扶珏人起,由汉、润、滋三儿挟登汽车护送前往。时正十时三刻。余虽拥衾卧,如何入睡,细数时钟动响,更胜漏筹相催,心痛如割,莫知所可。至一时半,犹无回报,急煎难忍,老泪几乎夺眶迸出矣。良久,汉等仍偕珏人归,经院中导溺,竟吸出七百 CC,盈腰形盘两器,始得转侧。力请住院,仍不可,相持过久,故二时乃得归云。

幸服药止痛安神,珏人得安睡。余等亦陆续入睡。

下午,乘珏人就诊之隙,余为结束《项羽本纪》全部校释,前后统计凡得六百二十二则,逾五万字矣。

3月9日(二月初五日　甲子)星期二

晴,不甚朗,时有云翳,风虽微而料峭之感依然。

七时起,珏人亦强起,潽华早来,因即与润、汉出发,同往苏联红十字医院就诊。是否住院,且看今日诊后再说。余精神疲惫,欹坐不能属思,悬望医院消息,心旌更摇摇难定矣。十一时三刻,珏人等归来,知在 X 光深线治疗室照治,仍不令住院,并预约明日上午十时半再往照治云。午饭后,珏服药小睡,潽归去。汉、润仍往工作。

调孚、均正、晓先三夫人来访珏人,以入睡,未惊动,余与谈,三时后乃去。未几,雪村夫人及其妹来访,谈至近五时,珏人醒,因就榻接谈,旋辞去。

夜饭后,小文来,谈至八时许去。清儿晨夕俱来省,知达先住院仍在诊察中,未能定何症也。

九时就寝。珏人睡至十二时,起溲不出,即唤润、琴为导溺,虽不多,势较昨日大好矣。一时入睡,五时醒,起溲未出,旋得大解,再就眠已天明。

3月10日(二月初六日　乙丑)星期三

拂晓大雪,旋止,阴寒。

六时即起。珏人七时起溲,少解。八时许,清儿来,近九时,潽儿来,逾十分,潽、清陪珏人往红十字医院照治。

十时,佩璋来访,知平伯伤臂,明日不能出城,伊则来我家候车同行云。十一时半,珏人偕潆儿归,知照治较昨为稍久,而等候时间甚少,故得早归。据白血球正常,可以逐渐进行照治也。

午后,珏人小睡。余准备学习发言提纲,至夜未了,心理负担又添一层矣。珏人夜睡尚好,十二时后又疾作,琴珠为导溺一次未畅。睡至三时,又作,复唤润、琴导之,稍得畅。五时半又醒矣,仍待旦焉。

3 月 11 日 (二月初七日　丙寅) 星期四

晴,寒。

晨七时起。珏人今日间歇照治,虽起,精神较昨为差。余准备学习讨论,上午皆消磨于此。

农祥来省珏人疾,近午去。

午后二时,所中车来,佩璋亦至,乃偕乘。葛涛已在,盖入城为儿检查身体者。共驱出城,先送葛涛到中关园,王燎荧上,同驰入北大文学研究所。三时开会,贾芝主席,何其芳、余冠英、王积贤、孙剑冰、胡念贻皆出席。独缺平伯未到(询悉摔伤右臂股甚剧)。讨论《矛盾论》,五时休息,六时半始散。学委会决定文艺理论暂停学习,专研《毛选》。小组亦有变动,住城三人即自为一组,由佩璋任组长,资联络云。

自所出,仍与佩璋共载以行,到禄米仓西口,余即下,步归已七时余。家中正在晚饭,雪英亦在,闲谈至九时去。余等即各归卧。

十一时,珏人又疾作,仍唤润、琴为导溺,睡至三时半,又起小解,不爽,迁延至五时许,屡起溲,稍稍出,复就卧,天又明矣。

3 月 12 日 (二月初八日　丁卯) 星期五

晴,寒。

晨七时起。珏人亦起,九时偕潏儿往苏联红十字医院照治,约汉儿在彼相候。伊等行后,余往访平伯,视其疾。伤势已减,惟右肘犹用布悬起,未能伸入袍袖也。谈至十时半,辞归,往返俱步行,初觉累,比归亦松动矣。十二时,润儿归饭,告已得汉儿电话,今日下午须转泌溺科诊治,在外午饭,不必久待云。

午后,余乃用蜀本、百衲本、汲古本、会注本校《陈涉世家》。三时半,珏与潏归来,知照治较久,而泌溺科亦配药两种令服。在外午饭亦甚佳,观其精神尚振,乃大慰。劝令小坐即就卧。余即续校《陈涉世家》,及五时毕之。

潏儿夜未至,约明日下午再来。

夜饭后,打五关数盘,九时即睡。

珏人小解尚好,至一时又作,仍唤润、琴为导之,即少安,入睡至天明,六时始起溲。

廿五中学青年团第四分支第三团小组及高三四班第二生活小组同学各邮书来慰问珏人疾,甚感之。

3 月 13 日 (二月初九日　戊辰) 星期六

晴,煦。

晨七时起。九时与滋儿出散步,由南小街、方巾巷、闹市口、苏州巷下坡,东出钱局后身,南出盔甲厂,循南城根而西,到崇文门,因步出,即坐瓮城旧址新辟之小公园中,负暄闲谈,对杰阁观火车飞驰而过,亦殊有兴也。息半小时,入城,由崇内大街到栖凤楼口,乘三轮以归。

午后标点《陈涉世家》半篇。

珏人小睡。夜文权、潏儿、硕孙、清儿、昌孙、汉儿、芷芬,锴、镇鉴三孙俱来吃面，以今日为余六旬晋五之辰也。

夜饭后，谈至近九时，潏、清两家归去。十时后，芷、汉等亦归。余等各归卧。十二时半，珏人起溲，尚畅，因汉儿送来罐制西瓜，颇有功效也。嗣后又屡起，渐不畅，至四时，仍唤润、琴起为导溺后始得睡。六时又醒。

3 月 14 日（二月初十日　己巳）星期

晴，煦，下午有风。

晨六时半即起。珏人七时亦起。起后溲又稍利。九时，余出，乘三轮往中山公园，遇元章挈其两子，立谈片晌，即赴来今雨轩。晤心如、文叔、晓先。有顷，圣陶、雪村、伏园、雪舟至，知寿白有事不能到。纵谈至十一时半，伏园有事先行，余等乃步出正阳门，就全聚德啖烤鸭子。至则座已满，排号坐待（已第六号）过半时，始得登楼入座。饮啖言谈，直至午后二时始罢。出行到车站，乘电车北归，以星期假日乘客甚挤，圣陶、雪村竟未得上，余乃独登之，挨肩叠背，至不得透气焉。到青年会下，步由无量大人胡同、井儿胡同、遂安伯胡同而归于小雅宝。

珏人已睡一小时，正醒来欲起矣。滋儿方睡，清、润、琴、湜俱在。四时半，清乃去。

傍晚，权、潏、硕复来，夜饭后谈至八时去。

九时许就寝，珏人自饮西瓜露以来，小溲甚畅，夜睡至十二时许，又频起溲便，惟不能安睡为苦。至四时后，又感酸胀，虽仍溲，不能止酸也。润儿起视，未导，勉睡至六时醒，天又大明矣。

3 月 15 日（二月十一日　庚午）星期一

晴，煦。夜月色佳。

　　晨七时起。八时半,瀋儿来,九时五分,陪珏人出,仍往红十字医院电疗。

　　十时,余与滋儿出寄澄儿信,步往煤渣胡同口邮局,旋至西总布胡同房地产交易所看水牌,知租屋绝无,售房亦多困难也。信步复返在大华左近购食物数事,然后扬长而归,已十一时半。有顷,珏人、瀋儿归,知烤电两野(量名,盖照治两处),汉儿亦在彼照料。隔日再往,并闻情况较好转,治疗有进步也。午后,珏人、滋儿、元孙均小睡。余将《陈涉世家》标点分段讫,开始为校释工作,五时停。

　　夜饭后看报,至九时半就寝。珏人是夕较安,睡至十二时后起溲,达明仅六次,较前大好,为之一慰。

3月16日(二月十二日　辛未)星期二

　　晴,煦,夜月色好。

　　晨七时起。续作《陈涉世家》校释廿一条。

　　午饭时,瀋来。饭后珏人小睡,余与滋儿出,步至青年会乘电车到天安门,参观历史博物馆秦汉陈列室及辉县发掘战国汉墓葬陈列室。东朝房未去,午门则不开放。遂折入中山公园一游,经柏林、唐花坞、水榭、长廊,折而北行,穿来今雨轩,复由东门出园,入阙右门出阙左门,循筒子河到东华门,徜徉东去,达于东安市场,在爆肚王吃爆羊及杂碎,时已四时半。食已,复穿市场而南,由帅府园东头乘三轮归。

　　夜饭后看报,九时半就寝。珏人睡至十一时起溲,次数之多,超以前所遭,且仍感酸胀,终夜未得眠,苦甚。

3月17日(二月十三日　壬申)星期三

晴,煦,月色亦好。

晨七时起。九时,潽儿来,陪珏人出城诣院电疗。滋儿亦先往候之。十一时半即归。据云,又烤两野,俱在后尻左右。医言有进步也。归后精神亦佳。午后睡两小时,尚酣。夜眠至十一时醒,起溲七次,均不感酸胀矣,较昨大好,颇为引慰。

余续作《陈涉世家》校释,自晨九时至下午五时止,凡得四十三则。

夜饭后,芷芬、汉儿来省。傍晚,清儿来省,少坐便行,未与汉晤。九时半,芷、汉归去。余等亦各就寝。

书复耕莘,寄叶老伯母照片去,备绘卷。

3月18日(二月十四日　癸酉)星期四

风,霾,日间黄尘蔽天,夜月尚好,微淡而已。气仍暖。

晨七时起。九时,始续作《陈涉世家》校释,至下午五时止,得三十四则,倦甚矣。

珏人今日精神较佳,午后小睡两时。夜饭后,润、湜等陪伊打牌四圈,九时半就寝。

余听转播,李和曾《李陵碑》,言慧珠《生死恨》。十时半始寝。

十二时后珏人又数起溲,初犹感阻,渐次得畅,终夜十馀次,殆泌出大半痰盂焉。比明转倦,复入睡。

3月19日(二月十五日　甲戌)星期五

晴,风烈,转寒,夜月甚姣。

晨七时起。珏人八时起，精神尚好。九时，余续作校释，至午后三时半，得四十四则，《陈涉世家》正文已毕，馀论赞未涉笔矣。

珏人于饭后十二时三刻偕潘儿往院电疗，盖院中约于今日下午一时四十分施行疗治也。四时归。知仍照两野，在小腹下两侧，并以胃口欠佳配药水一瓶，令日服三匙云。预约廿二日上午十一时四十分复诊。归后，即睡，近晚始醒。是夕甚好，仅起四次，俱得解。

余牙痛忽剧，上唇浮肿，至不能咀嚼，想为风火燥烈有以致之耳。

九时就寝，睡眠亦有影响。

3 月 20 日 (二月十六日　乙亥) 星期六

晴，有风，仍感料峭。

晨六时起。九时续作校释，以略涉考证，进程不多，至下午四时半仅得廿四则。珏人昨晚甚安，今起精神亦佳，午后小睡两时，夜眠稍差，起溲十馀次，然均得解也。余牙痛仍未平，阑珊之至。

文权、潘儿、硕孙俱来饭，知明日伊等将参加中国建设社春游团，往碧云寺云。

清儿、昌孙亦来省，夜饭后，与权等同去。

近十时就寝。

3 月 21 日 (二月十七日　丙子　春分) 星期

晴，煦。

晨七时起。八时许，雪村、密先挈建昌、小逸来访，谈至十时去。润儿、琴珠挈元孙往游西郊公园。滋儿、佩华往游北海公园。

湜儿则出外修车。

十一时,小文来,滋、佩、湜亦先后归,因共饭。饭后小文去吉祥看戏。余无所之,乃展书续作校释廿五则,五时乃休。

润、琴及元孙三时半归。

夜饭后,湜儿往北京图书馆听王天木讲张衡地动仪,十时后乃归。本已微有感冒,风中往还遂发烧。

润、琴、佩陪珏人打牌(以下午小睡已足)。汉儿、芷芬来省,近十时始去。十时就寝。珏人夜起小解,情况与昨宵同。

3 月 22 日(二月十八日　丁丑)星期一

晴,煦。

晨六时半起。八时半起,续作校释,至下午四时,得廿八条。《陈涉世家》全毕,共得二百二十二条。午前介然见过,知藏云即将接眷来京,住干面胡同卅一号科学院宿舍中。并知颉刚亦将来,住同一院中云。

珏人十时半偕潄儿往院作理疗,十二时半归。知仍照两野,前后各一,约后日十一时廿分再往照治也。

湜儿午刻起,仍有咳嗽,未入校,在家休息。

珏人午后小睡两时,夜眠尚好,只起溲六次,均得解,惟精神感疲乏耳。

滋为报道家中近况写信寄(潄)儿。同时又接澄儿复信,知业熊身体较差也。

夜饭后,与润儿偕往北京剧场看北京人民艺术剧院演出话剧《非这样生活不可》,在场晤振甫、沛霖、志公、立准诸人。清儿即坐余旁。七时一刻开幕,十时五十五分毕,凡四幕七场。写东德炼钢厂工人卡尔周围人物之思想动态,极深刻。

散场后与清儿偕出,各乘三轮分道归。

到家未几,润儿亦御骑车回来矣。十二时半就寝。

3 月 23 日（二月十九日　戊寅）星期二

昙,傍晚放晴,气仍煦和。

晨六时半起。九时开始工作,用蜀本、百衲本、汲古本、会注本校《留侯世家》,至下午五时毕之,颇感痛快。

珏人神疲惮动,或照治有反应,抑春分发节气乎? 夜起十馀次,但都得解,而益觉劳乏矣。

傍晚与滋儿出散步,越一小时乃归。

夜饭后,均正见过,谈青年出版社小椿树胡同宿舍如何解决事,意欲由余出面购下,再为上缴,殊觉可笑,峻谢之。九时三刻辞去。十时就寝。

湜儿竟日未起,恐系重感冒,有三分热。

3 月 24 日（二月二十日　己卯）星期三

晴,煦,微有风。

晨六时半起。九时,潜儿来,谓文权大便色黑,经医检验,系溍血,方陪同在干面胡同联合门诊部诊治,不能侍母往红十字医院就诊矣。乃令滋儿于十时十分侍珏人往诊。十一时,文权从门诊所来言,系胃疾,恐溃疡,今日下午三时即入天坛第一医院疗治云。十二时一刻,珏、滋归,仍知前后各照一野,精神疲乏,医云反应也,无大碍,可安心。又有顷,潜儿自其家复来,遂共啖面,以今日小同生辰也。饭后,雪英来访珏人,承送罐制西瓜一事,谈至二时半去。

一时半,文权、瀋儿去,径往天坛医院投治矣。达先尚未出院,而文权又往,心头不免又加重分量。雪英去后,属珏人小睡,余乃勉将《留侯世家》分段标点,至四时一刻始毕之。

今日各报俱迟出,候至五时未见送到,颇焦灼,岂有大事故发生耶? 傍晚始来,则宪法起草委员会开第一次会议耳。宜其郑重如此也。

湜儿仍未起,有五分热,煎神曲投之。

夜十时就寝。珏人是夕甚安,仅起五次,惟精神、胃口两俱不佳,则不无耽忧耳。

3 月 25 日(二月廿一日　庚辰)星期四

先昙,后开晴,气煦。

晨六时半起。八时与滋儿出,步往南小街啜浆,以油果子下之,颇香脆,旋归。九时起,作《留侯世家》校释,至下午四时半,得四十八则。瀋儿来午饭,仍携楄去。五时,达先来省,盖下午甫出院,检查虽频,尚无结论可得云。知出院时曾与文权相晤,病势并不严重也。谈至六时半去。

夜感无聊,暖酒小酌之。珏人溲便似大好,惟饮食精神均差,或天气影响所致耳。九时半就寝。

湜儿仍未起,午后延张静容大夫来诊,谓系重感冒,注射盘尼西林,并留消炎片等药令服。夜间寒热略退,未净也。

3 月 26 日(二月廿二日　辛巳)星期五

初昙,旋开,午放晴,气仍煦。

晨六时起。十时廿分,滋儿侍珏人就红十字医院照治,十二时三刻归。即在天桥附近午饭矣。据医云,反应无妨,仍照两野,前面左侧,后面右侧各一野。归后觉饱胀,煎咖啡饮之,二时小睡,竟不寐,即夜间亦不安睡,仍起溲十馀次也。

湜儿寒热仍未净,至夜稍松,曾起行小坐,而元孙又感染发热矣。

夜饭后,芷芬、汉儿来省,九时三刻乃去。潜儿来午饭,饭后往视文权,五时半还,报尚未诊查出结果云。小同亦至,遂共夜饭,饭后未几即去。未晤及汉等也。

余九时起续作《留侯世家》校释,至下午五时止,得五十五则。

夜小饮,十时就寝。

3月27日(二月廿三日　壬午)星期六

昙,旋晴,仍煦。

晨六时起。整理拂拭,亦费多时。滋儿见人民唱片新目录有新出评弹片子多种,怂恿余同出为珏人选购若干张。九时半,遂与俱出,步至王府大街广播台服务部询之无有,再到东安市场两家唱片店及王府井百货公司青年服务部等三处,遍征之,竟有不知其事者,奇矣。爰过新华书店购得《人民画报》三月号及《美术》第三期。已十一时馀,乃复入市场,过上海菜饭馆吃面筋百叶而后归。到家已十二时。潜儿已在。有顷,硕孙亦至,遂共饭。

饭后潜、硕归去,珏人小睡,滋、湜亦睡。(湜今日退净浮热,上午起。)余乃续作校释,至五时许,得廿四则。眼花神倦矣。傍晚,潜、硕复来夜饭,夜饭后去。元孙昨夕有寒热,今晨延张静容大夫来诊,病况与湜儿同,打针服药后,当夜即退热,然为此已致麻烦不少矣。九时半就寝。珏人虽频起溲,均得解,尚安。

3 月 28 日（二月廿四日　癸未）星期

晴，煦。晨有风，旋止。

早六时起。珏人较硬朗，而元孙热仍未退，且不思食，午后仍延张大夫来诊，亦无确切诊断，虽打针服药，夜间仍有寒热，至为耽心。午后，潴、硕往第一医院探视文权。珏人小睡。余无聊甚，即偕润儿出，步至史家胡同口，上环行路电车，到北海后门已三时。入园后，徜徉于五龙亭、小西天一带，返至仿膳厅前广场上啜茗小憩，坐至四时半起行。循海子东岸过陟山桥，穿倚晴楼，度长廊，出分凉阁，然后由堆云积翠桥出前门。以星期人多，车不得上，复步从北长街、南长街到长安街乘环行电车东行，至青年会下，转乘三轮归。

见芷芬、汉儿、鉴孙三人正在门口，盖来省已久，归去矣。知芝九来访，未晤甚歉。

夜小饮，九时半就寝。以多走路，颇疲乏，睡眠转好。珏人虽屡起，余只知三四次耳。

3 月 29 日（二月廿五日　甲申）星期一

晴，煦。

晨六时起。八时廿分，潴来，即偕珏人往天桥红十字医院验血、验小便工作，备明日照治时参考。十时许即归。

元孙热仍未退，再延张大夫来诊，竟又转肺炎，属服用氯霉素，饭后令润、琴出购药，急投之，每隔六小时服一次，至翌晨，热势大退，仅馀六分（本卅八度九分）。想能渐就平复耳。

余续作校释卅五则，自上午九时至下午四时半。

午后，佩璋见过，出平伯手书示余，谓所中四月四日至六日放春假三天，均作远足旅行，想余未必参加，已代回绝云。甚感之。

夜小饮，九时半就寝。

珏人虽起近十次，均得畅解也。

接淑儿信，知以盲肠炎入院割治，尚未拆线云。至以为念。

3月30日（二月廿六日　乙酉）星期二

晴，煦，略有风。

晨六时起。九时三刻，滋儿侍珏人往天桥红十字医院照治，十二时归，知因反应，仅在前面左侧照一野，约后日上午十一时廿分再照云。

濬儿来午饭，饭后往天坛第一医院看文权，仍携榼去，须明日再来矣。

上午九时起，余续作校释，至下午五时止，得五十五则，《留侯世家》将次完毕，仅馀四十馀则待写耳。

元孙仍有六分热，续投氯霉素，但精神已较振矣。

夜小饮，九时半就寝。

中国青年出版社发息通知已到，余原执股已调整为八千七百五十股云。

3月31日（二月廿七日　丙戌）星期三

昙，薄寒，近午开晴，又转煦。

晨六时半起。九时开始作校释，至下午四时半，又得五十五则，《留侯世家》完毕矣。综计《留侯世家》校释凡二百七十二则，《陈涉世家》校释凡二百二十二则，《项羽本纪》校释凡六百二十二则。三个月来共写校释一千一百一十六则,用稿纸一百八十五张,约四万六千馀字,兼以用四本通校,及分段标点等,亦费工夫不少也。

潜儿来饭,仍携槛去。元孙已退热,惟卧床不令起耳。

珏人亦好,惟感觉与前异,从前夜卧难畅,起行则稍见好,今则卧后得畅,起行后转觉短少且微有注紧之感也。

夜看孙子书《也是园古今杂剧考》。九时三刻就寝。

4 月 1 日 (二月廿八日　丁亥) 星期四

晴,煦。

晨六时起。八时,滋儿为余取股息,分别存入人民银行,并写信两封,分寄澄、淑两儿,报道家中近况,并慰问一切。昨日已先寄信与漱儿,汇五十万元去,属先送廿万与淑用。十时廿分,潜侍珏人往天桥红十字医院照治。十二时四十分乃归。知大有好转,今日仍照两野。骨盘左侧前后各照一野云。

午后二时,潜携槛去。珏人、滋儿俱小睡。

修自来水龙头唤匠为之。工料五万三千元。上午九时填好三月份工作汇报表,写信寄积贤,属即转冠英。随即用蜀本、百衲本、汲古本、会注本通校《陈丞相世家》,至下午四时毕之。

五时与滋儿出散步,由南小街至朝内大街,东至朝阳门,折南,循水关及小牌坊等处而归。

夜饭后,润、滋、湜陪珏人打牌四圈。九时半就寝。

4 月 2 日 (二月廿九日　戊子) 星期五

阴,近午开晴。早晚薄寒。

晨六时即起。九时许，魏幼鹏来，约立准下午三时来看我，大约商小椿树胡同宿舍事，余允之。午后果至，与幼鹏偕谈至四时后乃去。余意总以直向房管会说明经过，显求解决为是。立准以为然。

下午一时，潏儿先行，往天坛第一医院探文权。滋儿继行，侍珏人往天桥红十字医院照治，四时半归，知又有好展，仍照两野，前面左侧及后尻上各一野云。并知曾过第一医院看文权，兼晤达先。（亦以应召往，知有结核云云。）权则尚未彻检，而体重又增加，潏儿诸人当然引慰也。

余将《陈丞相世家》分段标点，三时前毕之。

夜九时半就寝。

元孙已痊，惟气力未复，仍卧床将养。

佩华夜归，以明晚长安夜戏票一纸呈余，谓汉儿特购以属献者也。

4月3日（三月大建戊辰　己丑　朔）星期六

晴，煦。

晨六时起。拆除火炉。元孙仍软疲，莫能兴，为之大怜。

十时，潏儿来，十一时许，与珏人、潏、滋同出，潏侍母乘三轮行，余与滋则步从，共诣东安市场森隆酒楼午饭，兼为小酌，珏人尚合胃，进炒菜及炒面烧麦等，皆称善。余等大安。食后在稻香春购饵数事，送珏、潏登车先归。余在吉祥购得明日日戏票一张，然后偕滋儿乘二路公共汽车到北海，入园循东岸行，登土阜，弥望桃林间，已谢矣。花事之速过如此，真堪惊诧矣。无情揽赏，匆匆即出后门，乘环行电车回青年会，复缓步以归，正三时。珏人正就榻小睡。湜儿亦归未久，盖今日起，校中放春假，一早便出，独往故宫参观绘画、陶瓷两馆，至午后始返耳。

五时出，乘三轮往访晓先，盖汉儿有电话致润儿，谓丁家知余今晚往西城看戏，特邀去吃馄饨也。至则芷芬已先在，并晤文叔。谈至七时，汉儿方到，余与芷芬乃先行，径赴长安戏院。坐定已开戏矣。越半小时，汉始至。是夕剧目为吴素秋、姜铁麟等合演之全部《伊帕尔罕》。十一时一刻散。芷、汉送余上三轮而别。及到家，小坐便尔就寝，已十二时矣。

4 月 4 日 (三月初二日　庚寅) 星期

阴，曾见细雨，旋开晴。气仍煦。

晨六时起。八时半，与滋出，乘三轮上蟠桃宫随喜，寻徜徉于临时市集，今岁又为改进，摊位分类排列，且隔出行人通道，交通大为方便矣。以时尚早，陈物不多也。遂与滋觅路东南行，越铁路循外城根到广渠门城厢，出城一览。复入循广渠门而西，复穿铁路下到旧栖流所天龙寺，由元宝市折北，穿南小市至花市大街，复东行，在铁辘轳把上公共汽车，入崇文门，抵东单下，再换三轮北归。

到家汉儿、达先、潊儿、昌顯、元锴、元镇、元鉴俱在，至十一时许，余与珏人、潊儿、汉儿、达先及锴、镇、鉴同往东安市场南花园国强餐社午餐，至十二时五十分，余先行，步至吉祥看戏。第一出《牛皋下书》已登场，旋为《挑滑车》，继为李万春、李砚秀、李庆春等之《武松》，自挑帘裁衣至十字坡打店止，已五时。散出即乘三轮遄返。知珏人归后尚安，殊慰也。夜饭后，坐院中闲谈，略得夏趣矣。七时半，潊、硕去。九时后就寝。珏人起溲仅五六次，仍畅。

4月5日（三月初三日　辛卯　清明）星期一

晴，煦，入夜起风，初西北风，后转东北风。

晨六时半起。雪英来，适潴儿侍珏人往红十字医院照治，俟至十二时四十分，乃见归，因共饭。知今日仍照两野，左前侧及左后侧之骨盆各一野云。午后二时，潴、硕去。雪英有顷亦去。珏人小睡，滋儿、元孙亦睡。余乃与湜儿出，步至朝阳门乘二路公共汽车到北海前门，入园后度积翠堆云桥至漪澜堂，乘渡船到五龙亭，径往天王殿，参看北京历史建设博物馆筹备处所办之出土展览，惜时已促，四时即谢客，匆匆一巡而出，茶于仿膳厅前广场上。五时离座，出园后门，乘环行电车东行，湜儿到灯市口赴校开会，余则于魏家胡同口下，步往八条访圣陶，应其招饮也。晤满子，知至善亦甫自石家庄归耳。有顷，圣陶、墨林、至善俱返，因共坐小饮。酒甚醇，盖彭真市长所赠而分享及余者，至感厚谊矣。谈至八时半，以风起，亟辞归。承雇车送，到家已九时，少坐至十时就寝。

4月6日（三月初四日　壬辰）星期二

破晓雨，旋小停，又雨，至傍午方霁，终阴。气乃转冷，复有料峭之感矣。

晨六时半起。十一时滋、湜两儿侍珏人往东安市场国强吃西餐。十二时，潴、硕来，余与共饭。饭毕，珏、滋、湜归。一时，潴、硕去。余与滋、湜陪珏人打牌四圈。三时，珏人、滋儿小睡。余乃续将昨日及今日上午所作《陈丞相世家》校释整理，写成六十六则，近六时乃止。

夜饭后,因疲乏早睡,九时即寝。

4 月 7 日(三月初五日　癸巳)星期三

晴,煦,早晚薄寒。

晨六时半起。九时至下午五时半,续作《陈丞相世家》校释三十八条,犹未及半也。十时半,潀来侍珏人往医院照治。一时许归,知今日仅照一野,且移其位于项后正脊云。大奇。岂现代治疗掌握统整观念与针灸之道暗合耶? 并知归途已在东安市场进餐矣。四时,珏人始小睡,未几即起。

夜感无聊,暖酒三小杯酌之。慰情聊胜,至堪自笑。

九时三刻就寝。

4 月 8 日(三月初六日　甲午)星期四

晴,煦。

晨六时起。九时续作校释。十一时潀来,珏人遂拉余及潀、滋同出,乘三轮往游中山公园,穿长廊入唐花坞,出憩于来今雨轩之中菜部。茶后进餐,餐后又茶,至一时乃行。经社稷坛出东北门,在阙右门东登三轮再出阙左门,循筒子河、东华门,由金鱼胡同、干面胡同、禄米仓而归。方欲续作,桢祥至,谈移时去。而绍华来商印旧书事,又谈至六时乃去。

检点条文,仅得十则耳。

夜小饮。九时,润儿出,当夜与总署同人乘车往怀来参观官厅水库,须明晚十时始归家也。

十时就寝。

4 月 9 日 (三月初七日　乙未) **星期五**

晴,有风,气稍凉于昨。

晨六时起。九时半,滋儿侍珏人往医院照治。十一时半,潽儿来,十二时十分,清儿来告,顷接滋儿电话,今日下午母病须转泌尿科复诊,不必等候吃饭。余等遂共饭。饭后潽、清俱去。三时后有人民银行外勤人员崔明珍来访,坐谈至四时许去。珏人与滋儿亦归。知今日在颈后侧照一野,后尻又照一野。泌尿科候诊稍久,约下星三下午三时半往照膀胱镜云。珏人神经又陡感紧张,在外午饭亦已减色矣。余自上午九时起,续作校释,至下午五时,凡得六十则。

入夜小饮。夜饭后,达先来省珏人,以咳甚无力已就寝,余与达谈至九时半去。十时,润儿归,知在西直门站下车,乘汽车送回者。匆匆未及多谈,即各就卧。珏人夜咳更甚,睡眠大受影响。

4 月 10 日 (三月初八日　丙申) **星期六**

阴,晨有细雨,午后显昙,一现即昙,终阴,气凉如昨。

晨六时起。八时续作校释,至午后三时,得卅六则,《陈丞相世家》全毕,凡二百有八则。

鉴孙九时来,潽儿十一时来,有顷,硕孙来,因共午饭。饭后二时,潽、硕、鉴俱去,今晚鉴即宿潽家矣。

珏人、滋儿俱小睡,五时起。

夜小饮,九时就卧。

4 月 11 日 (三月初九日　丁酉) **星期**

晴,煦。

　　晨六时半起。九时廿分出，乘三轮到中山公园，径至来今雨轩。雪村、心如、文叔、彬然已先在。有顷，伏园至，谈至十一时半散。知圣陶往游八达岭，寿白则未到也。园中游人甚众，出门时颇挤，令人回忆儿时苏州三节赛会时阊门城闉情景不置。出园后乘三轮到石驸马桥芷、汉家午饭。至则达先、清儿、建昌、建新、潏儿、昌硕俱先在。滋儿、琴珠、元孙亦奉珏人同到。沈云瑞及其女弟云娟适来。雪英亦以珏人在彼来会晤，故饭时极为热闹。饭后继文、漱玉亦挈其新生女儿来。盘桓至四时半，乃与珏人、琴珠、元分乘三轮三辆归。滋儿则先已乘公共汽车归家矣。

　　潏儿、昌硕午后往探文权，五时半回到小雅宝，据云仍未会诊，因无出院之期云。昌硕又发热，情绪大不佳，遂即忙回去夜饭，亦不肯吃也。

　　六时半，余草草进食讫，即乘三轮往吉祥，看京市第三京剧团演出。七时开幕，先为冀韵兰之《盗库银》，武工身段都佳。继为陈少霖之《定军山》，老到而已。休息后，为张君秋、刘雪涛之《生死恨》。君秋唱做色艺楚楚动人，雪涛亦较高维廉为佳。惟扮相差削耳。

　　十一时散，乘三轮亟归。及就寝已十一时半。珏人虽出门劳乏，尚不见如何不好也，为之稍慰。

4 月 12 日（三月初十日　戊戌）星期一

　　晴，煦。

　　晨六时起。九时，滋儿侍珏人往视潏、硕，十一时归，谓硕热已退，静养一二天即可入学云。十二时潏来饭，饭后仍携槛去。

　　润后饭，后归以圣陶见招书呈余，约今晚过饮其家。

二时，珏人、滋儿、元孙俱小睡。余乃将《孙子吴起列传》标点分段，并改写校释二十二则。五时乃歇。

六时出，乘三轮赴八条，晤圣陶、墨林、至善，兼谒叶老伯母。小饮至七时半，谈老伯母庆寿事，近九时乃唤车送我归。

十时就寝。

珏人不甚思食，精神乃不如昨，时好时坏，终难放心也。滋儿复澄儿令廿日左右来京，盖阿凤须于二十日回南一行也。铺位可以安排，而且得佐理家务耳。

4月13日（三月十一日　己亥）星期二

晴，煦，阴处础润，夜深有雨。

晨五时即起。十时，滋儿奉珏人出，前往医院验血及尿，并在后尻照一野，下午一时三刻许乃归。

澄儿十二时来，俟珏人等归始共饭。珏人进食日少，精神日衰，大为担心，明日仍须前往照治，并在泌尿科复诊，以此伊心更见重压矣。奈何！奈何！

九时起改写《孙子吴起列传》校释，至下午五时半止，得八十六则。全篇过半矣。夜小饮。九时即寝。

4月14日（三月十二日　庚子）星期三

阴，时有雨，气遂转冷。

晨六时起。珏人以精神负担竟惮于起坐，经坚劝就医，九时始起。十时，澄儿来，乃侍以往，下午五时廿五分始归。盖上午在前左侧照一野，下午在泌尿科照膀胱镜。（下午由汉儿前往接侍，澄儿则往第一医院接出文权先送归去。）据汉儿报告，医云大有好转，仍须继续照治也。

五时半,彬然来访,谈移时去。

濬、清亦俱来省,知文权已安返寓所,旋偕去。

芷芬来省,夜饭后,与汉同归。

余续作校释,改写六十二条,自晨至暮,乃将《孙子吴起列传》校释全部了毕。凡一百六十八则。

夜十时许就寝。

4 月 15 日（三月十三日　辛丑）星期四

阴,偶露晴光,午后有风,较昨益冷。

晨六时起。竟半日与家人谈珏人精神,因稍复。午前文权、濬儿先后至,饭后二时乃去。珏人、滋儿、元孙亦小睡。余遂整理旧稿,预备新工作,向晚停。

夜饭后,藏云夫妇携其少子见过,知三日前已迁来干面胡同卅一号矣。谈移时去。

九时许,达先来告,明日晚餐在森隆,已定下一席云。十时去。余遂就寝。

4 月 16 日（三月十四日　壬寅）星期五

阴雨,人稠处却燠闷异常。

晨六时起。九时半,濬儿来侍珏人往医院,十一时三刻即归,仍照两野,前右后左各一野云。

文权十一时来,因共饭。饭后权、濬去。珏等小睡。

佩璋见过,承带到所中本月工资,并告配米尚未批到,须少待也。下星二约同往校中听报告,平伯亦去云。

　　五时半,余偕滋、湜两儿雨中出,步往森隆就食。(道遇藏云,立谈片刻。)盖今日为余与珏人结缡四十三周年纪念,儿辈治馔于彼,称庆故也。珏人、元孙、阿凤先乘三轮往矣。余等到东安市场后在稻香春购礼物(寿叶老伯母者),并往新华书店买到人民文学出版社新出版之《水浒全传》(即西谛主校之一百二十回本),然后登森隆三楼,则文权、濬儿、达先、清儿、芷芬、汉儿、润儿、琴珠、佩华、硕孙等俱在,乃团坐饮啖,珏人尚高兴,饮不能而进食较多,八时半罢。余与珏人先乘三轮归。馀者陆续分头各归矣。

　　以燠汗,到家即拭身易内衣,少坐即寝。

4月17日(三月十五日　癸卯)星期六

　　阴,渐霁,午后略晴,风渐作,陡冷。

　　晨六时起。用蜀本、百衲宋本、汲古本、会注本校《商君列传》一过。午后五时始毕。

　　权、濬来饭,饭后携槛去。珏人小睡未着,忽感牙疼,全头部均牵动,呻吟不止,余为大慌,投散利痛一片,仍未止,至夜九时再投半片,乃略停,未几入睡。

　　六时,余与湜儿匆匆饭已,同往吉祥看京市第四京剧团演出。七时开幕,十一时散。先为姜铁麟、窦金友等之《嘉兴府》。继为吴素秋、李德彬、张荣善、刘鸣才、杨元才、汪鸣辰、张曼君等合演之全部《苏小妹》。此剧余已屡观,确有进步,而丑角俱能发挥所长,颇好看也。在场遇陆轶程夫妇,匆匆略谈。

　　散后乘三轮遄返,已十一时半,珏人已入睡。询知九时后即止痛云。清儿曾在省,即去。

　　耕莘征钱瘦铁、孔小瑜、吴青霞、应野苹、谢之光、唐云、张炎夫、周怀民合绘《萱堂集庆图卷》,邮贺叶母九十寿,今日午后托人带到出版总署,由润儿携归,附函属为弁言代送云。明晨当一为之。

十二时就寝。

4 月 18 日 (三月十六日　甲辰) 星期

晴,大风,午后黄尘涨天,殊感冷。

晨六时起。为《萱堂集庆图》撰跋语,并题志画后云:

> 阏逢敦牂之岁,宿月中瀚之季,欣值叶老伯母朱太夫人九袠大庆,傅君耕莘豫海上画友合绘《萱堂集庆图卷》,先期邮京,属弁一言,以介景福。余维叶母耄耋康疆,期颐坐致,令子圣陶方以还历之年绾政中枢,分司邦教,文被黉舍,欢承萱庭,固已秩式乡国,荣施戚党,而文孙至善、至美、至诚又皆蜚声于著述之林,回翔于艺术之苑,曾孙三午辈并在妙龄,亦森然兰枝挺秀,玉笋联华矣。岂惟家庆,询乃国瑞,辄敢抗颜。受命升堂上寿,推傅君遥贺之忱。谨为献图,分缣素余光之赐。顺祝添筹。

十时即卷以行,偕珏人、湜儿径往八条叶家贺寿。盖正日为二十日,今乃乘星期休沐,豫为暖寿耳。

到客不少,余家润、琴、滋、佩及权、濬、达、清、芷、汉俱往,晤到红蕉、亦秀、心如、文叔、调孚暨晓先、雪村、均正、锡光、祖璋、龙文、彬然七伉俪,并其他稔友至夥。午饮凡列六席,余则与调孚、文叔、心如、雪村、均正、祖璋、锡光、彬然、晓先、伯恳同座。飞觞角饮,久不为此,今日乃得放而行之,殊以为快饮,啖亦酣。下午二时始罢。唤摄影师来就院中东庑之前合摄一影,老幼大小,凡六十馀人,亦洋洋大观矣。四时辞归,珏人仍由吴海接送,余与调孚、晓先等步至魏家胡同口,送伊等上电车后,亦唤三轮南归。

何、汤二君来访,约五月二日在北海揽翠轩聚谈。

文权、潏儿、硕孙夜饭后归去。晚八时,润、湜两儿及阿凤前往车站接澄儿。盖来信云今晚当到也。

达先来探,因与坐待至九时五十分,果见澄、润、湜及埙、皑、培三孙均到,大慰。略作安顿,即各就寝。达先归去。

平伯书来,示我近拟板桥道情四章,情见乎词,病臂以来,宜有此感矣。

4 月 19 日 (三月十七日　乙巳) 星期一

晴,略有风。气已稍和。

晨六时起。书复耕莘,录跋语告之。

标点《商君列传》,并分段。

九时,潏侍珏人往红十字医院皮肤科就诊,据云照治反应过甚,须停止,休息一周后再往照治。故十二时即归。

饭后权、潏携椷去。珏人小睡,以皮肤科配药搽用后,遂止痒,得安睡,颇慰。

夜饭后,清、汉及达先、建昌来省,兼晤澄。谈至九时半皆去。

傍晚时余,与滋儿出散步,顺至灯市口安利买面包,并在土产公司看看。货物虽多,合需者却少,岂南北口味不同,抑调配尚有欠当乎?

4 月 20 日 (三月十八日　丙午　谷雨) 星期二

晴,煦,夜月姣甚。

晨六时起。撰《商君列传》校释,自上午九时至下午三时半,得三十七则。

人民文学出版社冯雪峰书来,约参加《红楼梦》座谈会,附来王佩璋论文一篇。佩璋受平伯之教熏陶,渐成红学专家矣。可喜也。

珏人以病缠之,故影响心理,颇多悲观,在其旁者亦不免情绪难安。余强持已久,今晚乃气急易喘,中夜不宁,心脏殆已受病矣。

文权来饭,知潚亦卧床,小同仍未入学。颇乏味。饭后携榼去。滋儿午后往鼓楼第四医院复查身体,归云须一星期乃揭晓,以是余胸结块垒之益不能平。

4 月 21 日(三月十九 丁未)星期三

晴,煦。

晨六时起。九时许,与滋儿出,步至大华门首,乘电车到珠市口南山涧口站下,循永安路而西,过苏联红十字医院,迤逦由城隍庙街、黑窑厂登窑台德昆茶社憩息,至十一时下台,绕行陶然亭西岸一周,波平如镜,绿树苗条,杂花缀之,土山新建茅亭二,花棚一,略有嵌石为饰处,顿改曩日荒坟累累、断碑纵横之旧观矣。再越年季,将益焕然难认耳,为之留连久之。十二时许在黑窑厂南口乘三轮到观音寺东口,再步入大栅栏,饭于厚德福饭庄。饭已,北行至东车站乘电车到青年会,顺在合作社购得布鞋携以步归。到家已二时许矣。

滋儿再出,往派出所报临时户口,越时始返。澄儿则携三子随潚儿往游其家。三时,珏人始就睡。

接聿修汉口来书,知已西调到汉矣。

六时出,乘三轮往卧佛寺街晤晓先,赴其招饮也。与顾有成、杨声初、谷春帆、江红蕉同席。皆四十年前草桥中学先后同学,且皆能饮者也。畅谈酣饮,不觉移时,九时四十分始散,仍乘三轮遄返。

到家已十时半,除佩华在小经厂看越剧未归外,举室就寝矣。珏人尚安,夜起四五次,亦如常。余少坐即寝。

4 月 22 日（三月二十日　戊申）星期四

晴,午后大风时作,傍晚稍止,气躁闷。

晨六时起。八时续撰《商君列传》校释,至下午四时止,得四十八则。五时半,与滋儿出散步,顺在安利购饼饵,以风沙多,即归。

权、潜来午饭。饭后澄及三孙偕之同出,有顷,澄等归,谓权等已归去。伊则往访旧邻王家,未遇,亦遂折回也。

夜饮五星啤酒为遣。九时就寝。佩华以参会迟归。余竟未之闻。

4 月 23 日（三月廿一日　己酉）星期五

阴霾,风沙,午后渐开,向晚晴,气仍不冷。

晨六时起。八时续作校释,至十一时三刻,得十六则。以须往达先家吃面(今日达先卅七初度)乃罢。徒步而赴之。珏人、澄儿、元孙及埙、垲、培三孙俱已前往矣。晤雪村夫妇、达、清、密先等。权、潜亦在。共面后谈至一时许,辞归。

珏人仍小睡,余则看新到之《美术》及翻检《世界知识手册》(一九五四),遂未续作。

夜,风止云开,星月交灿,闲步庭院,九时半乃就寝。

4 月 24 日（三月廿二日　庚戌）星期六

晴，下午有风，气煦。

晨六时起。九时，与滋儿出乘三轮到阙右门，待至十时，由中山公园便门入，循行社稷坛、唐花坞、水榭、长廊等处，见丁香盛开，牡丹犹未作花，芍药仅见茁芽耳。十一时即出，乘电车到王府井南口，在新华书店购得画片四张，行至东安市场北门，又乘三轮归，已十二时矣。乃与权、潏、澄、滋、湜等共饭。珏人精神尚佳，午后与潏、澄、滋打牌四圈，竟未小睡。余午后续作校释，以考索较多，至六时仅得十四则耳。

六时，顺林来，因共夜饭。

权、硕午前来饭后即去。潏则夜饭后去。顺林八时半始去。

湜儿午后出，未归晚饭，直至十一时半乃归，余已就寝矣。滋儿午后虽打牌，仍得小睡两时。润儿以署中同人明日有颐和园之游，今日即住西郊承办赁船诸事云。

4 月 25 日①（甲午岁三月　大建戊辰　廿三日　辛亥）星期

晴和，略有风。晨六时起。八时后即陆续有人来，以今天为潏儿四十三岁初度，故达、清、芷、汉、锴、镇、鉴三孙都先后到来也。加以权、潏、硕及澄、垲、垲、培与家中润、琴、滋、佩、湜、元孙等，实已挤满一屋。午面后，达、清、芷、汉一行皆去，权、潏一行则夜饭后乃去。劳扰一日，颇觉疲倦，晚八时即睡。珏人日间未小睡，晚间不免稍有影响。

---

①底本为："复初日记第五卷"。原注："甲午三月二十四日清晨。容安老人自署。"

4 月 26 日（三月廿四日　壬子）星期一

晴煦。晨六时起。九时清儿来，越一刻，侍珏人往天桥苏联红十字医院诊治，仍转皮肤科，先问可否续照，然后再就 X 深线治疗室照治，仅在后尻右侧照一野（以停一星期不能急遽故），约明日上午十时四十分再往照治云。归来已一时，余等先得讯（润儿归述电话），与权、潘、澄、滋等先进午饭矣。午后珏人等皆小睡，三时后潘、澄、滋携埙、垲、培三孙游北海公园，近七时乃返。余续撰《商君〈列〉传》校释五十则（上午八时半至下午五时许），仅逾三之二耳。六时半晚饭，饭已即出，乘三轮往吉祥看梁慧超剧团演出，韩长秋、韩春树之《演火棍》（长秋饰杨排风，春树饰焦赞）已过半矣。继为梁慧超、王斌春之《赚历城》（梁饰马超，王饰夏侯渊）。继为李世琦、杨世桢之《古城会》（李饰关羽，杨饰张飞）。休息后为梁慧超、韩长秋、韩春树等之《乾坤圈》（梁饰哪吒，春饰金吒，秋饰石矶娘娘）。十时五十分散，梁、韩武工卓越，梁之扮相在尚长寿之上，韩之技艺亦不亚冀韵兰也。出场后乘三轮遄归，知湜儿今晚演习，预备五一节充标兵云，遂掩关就寝。

4 月 27 日（三月廿五日　癸丑）星期二

晴煦，下午风作，入夜声吼如牛，飞沙积窗棂，竟夕未停声。晨六时起。八时续作校释。至午得十五则。雪英来饭。珏人偕潘儿十时往医院照治，十一时三刻即归，与雪英晤。饭后一时四十分，所中车来，乃乘以过平伯，遂偕平伯、佩璋驰出城，径赴北大礼堂，听苏联专家讲文艺人民性，在场晤冠英，并见到力扬、贾芝、周妙中，其他熟人以稠人广座竟未得见也。三时开讲，六时毕，仍乘原车送归。

到家未及七时也,即与家人会食。饭后与澄等闲谈,十时就寝。

4 月 28 日 (三月廿六日　甲寅) 星期三

　　晴,有风,下午渐阴,气燥而燠。入夜雨,未几止。晨六时起。九时滋儿侍珏人往医院照治,十一时半即归,仍照两野,一在小腹左侧,一在项肩右侧云。瀋儿十一时来帮同澄儿包饺子,中午即以为餐。午后珏等小睡,滋儿往中国青年出版社报到,盖前日复查结果大有好转,可以半日工作矣。现拟五月三日上班也。四时,本管派出所长来送面票,顺与我谈,久之乃去。权、瀋四时半去,滋儿五时归。余自上午八时起续作校释至五时止,得二十八则。考索较多,自较不甚爽手耳。夜饭后与润、湜两儿携埙、垲、元三孙出散步,在禄米仓西口零售商店购物数事,略驻足,即归。八时,振甫、农祥来访,谈至九时半,雨过乃去,余亦就寝。

4 月 29 日 (三月廿七日　乙卯) 星期四

　　晴煦,傍晚微有风,夜深有雨。晨六时起。八时续作校释,至下午六时始将《商君列传》校释完毕,凡得二百三十六则,今日成四十则。九时半瀋来,侍珏人赴诊,十二时即回,在臀之左右各照一野,后须五月三日始复往云。下午史学会送来五一观礼证。午后瀋、滋陪澄儿及埙等三孙往游西郊公园,傍晚乃归。元孙昨夜发热,今晨退,下午又略高,入夜竟达卅九度馀,但精神尚好。夜小饮,十时就寝。

4 月 30 日 (三月廿八日　丙辰) 星期五

　　阴雨缠绵,气遂大凉。晨六时起。元孙热退,仅有三分浮温,午后又高起,至五时许竟出四十度,琴珠急往社中取介绍信并由滋陪同前往马市大街第四医院儿童部急诊,越时返。据医检查结果,无他疾,又为扁桃腺肿胀之故耳。注射盘尼西林即归。夜间热势略退,平明又剩六分。余为珏人及元孙所影响,心神大不宁贴,终日叹闷而已。夜小饮自遣,九时半寝。附耕莘复圣陶谢信去。

5月1日(三月廿九日 丁巳)星期六

初阴旋开,日不烈,风亦不作,气煦又如前日矣。晨五时半起。七时出,步往出版总署晤彬然,在途遇高谊、文迪、达人诸人,到署后晤伏园、静庐、静芷、公文、明养、陈原诸人。八时乘署中车同载以赴劳动人民文化宫,同乘者皆分赴右台及南一台,独余一人在左台,未遇一识者。自九时前立,至十时毛主席登天安门礼典开始,由彭市长致词毕、奏乐、鸣礼炮、呼口号,游行亦开始,先为仪仗队,继为少年先锋队、工人、农人、机关干部、市民、学生等队,最后为文艺大队及体育大队,前日经过凡五十万人,一时一刻始礼成散会,始终热烈庄严,令人肃立忘疲,散出时遇均正,盖亦独自在左台,而彼此未得先晤,亦奇也。于是偕入文化宫,自南池子门而出,沿途人挤而无车,直走至米市大街始获一三轮,即与均正别,遂登车亟归,已将三时矣。家人煮面为供,聊取果腹。四时后达先、清儿、建昌、汉儿先后来省。六时,达、清、澄、昌及滋五人奉珏人出就餐于王府井敦厚里梁家菜馆,余与汉、润、湜、琴、佩及埙、垲、培在家晚饭。饭甫毕,珏等归,权、瀹、硕亦至(伊等今日自具餐),来约共往天安门看焰火。入暮,焰火已作,权、瀹、澄、汉及硕、埙、垲、培均出,琴珠送之,顺为看灯,澄、汉及埙等则径往石驸马桥,须小住一二日云。余与湜儿亦出门闲步,至什方院南小街一转即返,十时就寝。

5 月 2 日（三月三十日　戊午）星期

晴，午后微有风，气又转煦。夜半大风。晨六时起。元孙寒热已退净，为之大慰。九时半挟稿件三篇将往质于西谛。先过北海，应茂如、松云揽翠轩之约，至则坐无隙地（今日星期例假，又值五一后，例须免费开放），不见得汤、何二人也。徘徊有顷，即出后门，径造黄化门大街访西谛。而谛适往公园，晤君箴，谓将归饭，坚留坐待至十二时许，接其电话，谓在园中遇愈之、圣陶，同往国际饭店午饭，饭毕即归云。余遂与君箴及太夫人共饭，饭后坐其斋中看《景德镇陶录》以待之。四时许始与圣陶、灿然同返，共谈至六时许，余以稿件留商，并与圣、灿略论及之，西谛命车送余等三人各归。知小文、家梅曾来饭，茂如亦以空坐无着，来告爽约云。入夜小饮。夜饭后，权、潜、硕来省，少坐便去。九时就寝。

5 月 3 日（四月　小建己巳　己未　朔）星期一

晴煦，略有风沙。晨六时起。十一时潜来，十二时午饭，饭后即侍珏人往天桥苏联红十字医院照治，三时三刻归，知仍在小腹左侧照灼一野，预订五日上午十时半再诊云。滋儿今日开始到社为半日工作，七时半去，十二时半归饭（三个月内将以为常），午后仍小睡休养。余午后用蜀本、百衲本、汲古本、会注本通校《平原君虞卿列传》一过，五时半乃毕。六时出，乘三轮往八条访圣陶、墨林，即小饮其家，所饮为上海运来自藏九年陈绍酒，味醇难求，久不享此矣。谈次，以所定《史记选》篇目略例及已成《孙子吴起列传》校释质之。九时半乃归。由凤祥送至八条西口。乃乘三轮东归。三联新出《谭嗣同全集》承圣陶见赠携归，翻阅良久，十一时始就寝。

5月4日（四月初二日　庚申）星期二

晴煦，下午有风沙。晨六时起。看《谭集》。饭后标点《平原君虞卿列传》。圣陶属润儿带还昨送之件，承提意见甚多，至感，将力谋有以副其望也。伊主愈白话化愈好，而余乃不免拖泥沾水，难能摆脱文腔，宜来此箴砭耳。疲甚，小睡半小时。四时半与滋儿出散步，竟走到王府井新华期刊门市部，买得《人民画报》四月号以归，至东安市场乘三轮行。澄儿率三孙于下午三时自汉儿所归。夜小饮。八时半即寝。湜儿出，参与苏联青年联欢晚会，十二时后乃还。

5月5日（四月初三日　辛酉）星期三

晴煦。晨五时半起。九时半濬来，侍珏人就诊，十二时返，仍照一野，明日上午十时十五分须往再照云。下午作《平原君虞卿列传》校释廿二则，五时半乃已。夜小饮。九时半就寝。中夜元孙又以扁桃腺痛胀发烧。此儿体弱如此，真不禁风吹矣，奈何！

5月6日（四月初四日　壬戌）星期四

晴煦，入夜起风，未久即止。晨六时起。八时四十分出，乘三轮往东四头条文化部，应文学研究所召开会议也。至则由阍者导入社会文化事业管理局会议室。时尚早，余为第一人，有顷，其芳、冠英、默存、妙中、道衡至，又有顷，西谛至，最后平伯、佩璋至。九时一刻开会，汇报工作后谈《诗经选》、《红楼梦》定本及《话本选》等诸问题，余亦将修改《史记选》目提出，结果删去《屈贾列传》，加入《刘敬叔孙通列传》。十二时四十分散出，走至朝阳门大街，仍乘三轮归饭。知珏人已自苏联红十字医院返,仍照两野,一野在小腹右侧,一野在项颈左侧,明日尚须再往云。元孙寒热仍未退,午后仍往马市大街医院诊治,由润、琴同去。据云还是扁桃腺关系,明日仍须复诊也。下午余续作校释二十一则,五时半歇。湜儿五时归,余令为我在吉祥购得今明两晚戏票各一张。六时半夜饭,饭后独往吉祥看京市第一评剧团演出。七时一刻开,先为狄江、王琳之《孔雀东南飞》,颇能曲达哀感,末了双双,投池一场殊紧凑。休息后为张筠青、袁凤霞、宋桂岚等《赚文娟》,情节与京剧相同,惟改苏小妹为秦少游之亲妹耳。张饰秦妹,袁饰少游,宋饰文娟,俱称职,而王度芳饰柳元卿,杨星星饰任草包亦极松,不①京剧团之刘鸣才、汪鸣辰也。十一时散,仍乘三轮归,到家少坐即寝。

5 月 7 日（四月初五日　癸亥）星期四

阴晴间作,气燠不畅。晨六时起。十时润、琴携元孙赴马市大街复诊,有顷,潏儿侍珏人往天桥复诊。金泉源见过,谈片晌去,润等亦归。又有顷,珏、潏亦归。知元孙无甚妨事,只须静养便好。珏仍照两野,在小腹左侧及臀部右侧,谓需十日上午再往照治云。续作校释数则,意绪不属,遂辍手。下午珏人、滋儿俱小睡,潏则归去。六时夜饭,饭后独自步往吉祥,看北京戏曲实验学校演出。七时一刻开场,先为戴新兰（饰王宝钏）、叶庆荣（饰薛平贵）之《投军别窑》,唱做俱认真。继为《审头刺汤》,朱秉谦饰陆炳,张启洪饰汤勤,李开屏饰雪艳,甚佳。张表汤之猾狠刻画到家,朱表陆之机敏,实掩有谭马二家之长,可造之材也。休息后为《大闹嘉兴府》,钱浩

---

① 此处疑有阙字,或当为"及"、"若"、"如"等。

梁饰鲍自安,柏之毅饰陈殿勇,梁九荣饰鲍金花,都称武行,本为后生所擅,开打当无间言耳。十时半即散,乘三轮遄返,少坐便寝。

5 月 8 日（四月初六日　甲子）星期六

晴不甚朗,午前后有风,傍晚加紧,入夜尤亟,气仍燠。晨五时半起。十一时濬儿来,近十二时与澄儿侍珏人出就东安市场国强餐厅午饭,二时乃归,盖珏人劳濬、澄也。续撰《平原君传》校释四十则。午前十时至午后四时止。曾与滋儿出散步,以风作即归,仅在合作社购得大前门香烟一条而已。夜看周贻白《中国戏剧史》。此书本约在开明出版,以日寇发动太平洋战争,无法付印而止。日本投降后,遂转中华书局出版,今已初版二次印行矣。抚今追昔,不无莫名之感。十时就寝。

5 月 9 日（四月初七日　乙丑）星期

晴煦。晨六时起。八时半出,乘三轮往中山公园循长廊而西,经唐花坞、兰亭碑亭,再折而东看牡丹池,姚黄魏紫,弥望成畦,所惜花时已后而连日有风,落英满地,枝存残花矣。东至来今雨轩,晤伏园、梓生、寿白、文叔、心如。有顷,圣陶、彬然至。又有顷,力子至,在别席遇平伯及调甫,茶至十一时三刻散,与彬然乘电车到大华门首,走访东单三条雪村新居,盖今日自东总布胡同移往也。至则什物杂置,一家人全往附近饭馆午饭矣。略问其佣人,即换乘三轮归。汉儿、错孙在,乃共饭。三时,汉、琴、错往视顾公绪夫人疾,五时返而清儿适至,少坐便接抱建新归去（建新晨来,至是接去）,汉、错于晚饭后始去。夜小坐,看《中国戏剧史》。九时半就寝。元孙今日始起床行动。

5 月 10 日 (四月初八日　丙寅) 星期一

晴煦。下午起风,旋止,薄暮阴合,颇有雨意,闷甚。晨五时三刻起。看《毛选》第二卷。人民银行崔明珍来访,又谈移时乃去。珏人十时出,乘三轮(吴海御车)过潩儿,同往天桥苏联红十字医院就诊,十二时许吴海送归(潩径返矣)。知仅照一野,小腹下正中,约后日上午十时五十分再照云。午饭时佩璋见过,谓平伯下午三时有事,今日互助组开会,望能略为提早,故饭后即往,以今日南小街新辟公共汽车第十路(北出雍和宫北城豁子,到和平里新屋,南出正阳门过天桥永安路至北纬路),遂试登之。二时前抵平伯家,漫谈学习文件,三时半散,由小牌坊等处徐步以归。夜饭后看百廿回本《水浒》。九时即寝。润、滋、湜陪珏人打牌四圈,澄亦偶替一二副。

5 月 11 日 (四月初九日　丁卯) 星期二

晴煦,日中燠热,有深夏意味矣。夜月朦胧。晨七时起,精神殊不爽快。九时半平伯见过,共商讨《诗经选》数篇将向冠英提供意见。十一时与偕出,途遇介然,且行且谈,知颉刚房子问题又有变卦云。行至南小街,介然辞去,余与平伯乘十路公共汽车赴前门,午餐于西交民巷东口之玉华食堂吃拌干丝、软斗粉条、奶汤鲫鱼三味并灌汤包子各五枚,甚佳。食毕,仍乘十路公共汽车归。到家甫十二时三刻,家人正围案进饭也。一时半,复与滋儿出,再乘十路公共汽车南去,径到南终点北纬路下车,步往陶然亭,茶于窑台德昆茶社,四时行,循湖东出,由先农坛西墙根北去,仍到北纬路西口上十路车回。路经苏联红十字医院门口,左右各有路标站名,明日拟亲陪珏人乘此车往返矣。五时澄儿陪珏人往宝泉堂浴。夜饭后坐院中乘凉,移时始入卧,十时乃寝。

5月12日（四月初十　戊辰）星期三

晴暖胜昨。晨六时起。九时五十分陪珏人出,试步至南小街无量大人胡同东口,乘十路公共汽车往苏联医院就诊。十时卅分到,扶以登楼,稍休,至五十分召入 X 线治疗室照治,余乃下楼缴费,复登楼候之,十一时一刻即罢,出,仍扶下稍休,再步出院门,走至汽车站候车,少顷便至,遂偕乘而归,在禄米仓西口下,相将徐步到家,正十二时十分,坐定,滋儿亦归,乃同饭。珏人往返小步,居然未感劳疲。午后小睡亦佳甚,引以为慰。午后余续作校释廿五则。五时歇。夜小饮,初尝鲥鱼。饭后坐院中纳凉,移时始入卧。深夜有大雨作声旋止。接笙伯书,告近状,附自传请益。

5月13日（四月十一日　己巳）星期四

阴霾终日,间有细雨,晚晴,夜月好,气转凉。晨六时起。十时介然见过,谈移时乃去。澄儿挈三小儿往饭潴儿家,夜饭后归。余精神欠振,午后小睡,四时强起,益差。傍晚阿凤自甬归,先期无讯,突然到家,咸得望外之慰,询悉沿途及到甬后情形,遂同夜饭。饭后芷芬、汉儿、达先、清儿先后来省,谈至九时半去,知将过访潴儿然后各归其家也。十时就寝,睡眠不佳。一时后始合眼。

5月14日（四月十二日　庚午）星期五

晴煦。夜月甚皎。晨六时起。九时半陪珏人出,仍步至无量大人胡同东口上十路公共汽车,十时一刻到苏联医院,越一刻即入室照治,在当前小腹下照一野,以皮肤痒而起粟,遂转皮肤科诊治,因约廿一日上午再照,而十七日却须先为检验血液、小便及泌尿科复诊云。以此上下扶将往复,致珏人大为感累,十一时半乃出院,仍乘十路公共汽车归,在禄米仓西口下,步行到家。下午珏人小睡,余续作校释二十则。四时许,晓先来访,谈编教本事,因留夜饭,饭后与晓先及湜儿同访藏云于干面胡同卅一号。适值举家出,未晤。因访介然,亦未晤,晤介然之友宋君,略谈即出。月已上,乃步月送晓先在青年会上电车,而后与湜儿由无量大人胡同走归。看《水浒传》两回。十时就寝。

5 月 15 日（四月十三日　辛丑）星期六

晴煦,午后风沙交作,傍晚雷雨,入暮霁,夜月皎然。

晨六时起。八时续作校释十五则,午饭而罢。十一时珏人偕澄儿及埙等三孙往森隆会滋儿共餐。一时半滋奉珏人归,知澄等往瓷器库访旧邻王家矣。二时许湜儿自校归,因与偕出,乘十路转三路公共汽车到西直门,再转京颐汽车往西郊公园游览。沿途已有风沙,入园先往东首动物园,以苏联展览馆营建园中,颇有改动之处,竟不大熟识矣。匆匆由象房、熊山、狮虎房、鸣禽室等处浏览。风益大,黄沙涨天,且见雨点,遂未及憩足,即折回出园候车,见排队甚长,乃步入西直门,幸得攀登三路汽车,已甚挤,及到东单换十路车,风急沙障,不见对面人物,而雨意亦甚浓,候车者又众,以列在首端,居然挤上,沿途上者极多,车中几无隙地,至无量大人胡同东口下,大雨适至,立店家门首暂避,有顷,始由什方院走归。鞋虽沾泥,犹未湿透也。到家晓先夫人在,澄等则尚未归也。有顷,琴等归,遂共饭,饭后晓夫人去。又有顷,澄等母子始归。盖在王家吃饺子后放归耳。夜看《水浒传》，十时许始就寝。

5 月 16 日（四月十四日　壬申）星期

晴煦，夜月皎洁。

晨六时起。今日为佩华廿五岁初度，又值星期休假，九时后达先、芷芬、清、汉两儿及元鉴、建昌两孙先后来。有顷，文权、濬儿、硕孙亦至，润、滋两儿则为业熊购脚踏车，一早便往先农坛市场物色之。余等且谈且候，直至下午一时始就餐进面。三刻许，润、滋始归，以九十五万元购得一旧车焉。面罢，清先归，汉亦挈鉴、堨、垲归其家，达先、建昌亦去，权、濬、硕则往游北海。四时许，芷芬乃去。夜小饮。晚饭后琴、佩、澄陪珏人打牌四圈，余亦打五关为遣，十时始就寝。

5 月 17 日（四月十五日　癸酉）星期一

晴和，下午微阴。

晨六时起。八时五十分，澄儿侍珏人乘十路公共汽车往苏联医院检验血液与溲水。午后三时澄挈堨、垲归，谓伊等在院直等至十二时半始验到，出院乘三轮到汉儿所饭，伊先返，汉将侍母再往院中泌尿科复诊云。待至五时半，不见归来，乃与滋儿步至南小街候之，过往车辆十馀，迄未见，越时归，则汉儿、锴孙已夹侍珏人到家矣，盖出门时路中相左（余与滋出小雅宝，珏等进禄米仓）耳。询悉无所苦，惟老坐白等为厌，气难任也。夜饭后汉、锴归去。余续作校释四十六则。上午九时起，下午四时半歇。夜小饮。饭后呼汤洗身濯足易亵衣而卧，已十时矣。

5 月 18 日（四月十六日　甲戌）星期二

晴暖，下午风沙，傍晚略止，夜半雷雨。

晨六时起。八时续作校释五则，《平原君虞卿列传》已毕，又前后通看一遍，加以修改，全篇合计凡得一百七十八则。十一时珏人偕澄儿及埙、垲二孙往看清儿兼探望密先新产，饭后归。下午看《水浒传》。元孙又咳嗽，饭后琴珠抱往张静容大夫家诊治，移时归，谓略有寒热，无妨事云。六时一刻出，乘十路公共汽车往大华，看印度电影，坐定，润、琴来，此片为苏联摄制，各地风光介绍周至，而阶级不平显然，阅后令人兴亟盼解放之感。八时毕，乘三轮返，乃与润、琴夜饭，十时后就寝。

5 月 19 日（四月十七日　乙亥）星期三

阴，午后晴，略有风，气稍回凉，夜月皎甚。

晨六时起。元孙已痊。珏人精神较好，能摸索庭卉之分植矣。余看《水浒传》数回，正宋江投奔柴进、武松景阳冈打虎时也。夜小饮。八时五十分即寝，神懒腰痛，正不知其何以如此耳。

5 月 20 日（四月十八日　丙子）星期四

昙，旋阴，如此终日，颇有萧森之感。

晨六时起。腰痛不舒，闷坐而已。下午三时中央人民广播电台少年儿童广播编辑室函介刘朝兰同志来访，谈中国古典作品如何取材等事，余以钟毓龙《神话演义》及《太平广记》介之，移时辞去。接人民文学出版社函，约廿二日下午二时赴社参加《红楼梦》座谈会。夜饭时，润、湜吵架，颇怄气。饭后芷芬、汉儿来，潜儿亦来,九时后乃去,余即睡。

5月21日(四月十九日　丁丑　小满)星期五

阴,时有细雨,午后晴,气凉于昨前。

晨六时,腰痛仍未见愈,且加,后急大解两次后始稍舒。九时半澄儿侍珏人往苏联医院照治。十二时回,谓仍在小腹下、当前上下叠照两野,约下星期一再往云。珏人亦感腰痛,且感后尻骨有酸楚,想亦兼节令时气所致乎。接北大文学研究所通知,明日上午九时在中关园俱乐部举行第二次所务会议,廿九日下午二时半在所中开《毛选》讨论会云。午刻佩璋见过,亦顺为此事通知一声,且知平伯上午不出席矣。赴张店车票今晨已由阿凤在营业所购得,明日澄儿一行首途返张店矣,一月以来热闹将顿感静寂耳。午饭后澄儿往过清儿,会潗、汉摄影留念,移时即归。三时半滋陪澄往车站先结行李,备明日成行,五时乃归。余上午写信复笙伯、漱儿,下午用蜀本、百衲本、汲古本、会注本通校《魏公子列传》一过。夜饭后潗、清两儿来省,为昨晚润、湜事会同澄、润、滋、湜、琴展开批评,清说道理甚明,各人自作检讨,吵闹者自挖根源认过而罢。十时就寝。

5月22日(四月二十日　戊寅)星期六

晴煦,上午有风沙。晨六时起。七时出,候十路公共汽车不上(以挤故不开门),乃乘三轮往黄化门,晤西谛,妙中已先在,有顷,佩璋来,遂同登西谛汽车出城,径赴中关园俱乐部,以时尚早,与西谛过访默存、季康(住中关园廿六号)。坐谈至九时,复返俱乐部,出席第二次所务会议。先由西谛传达文化部对本所工作的指示

（业务领导归文化部），继由其芳报告五个月来本所工作概况，然后申说讨论。十一时西谛以另有会即先行，余俟十二时四十分会毕，乘所中汽车送归。贾芝与偕，在劈材胡同下。余到家，介泉适在，一年未见，握谈甚欢，俟余饭毕同至人民文学出版社参加《红楼梦》座谈会。席间晤冯雪峰、王任叔、聂绀弩、浦江清、俞平伯、吴组缃、吴晓铃、王昆仑、王佩璋、曾次亮、启玄伯诸人，谈至六时半始散，余饱聆名论，深餍于心，而介泉、玄伯、昆仑尤滔滔动听也。散会时遇敦易，云来京甫两月，匆匆立谈即行，社中本有聚餐。余以累乏辞归，乘三轮遄返。澄儿一行今午后二时成行，濆、滋及阿凤送之登车。夜小饮。十时就寝。

5 月 23 日（四月廿一日　己卯）星期

阴雨，近午晴，午后微曀，气爽肃。

晨六时起。看报多时。午后书与西谛，取回《项羽本纪》校释等三篇，属湜儿往。余则与滋儿乘十路公共汽车到永安路东口步入天坛闲眺，参观皇乾殿之世界青年赠送我国青年礼品展览会。旋即南行，在皇穹宇西侧茶棚下啜茗。三时许湜儿寻踪至共茶，至四时行，出坛后，乘电车到大蒋家胡同下，步入鲜鱼口小桥大众剧场候买退票（今晚叶盛兰、杜近芳演《吕布与貂蝉》，昨已售罄，故作万一希冀，候有人退票否）。至则排而立者五六人。明知无望即去，而之粮食店中和购得明晚京市一团所演《戚继光》票。时正五时四十分，遂与滋、湜步入正阳门，在西交民巷口玉华食堂晚餐，吃松鼠黄鱼、软兜带粉条、炒虾腰、灌汤包子等。食毕，仍附十路公共汽车归，到家未及七时也，汉儿、芷芬、锴、鉴两孙俱在，遂与家人共饭。饭后谈至近九时，汉等一行去。十时就寝。东华书来，附到所撰《汉语构词法举例》稿,托向西谛谋出版。

5月24日(四月廿二日　庚辰)星期一

晴,颢气清。晨五时半起。写信复东华,九时出付邮,即乘十路公共汽车到东四九条东口下,步往八条访圣陶。盖昨闻以洗澡生火中煤毒,故亟入探问。已复常,惟疲惫困卧耳。兼谒其夫人。墨林则照常上班去矣,坐谈至十时,即辞归。(顺以西谛所取归之校释稿请教。)仍乘十路车行,到禄米仓西口下,适遇润儿上车,为珏人往红十字医院转期也。珏人身з神倦,不任屡照,故令润往商可否展延耳。十一时潜儿来省,润儿亦归,知院中云须再照一千度,近则展至后日上午,仍须往照也。饭后潜去,珏人小睡,滋儿亦午睡如常。余以环境影响,神亦不振,看《水浒传》为遣,终难安定也。夜饭后独自出门,乘十路公共汽车到大栅栏下,七时廿分到中和剧院看京市一团演《戚继光》,七时半开,十时三刻散,取材于继光浙东御倭,重点在伸纪律、斩爱子,演技大都采自《雁荡山》、《秋江》等剧,足征观摩演出之裨益不浅也。散出,乘三轮遄返,小坐就寝,已十二时矣。

5月25日(四月廿三日　辛巳)星期二

晴煦。晨六时起。十时觉明见过,长谈,知颉刚七月中当能来京云,甚以为慰。十一时五十分辞去。今晚即须出城(每周来城住二天,即在东四头条一号中国科学院历史研究第二所住。)也。午后分段标点《魏公子列传》,四时半讫事。看陈伯达著《人民公敌蒋介石》,此竖之罪恶真擢发难数,现虽稽诛海外,终不能逃最后之公审耳。夜小饮。饭后文权来,谈至九时一刻去。十时就寝。

5 月 26 日（四月廿四日　壬午）星期三

时昙，傍晚晦暝，四塞须臾雷电交作，大雨如注，黄昏始停，气仍不爽。

晨六时起。九时半濬来侍珏人往红十字医院照治，十一时半即归，知在小腹左侧照一野，后日再去云。午饭后濬去。接澄儿报安抵张店信及笙伯汇还清儿挪款信。上午九时至下午五时，撰《魏公子列传》校释五十五则。夜小饮。食后续看陈著《人民公敌蒋介石》。十时就寝。

5 月 27 日（四月廿五日　癸未）星期四

晴暖。晨五时半起。八时始续作校释，至下午四时半得七十七则，《魏公子列传》及半矣。珏人今日精神较好，能治园卉半小时，为之大慰，午后仍属小睡二小时。六时半夜饭，饭后与湜儿往吉祥看中国京剧团演出，昨日买票，已落在楼上中间第八排，贴壁仅余二排矣。七时半开演，先为马鸿麟、袁金绵之《白水滩》，继为李盛藻、高玉倩之《宝莲灯》。九时休息，休息后为叶盛兰、苏维明、李金鸿等之《罗成》。十一时一刻散，上下客满，余父子所坐离台甚远，已难得，只能听之而已。北京戏迷之多，于此可见。归家就寝，已十二时。戏确好，所惜看不真切耳。东华稿件今日午后作书转送西谛矣，交湜儿送去。

5 月 28 日（四月廿六日　甲申）星期五

晴暖，傍晚阴合，有细雨，旋止。晨六时起。八时续作校释。九时半阿凤侍珏人往红十字医院照治，十一时半即归，仍在前面正中照一野云,约下星二上午再诊。午后小睡片晌,仍作校释,抵暮仅得二十一则耳。六时夜饭,饭后独往吉祥剧院看中国戏曲实验学校演出,(昨日看戏时买到池座第四排靠边一位,较昨晚所坐已大好矣。)七时一刻开幕,先为吴春奎(武松)、许湘生(孙二娘)等之《打店》,继为刘秀荣(貂蝉)、张春孝(吕布)、杨启顺(董卓)、王荣增(王允)等之《貂蝉》,("人头会"起,"刺董卓"止。)十时三刻散,满意而归。到家后濯足更衣,小坐片时乃睡,又交十二时矣。

5 月 29 日(四月廿七日　乙酉)星期六

昙,午后晴,气暖。晨六时起。看《毛选》第二册。午后一时四十分所中车来,遂乘以过平伯,坐定,妙中至,佩璋亦到,乃同载出城,径赴北大教室楼办公室参加学习讨论。晤其芳、冠英、默存、友琴、道衡、念贻、范宁诸人。五时休息,休息后再谈至六时一刻散,仍车送入城,贾芝附乘至劈材胡同下,余则在禄米仓西口下,步以归。七时晚饭,饭后文权、潜儿、硕孙来省,遂陪珏人打牌(权、琴、佩三人入局),九时罢,权等辞去。十时就寝。(午前复笙伯,告款到。)

5 月 30 日(四月廿八日　丙戌)星期

晴暖。晨六时起。八时润、琴奉珏人挈元孙往游中山公园,余则过访藏云,以先出未晤。转往八条访圣陶,晤之。有顷,雪村来,了一来,叔湘来,志公来,乃共往中山公园茶叙。有顷,灿然、愈之亦来,就柏林西部茶座围坐畅谈至十二时,八人同出前门,赴全聚德吃烤鸭并小饮焉。谈至二时始散,余附愈之车送至家,芷芬、汉儿、锴、鉴两孙俱在,盖午前即来省候,珏人等归后乃共饭也。四时芷等去。六时半夜饭。湜未饭即出,往中央剧院看电影。饭后润、琴挈元孙及阿凤往出版总署看儿童节电影,滋、佩则往游中山公园。近十时,伊等始先后归来,余与珏人九时后即寝矣。

5 月 31 日（四月廿九日　丁亥）星期一

昙,下午阴,气仍燠。晨六时起。九时君立见过,盖来京公干（住青年会十九号）,特来访谈也。十时许,绍华来访。有顷,君立辞去。绍华与余谈再版旧籍事,近午始去。午后续作校释三十三则,《魏公子列传》全毕,凡得校释一百八十六则,近五时始了。夜饭后文权来,谈至九时去。锴孙四时来取车,盖昨夜湜儿借乘归来者。看陈伯达著《人民公敌蒋介石》毕之。十时就寝。填就五月分工作汇报表,书与积贤,属转冠英。接漱儿信。

6 月 1 日（五月　小建庚午　戊子　朔）星期二

阴雨,午后雨住,傍晚晴,气较昨凉。晨六时起。十时强劝珏人就诊,仍由阿凤侍往,十二时归。据云医得余所书字条,有所询告,经专家商断,患状确好转,且渐就平复,今日照两野,一在小腹左侧,一在右股与小腹间关节处,约四日十时再往续治云。余在家用蜀本、百衲本、汲古本、会注本通校《范雎蔡泽列传》一过,下午五时乃毕。六时,与珏人往森隆小吃,琴珠、湜儿、元孙俱与焉。八时许罢,顺在稻香春购糖果数事,并在吉祥购得明晚京市第二京剧团戏票一张,分乘三轮及骑车归家。十时就寝。

6 月 2 日（五月初二日　己丑）星期三

晴暖。晨六时起。八时出,步往青年会,访君立,晤之,因同往陶然亭游眺。在窑台德昆茶社啜茗至十一时半行，诣大栅栏厚德福午饭，近一时出，话别各归。往返俱乘十路公共汽车，诚便利不少也。到家小憩，睡一小时。六时半夜饭，饭后独往吉祥看戏。七时半开，先为朱嫱（母后）、高宝贤（小王）之《望儿楼》。继为张洪祥（曹操）、杨盛春（赵云）、谭元寿（黄忠）之《阳平关》。九时休息，休息后为杨荣环（昭君）、慈少泉（王龙）、翟韵奎（马夫）、高宝贤（王潮山）、李德奎（毛延寿）、马长礼（元帝）等之《汉明妃》。十一时半始散，乘三轮急归，就寝已十二时馀矣，惟"出塞"一场载歌载舞，为可观可听耳。

6月3日（五月初三日　庚寅）星期四

晴暖。晨五时三刻起。将《范雎蔡泽列传》分段标点。九时许，珏人挈元孙往视濬儿，十一时许归。午后珏等俱小睡，余标点完毕后看《水浒》两回。五时半出，乘十路公共汽车到东单，转三路车到东单市场南门下，步入市场，在上海菜饭店吃面筋百叶，旋在书摊上买到京剧丛刊一、四两期，居然一至十六配全矣。七时入吉祥剧院，越半时始开幕。先为填戏《坐寨》半时即过，继为《劈山救母》，自刘彦昌华山庙题诗起，至沉香劈山会母止，十时五十分始散。此剧乃苏州市少年京剧团所演出，删去《二堂舍子》诸场，使故事单纯化，不为无见。（不然平空加入后母与秋儿嫌复沓。）演员皆为十馀岁（至高不过十二）学生，技术已大有可观，如韩丽芳之三圣母、李光荣之刘彦昌、李兆来之沉香、王焕茹之灵芝、阎晓明之二郎，俱能表达剧情丝毫不苟，前途颇有希望也。散出，乘三轮亟归，拭身易衣而寝，已将十二时。接鸣时信，即复之，并转调孚为谋翻译工作出版等事。

6 月 4 日 (五月初四日　辛卯) 星期五

阴,下午雷雨,入夜转甚,通宵未停雨声也。气转凉。晨六时起。九时阿凤即侍珏人就诊于苏联医院,十二时尚未归。出探屡屡不见,到十二时半润、滋俱归,乃属再往汽车站候之,有顷始接得偕归,盖又转皮肤科,且须复检血液小便耳,询悉仍照两野(俱在臀骨左右),约七日上午十一时再往诊治云,同进午饭,已一时许矣。饭后甚感倦乏。小睡一时许,起后仍不适,即书亦懒得看也。夜饭后文权来,清儿来,俱值雨,谈至九时半辞去。佩华归述芷芬得圣陶电话,知墨林以块痛送北京医院两日矣,为之愕然,明日当一探之也。十时就寝。

6 月 5 日 (五月初五日　壬辰　端阳节) 星期六

阴雨竟日,大类南中梅天,惟气不甚燠,为异耳。

晨六时起。屋漏,多处修缮愆时,只能自责而工匠难洽,亦一大关键也。(赵掌柜心太不平,不敢再请教矣。)作《范雎蔡泽列传》校释五十则,自上午九时至下午四时半。以雨不得出,未能一往叶家探问为怅。傍晚文权、濬儿、硕孙来共庆端阳。夜饭后谈至九时半乃去。佩华以往小经厂看越剧未归夜饭。余自十时听《甘露寺》演出实况录音(前数日中国京剧团大众剧场演出),李盛藻饰乔玄、鲁肃,王玉敏饰吴国太,苏维明饰孙权,叶盛兰饰周瑜,杜近芳饰孙尚香,曹韵清饰刘备,珠联璧合,直至十一时一刻始罢。就寝后,始闻佩华自外归。

6 月 6 日 (五月初六日　癸巳　芒种) 星期

晴和。晨五时半起。八时出,往访圣陶,询悉墨林住院已四日,尚未检查出结果也,谈至十时,晓先及巩绍英(人民教育出版社新任副总编辑)来,至美、蟆生来,十一时四十分乘圣陶车偕赴八面槽翠华楼,应光明日报、文学遗产编委会之招,宾客甚众,凡六席。包有光明日报编辑部、人民文学出版社、北京大学中国文学系及文学研究所古典文学组诸单位,晤任叔、敦易、西谛、平伯、冠英、国恩、林庚、镇淮、江清、友琴、樊骏、念贻、道衡、佩璋、怀沙诸人,即与平伯、怀沙、冯至、佩璋、道衡、樊骏、念贻、王瑶同座,二时许散,即乘三轮径归。时珏人等全赴章家全聚德之宴(密先生子弥月),亦甫归来也。小睡片晌。看《水浒传》。夜饭后移榻庭院纳凉。滋、琴、佩则陪珏人打牌四圈。九时半就寝。东华女公子来访,未晤,约日内来饭云。接致觉四日来书,知近状尚安,大慰。

6月7日(五月初七日　甲午)星期一

晴,傍晚阴,入夜雨,达旦未休,气遂不舒。

晨五时三刻起。八时阿凤侍珏人就诊于红十字医院,以验血验溲至十一时始照治,仅在新起右鼠蹊淋巴腺肿大处照一野,医师之意如血液像许可还应继续照治云,十二时归。傅娟上午九时许来访,备述其尊人东华近况,极望能来京工作,谈至十一时辞去,留饭未果也。写信三通,分寄东华、致觉、西谛。午后小睡片晌,竟未能续理校释也。夜饭后芷芬、汉儿来省,谈至九时半辞去。十时就寝。日间接澄儿来信,知业熊经检查无病,甚慰。

6月8日(五月初八日　乙未)星期二

阴雨竟日,入夜未休,其殆夏潦已乎?气转凉。晨六时起。坐雨苦闷,屋漏四起,甚损人也。八时撰校释,至午后五时,成五十九条,然未逮《范蔡列传》七之一也。夜饭前看《水浒》后五十回,笔路与前七十回迥然有别耳,决不出一手矣。饭后打五关数局,九时半便寝。

6月9日（五月初九日　丙申）星期三

晴,向晚雷阵大雨,移时止,入夜又雨,夜半雨收月出,气转凉。

晨六时起。九时续作校释。十时阿凤侍珏人就诊苏联医院,十一时即返,盖照治机械适坏,须明天始能修复,因而延下一日翌午,必须再往云。午后颉刚夫人张静秋来访,知昨日始到京,正与科学院接洽住屋诸事,七日中必搬来云,谈移时辞去,盖明日即须返沪复命也。携到颉刚手书托代领中国青年出版社股息,当为代办也。静秋去后,续作校释至五时止,共得卅二则耳。六时半碗饭,饭后乘雨隙独往吉祥看戏,因今日天晴,午间特令湜儿为购红光京剧团戏票,不料未几而雨作也。七时到吉祥,待至三刻始开演,所演为欧阳予倩编本《同命鸳鸯》实即《孔雀东南飞》。臧岚光饰刘兰枝,杨继森饰焦仲卿,唱做尚过得去,所谓灯光布景则趋向话剧化耳,并不增加剧情效果也。十时五十分先行,乘三轮归,星月可辨矣。到家小坐即睡,未及十一时半也。

6月10日（五月初十日　丁酉）星期四

晴暖。晨五时半起。九时起续作校释,至午饭得二十七则。八时左右佩璋见过,约后日下午三时到平伯家,开学习互助小组会。午后二时农祥见过,约往中山公园啜茗,盖其家中新寄到龙井,特携往瀹而饮之也。湜儿下午无考试(近正举行毕业考试,明日即完),遂亦偕行入园,后在筒子河滨柏林下觅坐,至五时许乃起行,沿园之西墙循溪而南,近水榭之西南乃折东行,由长廊迤逦至唐花坞。徘徊少顷,即循廊出,在西皮市北口乘十路公共汽车归。到家正六时,以待琴珠,七时乃饭(电话传知以晚会须深夜归),饭后与润、滋两儿出逛市,在另售商店购物二事,北走至朝内大街乃乘公共汽车回。九时半就寝。琴珠十一时半始归。润儿带归圣陶信并余所作《项纪》校释稿,承提修改意见一百馀条,极感细到,大旨在文言白话上多加琢磨也。

6 月 11 日（五月十一日　戊戌）星期五

晴暖,下午五时阵雨即止,傍晚仍见日,入夜星月交灿。

晨六时起。九时珏人往视汉儿家,兼访雪英,阿凤及元孙从,饭后三时乃归,往返公共汽车,居然无恙,心为大慰。作《范雎传》校释二十则,考索较多,致不爽手,遂尔迟迟。夜饭后与滋、湜两儿往中山公园音乐堂看京市京剧二团演出,虽雨后,坐客无隙地也,至则陈永玲、杨荣环之《樊江关》方上场,梨花、金莲门口一场后即止。继为谭富英、裘盛戎、张洪祥等之《将相和》。谭甚卖力,裘则嗓音失润。十一时犹未毕。余等先出,行至天安门东得乘电车至青年会,步行归家。小坐就寝,已十二时过矣。

6 月 12 日（五月十二日　己亥）星期六

晴暖。晨六时起。看《毛选·论持久战》。午后君立来访,谈至二时五十分同出,伊返青年会。余则往平伯家,会平伯、佩璋,开学习互助小组漫谈至五时辞出径归。夜饭后文权、潇儿、硕孙来省,九时半去,余亦就寝。头右后侧隐隐作刺痛,影响精神甚烈,未识是否血压又见高也,不免怀疑。

6 月 13 日 （五月十三日　庚子）星期

晴暖。晨六时①。八时半出,乘十路公共汽车诣中山公园,先循览一周,遇君立、调孚,乃共往来今雨轩晤文叔、晓先、雪村、雪舟、力子、梓生。坐至十一时半散,仍乘十路汽车返。达先、清儿、建新在,因共午饭。饭后达、清、佩、湜陪珏人打牌,四时许罢,达等辞去。六时,余出访圣陶,询悉墨林经检查后尚无结论,惟非瘤肿则已判明,究系何症,尚待续查云。谈次,遂共小饮,有顷,文叔亦至,谈至九时乃兴辞而出。文叔往西乘电车回西城,余则往东,仍乘十路车南归。到家,诸人都已就睡,余少坐亦寝。

6 月 14 日 （五月十四日　辛丑）星期一

晴暖。六时起。八时写信与颉刚、东华,九时半乃毕,即分寄之。续作校释二十五则。午后小睡。三时人民银行崔明珍来访,谈移时方去。夜,佩华带归金世泽信,知金士雄在衢州病危,为渠告帮,余即复允送二十万元赒之,仍托佩华明日带交世泽。滋儿已与瓦工徐成田洽妥,明晨即来修屋,以是腾屋搬放什器,扰攘一时。十时就寝。

6 月 15 日 （五月十五日　壬寅）星期二

晴暖,大类深夏,黄昏颇见朦胧,旋即澄澈,星月烂然如银装,通宵悬照。

晨六时起。瓦工徐姓未来,空待竟日,殊为扫兴。十时珏人挈

---

① 原文似脱一"起"字。

元孙往视潏儿,十一时半归。续作校释六十四则(自上午九时至下午四时半),仅及《范蔡列传》三分之一强,全篇毕工,尚须时日耳。傍晚潏儿来省,因共夜饭,饭后同坐院中乘凉闲谈,八时后始归去。接纯葆母来信,邀吃纯葆喜酒。夜呼汤濯体,十时易衣就寝,以暴热竟难贴枕,隔窗望月,深夜始得入睡。

6 月 16 日 (五月十六日　癸卯) 星期三

晴暖。晨六时起。徐姓瓦匠仍未至,颇致恚。北大工资送来。写信致文化部总务处补选《古本戏曲丛刊》,找款卅二万元去。又致人民文学出版社送还征询意见。又复苏州纯葆内表妹,汇廿万元贺仪去。

《中华人民共和国宪法草案》已于昨日由中央人民政府委员会决议公布,凡四章一百另六条,前冠序言,当时谨读一过,今日又循诵两遍,不禁欢喜赞叹。不图五十年来朝夕延望之真正宪法,今始克在中共领导下制成此案,诚千载盛事也。

午后小睡,精神少苏,但胸闷气急,不耐伏案,仅闲翻杂志而已。傍晚汉儿来省,夜饭后去。九时左右雷电大风雨,十一时后又月朗天清矣。余十时就寝,十二时后始入睡。

6 月 17 日 (五月十七日　甲辰) 星期四

晴暖。晨五时三刻起。八时徐姓瓦匠带年轻工人两名来,即先将西屋修治,铲去浮灰时壁间裂缝甚多,且有栏栅脱头处,深恨前此售屋者之狡狯并及承修人之蒙蔽,无可如何,只得修嵌重涂而已。费时费钱,仍不能解决此问题也,为之浩叹不止。八时半潏儿来,伴同珏人往石驸马桥看视汉儿家兼访雪英。余写信两通,一复亲家钱伯衡,一复老友陈万里,盖昨夜俱接来书,有所询候,遂复慰之耳。续作校释三十五则,心绪不舒,未免受得影响也。四时滋儿往接珏人,六时同归。夜饭后燥热,九时后濯身即睡。

6 月 18 日(五月十八日　乙巳)星期五

拂晓雨延绵,侵晨抵午乃止,午后渐晴,气较凉。晨六时起。对雨愁坐,匠工当然不来,作料狼藉,无可收拾,烦闷甚。续作校释,难于静摄,仅得八则耳。午后小睡片晌,起后看《水浒传》毕之后五十回,强将平辽、平田虎、平王庆、平方腊续凑而成,终于鸩死托梦等等。微论笔调,不类即傅会忠义,亦大见庸俗,于以见圣叹之删润加工,决不能漫然抹煞之也。书中时见"即目"二字,初以为即日之讹,及至终局,悟为"即目"乃遂即、马上、立刻之意,今吴语中犹惯用之,足征此一话头,元明之交尚通行于江淮一带耳。四时,满子见过,谓甫自北京医院省其姑来,据医断,系癌症,下星一当割治云。闻之颇为惊愕,勉用好语劝慰之而已。逾时,满子去,珏人犹感伤不止。夜饭后文权来,谈至近九时去。十时就寝。

6 月 19 日(五月十九日　丙午)星期六

晴暖。晨五时半起。八时匠工来,略加指点后即续作校释,至午成二十二则。午后与湜儿出,乘十路车到天安门。步入端门,径登午门城楼,参观基本建设出土物品展览会。按各大行政区、各工地分区、分组排列,于以见我国蕴藏之富,基建工程之伟大,令人气壮神王,不忍遽离也。历一时许,循览略毕,即下楼,复入午门游故宫,经由太和、中和、保和三大殿,复穿乾清宫、交泰殿、坤宁宫到御花园。在摛藻堂前池轩上啜茗小憩,至四时半乃起行。循游西路诸宫,较前已有变更(指开放处所及路线言),尚觉新鲜。五时半出,仍由中路出午门、端门、天安门,在西皮市北口上十路车回什方院,徐步归家,正六时半。夜饭后润、琴、滋、佩俱出看电影,湜则往探清儿。九时半湜归,十时滋归,佩以修房故连夕暂住汉儿家。余即就卧,十一时润、琴始返。

6月20日(五月二十日　丁未)星期

　　晴暖。傍晚有阵雨数四,都不大,雨后地即可行。晨六时起。九时与滋儿出,乘十路转二路车到北海前门,入园后径上揽翠轩啜茗。十一时兴,渡海子到五龙亭,遇文权、濬儿、硕孙,乃同出北海后门,同乘三路车到东单。权等径返其家,余与滋儿再转十路车归,到家正十二时。午饭后滋、佩、湜陪珏人打牌,余小睡。四时许芷芬来省,有顷,汉儿、雪英偕来,盖同往北京医院探望墨林来此也。据闻墨林精神尚好,准备明日上午即施行手术矣。五时许,余偕芷芬往八条访慰圣陶,晤至善、至诚昆仲,因小饮焉。饮后复谈至九时乃辞归,仍与芷芬同到家,则汉儿已行,而振甫适在,谈移时,振、芷偕去,余亦濯身就睡。润、琴挈元孙参加中国青年出版社集体游颐和园,早六时出,傍晚乃返。接东华复书并属转西谛一缄。

6月21日(五月廿一日　戊申)星期一

　　晴暖,入夜雷电交作,中宵乃雨,未几即止。晨六时起。写信与西谛,为转东华信。十时陪珏人乘十路车往苏联红十字医院就诊,十一时轮到,仍照两野,一在小腹下部正中,一在右鼠蹊硬块上,因耽阁较久,约明日上午十一时半仍须续治云。诊毕离院,复乘十路车归,到家正十二时十分。有顷,滋、湜两儿归,乃共午饭。

午后续作校释,以时须照料匠工,至五时半仅得二十四则。夜饭后看周汝昌《红楼梦新证》,材料殊丰,考证不免主观,但亦有独到处,未可遽废也。十时就寝,枕上听雷,久之方入睡。

6 月 22 日（五月廿二日　己酉　夏至）星期二

晴暖。晨六时起。潏儿九时来省,旋去。十时阿凤侍珏人就诊苏联医院,十二时三刻乃返,知仅在后尻照一野,廿四日上午十时半仍续照云。余续作校释,只成卅四则。瓦工今日又添一人,西屋基本上已竣工,馀活都在捉漏及找补工作,惟翻修院子却非止一日可成耳。接东华二十日复书,知人民文学出版社已汇去预支稿费五百万元矣,甚为引慰。夜饭后静庐来谈,移时农祥来,静庐即去。农祥送戏柬二纸,知廿六日下午七时半青年会曲社在中山公园卫生教育馆演出,亦秀将扮演《惊梦》中之柳生云。九时许农祥去,余亦就寝。

6 月 23 日（五月廿三日　庚戌）星期三

晴和,下午阴,傍晚细雨,入夜加甚,通宵檐注未停。晨六时起。瓦匠来,登屋捉漏,抵晚粗毕而雨至,明知又是白费转增懊恼,南屋西侧分间苇壁决撤去改砌砖墙,不识明日能否动工耳。续作校释,以种种兜搭,仅得二十二则。接廿一日漱儿复湜儿书,当天介泉寄余书,约廿七日与圣陶往饭其家。墨林方住医院,恐不可能,俟洽后再说。夜饭后看《红楼梦》,九时半即寝。

6 月 24 日（五月廿四日）星期四

阴雨竟日,抵晚始停,气乃大凉。晨六时起。珏人以阻雨未克往医院照治。瓦匠雨阻未来，空延时日，闷损而已。续作校释三十则。夜饭后清、达来省，十时乃去。汉儿午前亦来省，饭后去。十时半就寝。

6 月 25 日（五月廿五日　壬子）星期五

晴和，偶有云翳，旋即开朗，夜间明星灿烂。

晨六时起。八时瓦匠来重修屋面，并拆建南屋，分间墙，基本上已完成，如天不雨，复经两三天工作，当可全部竣事矣。珏人内热影响精神，今日九时由阿凤陪去红十字医院，据医言，暂不能照，当时即回，约下星一再往云。余为珏人体衰日增，病势亦未必确有根治把握，大为耽忧，而匠工又时须指督，竟未能静心作校释。上午写信两封，一致平伯，复谢属送昆曲戏柬，一致介泉，复告圣陶因墨病未必能应招，而余如不得附车亦只得谢不往耳。午饭时润儿归，述圣陶之意星期日决往介泉所，约届日上午八时前到八条乘车同往云，因追发一书，与介泉说定之。

夜饭后独往吉祥，看京市第二京剧团演出（午后湜为我购得一座）。七时开，先为杨盛春、谭元寿之《少年立志》即《战神亭》，谭饰太史慈，杨饰孙策。继为陈永玲、李盛芳、祁荣雯之《醉酒》，陈饰玉环，李饰高力士，祁饰裴力士。裘盛戎、李多奎之《赵州桥》，裘饰包拯，李饰李后。休息后为谭富英、张洪祥、慈少泉、李盛芳之《问樵闹府》《打棍出箱》，谭饰范仲禹，张饰葛登云，慈饰樵夫差役，李仅饰差役一角。十一时散场，杨盛春开打干净，陈永玲身段婀娜，李盛芳、慈少泉松噱甚多，李多奎、裘盛戎、谭富英则唱作俱臻上乘，竟坐未倦，至快。到家小休即睡，已十二时。

6 月 26 日（五月廿六日　癸丑）星期六

晴和。晨六时起。匠工仍来，上午屋内修补大体完成，下午翻修院子，掘检沟管，从前承修人太马虎，竟有高低倒流情形，恐费时费事又须一笔大钱始能草草结束耳，患甚。监视指点，遂以永日，而珏人精神委顿，惮于饮食，心境因而益坏矣。潜儿下午来省，以文权午前曾来，知珏人卧床故。

晚饭后与湜儿往中山公园卫生教育馆看昆曲晚会演出，在场晤平伯、江清、调孚三伉俪，煦楏、佩璋、农祥、雪英、汉儿等，其他稔识尚多，不及一一把谈也。七时三刻开始，一为苏锡龄（饰唐明皇）、伊克贤（饰杨妃）、吴南青（饰高力士）之《定情》；二为叶仰曦（饰张广才）、吴南青（饰李旺）之《扫松》；三为范崇实（饰伍员）、王颂椒（饰伍子）、项远村（饰鲍牧）之《寄子》；四为童曼秋之《夜奔》（以病临时辍演）；五为周铨庵（饰杜丽娘）、郑亦秀（饰柳梦梅）之《游园惊梦》；六为《白蛇记》中之"断桥"，伊克贤饰白氏，王颂椒饰小青，魏泽怡饰许宣。十时三刻散，乘三轮遄返，濯身易衣，小坐而后寝，已十二时。今晚所见自以苏仰曦及周铨庵为声容并茂，亦秀初次登台，居然雅步从容，亦正匪易矣。

6 月 27 日（五月廿七日　甲寅）星期

晴和，午后雷阵，三时后大雨延绵，至夜深乃止。

晨六时起。七时三刻与湜儿偕出，先过八条，候圣陶同车出城，径赴北大东大地卅四号介泉寓晤其伉俪长谈。午间并邀人梗伉俪共饮，饭后闲步园庭，摘杏盈筐，分享圣陶及余。四时辞出，即携杏入城，途中值雨，抵八条益大（知城中早已大雨矣），只得在圣陶家暂息，至六时雨隙，乃与湜步至北小街九条口上十路车南归，至禄米仓口下又值大雨，只得避入一家另售公司，购物稍俟，勉强步返家门，已七时矣。汉儿、芷芬在，并知亦秀及振甫夫人亦来访问珏人去矣。夜饭后芷、汉偕去，雨仍不止。余灯下看《红楼梦》，十时始就寝，询知滋儿曾独游西郊公园，归来奉珏人往饭于森隆。匠工翻修院子以大雨中途停止，虽由润儿督工，依旧无法进行，且流去水泥黄沙等料不少，可叹也。

6 月 28 日（五月廿八日　乙卯）星期一

晴阴靡常，午前曾有细雨，气较闷。晨六时起。为匠作时时见问，且铺地刨沟已到紧张阶段，不得不专一看视，竟日为此琐琐，殊无聊也。夜饭后小坐休憩，顺看《红楼梦》，九时半就寝。

6 月 29 日（五月廿九日　丙辰）星期二

晴暖。晨六时起。看《毛选·论持久战》，准备下午出席学习小组会。今日瓦匠已将院子抹补粗毕，又添一木工修补门窗，大体上已有头绪矣。上午九时，阿凤侍珏入往医院侍诊，至十二时回。机坏只得暂停云。午后一时所中车即来接，遂乘以过平伯，少坐后再与佩璋等同载出城，到所只二时半。三时开会，晤冠英、其芳、默存、范宁、友琴、道衡、念贻、积贤等，六时半散，佩璋以事留校，余即偕平伯乘车送归。前日自介泉家携杏归来之空筐则托便交还之，竟未得躬往一谢也。夜饭后濯身易衣，纳凉庭院，十时就寝。

6 月 30 日（六月大建　辛未　丁巳　朔）星期三

晴，躁热，傍晚上云，黄昏雨，夜深益甚，天明乃止。

晨六时起。写信复君立上海,致介泉北大,一谢关注,一告诉昨到教室楼开会竟未能一往把谈也。下午写信致冯雪峰,赞成作家出版社再版《红楼梦》时采用藤花榭本。木工修理门窗已了,下午五时打发去,瓦工尚有馀事未了,明日须再用两三工也。所恨连夜下雨,若干处仍得返工耳。夜饭后坐雨无聊,濯身持扇,仍难遣烦,九时半勉就榻卧,竟未易入寐也。

7 月 1 日 (六月初二日　戊午) 星期四

初阴渐开,午后晴,入暮雷阵,雨不大,旋止,星光斑斓,既又阴合,气仍燠闷。

晨六时起。八时匠工仍来,垂暮始去,全部俱已完毕,只待清除矣。计此次修理工料,共用三百万另四万八千馀元,较去年为省,而做工较称心,所惜雨季不免担心遭雨,且亦不免浪费材料耳。终日根据圣陶意见修改《项纪》校释一百六十馀处,仅及三之一也。所中送来《话本选》入选之材料一大宗,属看后提一意见,且限两日内须交与平伯,俾依次轮看云。因于夜饭后看《一文钱小隙造奇冤》及《玉堂春落难逢夫》半篇,十时半始寝。珏人今日上午由阿凤侍往苏联红十字医院复诊,据 X 涂线治疗科说,烤电已届限度,未能贸然续行,须待泌尿科会诊后再定治疗,并已约定五日下午三时径往泌尿科复诊云。伊近日以来小便克持正常,惟右股胫足麻楚呆木,而右鼠蹊淋巴腺结块依然未消,且左股亦有牵动之象,余真为之担忧,殆病原流窜乎?

7 月 2 日 (六月初三日　己未) 星期五

早起,濛雨如雾,近午渐开,午后晴,入夜又雷雨燠闷。

晨六时起,看毕《玉堂春落难逢夫》及《乔彦杰一妾破家苏知县罗衫再合》、《杨温拦路虎》三篇,已十一时。填送六月分工作汇报表,寄积贤转冠英,信昨日下午写,今投邮。修改《项纪》校释二百卅徐则,过半矣。午后所中又送《话本选》一篇来,夜饭后看之,乃《汪信之一死救全家》,一气看毕。珏人股胫痛楚益剧,不得已投以散利通,果见效,十时半就寝。

7月3日（六月初四日　庚申）星期六

晴暖,傍晚起阵,入夜雨。

晨五时半起。八时续改《项纪》校释,至午后二时始毕,接改《陈涉世家》、《留侯世家》两篇之校释,已六时方完。终日伏案,颇感吃力。《话本选》材料看毕,正待携访平伯,而佩璋以九时至,遂交伊带去,余得专力于修改工作,亦巧事也。六时三刻清儿来省（建昌先来）,乃共夜饭。饭后雪英、汉儿、芷芬偕至,文权亦来（知潘儿又感乏力矣）,谈至十时雨适至,待有顷,只得冒雨归去,甚滋歉也。滋、佩夜游中山公园九时返。湜儿夜游北海公园十时半返。余俟诸人毕归乃就寝。珏人股胫酸楚甚剧,不得以投以汽巴儿劲（瑞士出品,止痛安眠）略得宁睡,事等饮鸩,心痛如割而强颜相慰,无一人敢面告其严重者,余心真已碎矣。

7月4日（六月初五日　辛酉）星期

晴不甚朗,闷热,入夜有雨象,未果下。

晨五时半起。阅汤用彤、任继愈《魏晋玄学中的社会政治思想和它的政治背景》一文（载《历史研究》第三期）,就刘劭、王弼、何晏、嵇康、阮籍、向秀、郭象等代表人物来分析伊等之思想及作为,总结说明是变相的儒家,老庄名法等只是掩护的外形而已,确有见到处。午饭后独往吉祥看中国戏曲学校演出之京剧。一时开,五时一刻散。先为刘秀华、贺春泰、唐铁林之《演火棍》,刘饰杨排风,贺饰孟良,唐饰焦赞。继为徐再蓉、刘长生、周瑞文之《贵妃醉酒》,徐饰玉环,刘饰高力士,周饰裴力士。最后为张春孝、钱浩梁、许德福、王荣增之《战濮阳》,张饰吕布,钱饰典韦,许饰曹操,王饰陈宫。均能称职,无怪满座也。夜饭闲翻架书,九时半即寝。湜儿出看话剧,十一时后乃归。

7 月 5 日(六月初六日　壬戌)星期一

晴暖,晡时雷雨,傍晚止,入夜雨又作,宵深乃霹雳交加,檐如注。

晨六时起。八时续改《史记选》校释稿。九时许,介泉夫人来访,视珏人,因与长谈,饭而后去。汉儿亦来饭,下午三时侍珏人往苏联红十字医院泌尿科诊治,近六时始乘雨隙归。据云用膀胱镜检查已排满,须下星期三(十四日)下午四时半乃可行,另配止痛药片十八颗,属日服三颗云。事等搪塞,亦无如之何,只得挨延耳。

余修改《史记选》、《陈丞相世家》、《孙子吴起列传》校释,毕之,前后达六小时,颇感头胀眼花矣,精力不济如此,殆耄及之征乎,为之一叹。

夜饭后汉、滋、湜三儿往视潏儿,良久归报,潏已起行矣,一慰。有顷,汉儿归去。九时三刻余就寝。珏人仍感痛,投以药片,二时后始入睡,苦甚。琴珠在社中听报告,十一时半乃归。

7 月 6 日（六月初七日　癸亥）星期二

晴间阴,傍晚雷雨大作,杂以雹粒,夜雨竟断续达旦,气乃燠
闷甚。

晨六时起。修改《商君列传》、《平原君虞卿列传》、《魏公子列
传》校释,自八时至下午四时始毕。命湜儿往东单邮局汇百万元去
上海,交笙伯,托买手表(湜所用),乃匆忙胡乱投邮,竟未得挂号
执据。余恨其无能,大为恼怒,因与滋儿出,往北海仿膳厅啜茗。
坐未久,雷声大震,黑云从西北起,遂亟出园作归计,仍乘七路车
(去为三路)回东单,转十路车到禄米仓口下,缓步以归。路有积
水,盖顷间大雨甫过也。余等在车中值雨,两头行走时竟得雨隙,
幸未沾裳耳。到家即晚饭。饭后陪珏人打牌四圈,滋、湜与焉,冀
珏人移心于牌,俾稍忘胫痛也。夜十时就寝,枕上听雨,钩起愁绪,
殊难入寐。

7 月 7 日（六月初八日　甲子）星期三

阴霾,近午大雨如注,顷刻院中水高数寸,几入屋,移时停点,
积水乃得就阴沟泻去,幸屋面新修,尚未见漏耳。午后晴,入夜又
阴合,但未致雨,气先燠后凉。

晨五时半起。八时重看《范蔡传》已成校释,修改补充百馀
则,午后又续作二十则。满子偕江家女佣阿妹来探视珏人,并以果
物为赠,至深歉感。珏人平日和善,所结人缘极好,于此等处益见
之。斯人而有斯疾,不胜慨叹已。夜饭后独往中山公园音乐堂看
京市京剧四团演出,因天气关系,卖座不多(在音乐堂言如在戏院
言,亦相当多)。七时半开幕,为《穆柯寨》带《辕门斩子》,张志甫、

王则昭饰杨延昭,纪美华、张曼君、黄玉芳饰穆桂英,李德彬、林鹏飞饰杨宗保,萧英翔饰焦赞,朱世庚饰孟良,筱兰芬饰佘太君,张荣善饰赵德芳,其中王、纪、黄三角(俱女性)为初见,饰俱习见习闻者,王则昭唱作均够格,纪、黄只作衬配尚可,张曼君则艺益进,容益焕,舍吴素秋外,宜作该团柱子矣。十时一刻休息,下尚有姜铁麟之《三岔口》,余恐值雨,且感凉,遂出,乘三轮径归,十一时就寝。

7 月 8 日(六月初九日　乙丑　小暑)星期四

晴,傍晚阴,偶见微雨,入夜见月,气较昨爽。

晨五时半起。竟日续作《范蔡传》校释,展转查书,仅写得二十则。今日为滋儿二十六岁初度之辰,家中吃面。夜,润、滋俱出参加会议。珏人痛楚未减,益显人少寂寞,余徘徊绕室而已。九时即就卧,雨又作,珏人复呻吟枕畔。经宵睡眠断续,竟无好寐,此心悬悬,正未知所措耳。

7 月 9 日(六月初十日　丙寅)星期五

晴阴兼施,入夜又雷雨,经久始止,气燠不舒。

晨六时起。珏人痛楚不止,由润儿电话与红十字医院联系,上午十时赶往诊治,乃格于规章,非待至下午二时半始得挂号,仍归来午饭,徒劳往返,珏人乃益困。午间清儿来省,午后锴孙来省。一时半,滋、湜两儿奉珏人仍往医院,锴则随清至其家,四时许锴孙先来,五时许珏等归,知诊后酌药水止痛,须下星五彻底作腹腔及静脉内尿道造影始可再定疗法耳。七时汉儿来省,因共夜饭。饭后余偕滋儿出散步,东出大雅宝城阙口,桥梁道路平治一新,迥非前来所见景象矣，以故附近人户至此纳凉者实繁有，徒惜城墙缺处颇坍塌，相形之下益见修葺之急也。垂黑走归，汉儿亦去。呼汤濯身，九时三刻即寝。今日续作校释三十五则，《范蔡列传》全毕，先后凡得五百二十五则。接所中通知，明日上午九时在所中办公室开古典文学组工作会议，须出城一行矣。

7 月 10 日（六月十一日　丁卯）星期六

阴，时有细雨，入夜加大，气较凉而不爽。

晨六时起。八时许所中放车来接，因乘以过平伯并载佩璋同出城，径赴北大教室楼，西谛已先在。九时开会，晤冠英、其芳、默存、积贤、妙中，各报工作后，商定《话本选》定目并讨论《碾玉观音》注解文。余为改正若干条，十二时一刻乃散，仍车送归，途中值雨数四也。一时到家午饭。饭后小睡二小时。珏人右股胀痛势益剧，虽连投止痛宁神之剂，竟不止。夜饭后潜儿来省，文权、硕孙亦至，九时许归去。珏人痛不得寐，呻吟终夕，余如何得睡，朦胧达旦而已。

7 月 11 日（六月十二日　戊辰）星期

晴阴间做，时有濛雨，气仍不舒。

晨五时即起。八时三刻余偕润儿、元孙乘十路车到中山公园，途遇商务老同事黄警顽，立谈片晌，到来今雨轩后，晤晓先、力子、文叔、寿白、雪村、梓生、伏园、调孚、彬然、芷芬及元鉴、建昌等，又晤博文、万里，仅略谈而已。十一时散，余与彬然、调孚乘十路车归，在外交部街东口别。润儿、元孙近午乃返，清儿、达先、建新均在，午饭后芷芬、汉儿、元鉴、建昌亦来，纷纷为珏人病痛奔走，芷、达往访圣陶求访按摩者,汉、润则往晤徐荫祥,求得药片及针药等回,同时又用姜汁调烧酒涂擦,稍见松。余为欠睡,午后小睡一时许。三时半,雪村夫妇、梓生来探视珏病,移时去,清儿、建新同归。夜饭后潜儿来省,清儿后来省,八时半芷来报,已在叶家饭,按摩者后日午后来洽云。少顷,潜、清、汉等俱辞去。以徐家所来之药投二片服,珏人竟得醋睡,心为一松。余亦于十时后入睡。

7 月 12 日(六月十三日　己巳)星期一

晴雨靡常,恰似南中梅天,今岁雨水特多,无怪各地皆闹水患也。

晨六时起。珏人醒来觉股胫麻重,惟痛楚少减矣,心为暂慰。午晚皆饭,入暮又作痛,乃仍擦姜汁,复投二药片使就眠,但求安稳度此深宵耳。今日预孙自沪来,湜儿往车站会潜等接之,十时许同来,潜、权、预、硕、锴、建俱来饭。预孙数年不见,赫然大人矣,与谈上海亲戚近状。并携到漱儿所写信,知汇去之款已收到,惟表则难买耳。午后清儿来,共谈至二时许,权、潜、清、预、硕俱去,惟锴、建留,四时锴去,建则下宿于我家。用蜀本、百衲本、汲古本、会注本汇校《廉颇蔺相如列传》,上午八时至下午四时毕之。佩璋晨来传达校中通知,《毛选》学习暂停,专学《宪法草案》,如有大报告在知会往听之。傍晚又来,谓顷得电话,明晨八时校中请张友渔作报告,七时即放车来接云。是明日将早起俟之,且知下午须参加座谈会,则归来将入暮之后矣。十时就寝。润儿午后归,携到湖帆《佞宋词痕》一册,盖寄至圣陶所,属为分送者,老友不遗在远,以新刻远贻,弥可感也。有暇将畅读之。上午写信与积贤,寄勘《皮鞋单证二郎神》话本属代还妙中。夜十一时,珏人痛醒,苦楚万状,至十二时又投两药片，二时后得始睡，其疾益剧，坐视而无法减少其痛楚，此心实无所措矣。

7月13日（六月十四日　庚午　初伏）星期二

晴暖。晨六时起。七时所中车来，即乘以过平伯，仍与平伯、佩璋共载出城，径赴北大礼堂听北京市副市长张友渔作宪法讨论报告。全体师生分集于大礼堂及大饭厅，人在别室讲话用广播机分送于听众，自八时半开始，至十二时半始毕。余与平伯过镜春园余冠英家午饭。饭后憩息，看冠英内兄陈延桦《唐贤七律选》上中两卷，俟三时半乃再赴教室楼参加宪法讨论座谈会，晤其芳、默存、范宁、友琴、妙中、道衡、积贤等，四时开始，六时毕，仍与平伯、佩璋同乘返城。到家后，知珏人痛仍未止，午后按摩刘姓曾来过，施术后安睡二小时馀，惟醒后仍感痛也，急盼苏联红十字医院能早日接诊，而事事须排队，何能作例外，须明日始得往泌尿科检查，大后日始得作静脉内尿道造影，真有度日如年之叹矣。夜饭后濬、权、达、硕来省，九时去。珏人仍服汽巴儿劲，强使麻醉乃得睡，心中矛盾殊甚，故十一时后余始入睡。牙痛日剧，几不能合齿。明日当决心求医拔治之。

7月14日（六月十五日　辛未）星期三

晴不烈，风中殊见凉。下午又有阵雨。

晨六时起。八时半乘十路转二路到灯市西口，径诣乃兹府牙医师朱砚农之门，待二号第三即轮及余，九时半就诊，时滋儿已赶来视余。据朱云，须拔去上腭馀齿八枚，下颚左侧孤留之一齿，然后始可镶装义齿云云。余决心根治，即属拔去上腭右侧三齿及下腭单留之一齿。注射药剂时颇痛,拔时尚不甚感剧震也,十时许出仍乘二路到朝内小街,滋仍转车到出版社办事,余则转十路车赶归,珏人仍昏睡,醒来总感痛楚不去也。余牙床受创,心又牵伊病痛,欲休未得,格外觉痛矣。午后三时刘姓按摩者来,略加抚摩便止,谓此非根本办法,仍请考虑别作治疗。余以患者尚信任,为安慰心理计,仍属明日正午来,届时当看情形再定行止耳。汉儿、琴珠都归来午饭,午后四时,伊等二人侍珏人前往苏联红十字医院泌尿科(珏人乘三轮往),作膀胱检查,六时半乃归。据汉儿传述,检查结果已大见恶化,尿道、肛门都已延及,一时因苏联专家不在,未能作出进一步的疗法,待明日汇报结果再用电话通知云云,是后日X照静脉内尿道造影亦不需作,而病已届莫可挽救之境矣。时濬、清俱在,润、滋、湜、琴等均为之震动,余忍泪偷弹而已。有顷,芷芬亦至,夜饭后农祥、亦秀来探问,共谈至九时许,农祥、亦秀、濬、清俱去。湜亦随芷芬、汉儿宿其家,一则明日在二龙路投考大学,可以就近食宿;二则腾床让余安息,为拔牙后可得较好睡眠。是夕,余即移卧具宿湜儿舍,润儿在房陪珏人。余心绪缭乱,又兼新拔牙,自维不能随时出城参加学习讨论,因致书平伯告之,并另作书托佩璋携交其芳、冠英正式请假,此件即于傍晚时属湜儿送去,并将湖帆《佞宋词痕》附去,请加浏览。

7 月 15 日（六月十六　壬申）星期四

晴暖,夜月甚朗。

晨六时起。珏人终日睡眠全恃药力,醒来仍觉痛楚。上午十时五十分,刘姓按摩者来,为施术十馀分钟,又入睡,下午睡至四时,晚九时又睡,至十一时醒,再入睡,至三时醒,觉痛,乃投药二片,直睡至翌晨七时始醒,觉痛稍好而两脚及腰背皆感酸矣。余以儿辈日间俱须到班办公,夜间看护之任仍由余自为之。是晨达先、潘儿俱来省,午后昌硕偕戴景宸来,盖甫自上海来,今夜即转车往张家口下花园电厂实习也,因留晚饭。傍晚潘儿、昌硕来,清儿来,晓先、雪英来。八时,潘等去。九时,晓先、雪英亦去。汉儿电话苏联医院,仍令明日往摄片。

7 月 16 日(六月十七日　癸酉)星期五

晴时阴,午后及晚有阵雨,气仍凉,背风处则燠闷异常,绝无伏暑之象,殆夏涝成灾之预报乎?

晨五时半起。珏人七时始醒,醒后觉痛势稍减,惟两腿俱酸,且延及腰臀云。八时许,清儿即来,谓已订定出差,汽车于九时三刻来接。十时,汉儿在医院门首迎候云。润儿仍入署,九时归。届时车至,清、润乃夹侍珏人登车同往永安路苏联红十字医院摄片,十二时半偕归。知静脉内尿道造影已做过,共摄五片,令家属于午后二时再往候讯,与苏联专家谈话决定也。饭后清、润仍上班办公,汉、滋则复往红十字医院听讯。三时许,滋归,携归粉药六包,属于剧痛时服下,但每日至多用一包,盖剧烈麻醉之剂,只有消极减痛作用耳。至摄片结论须由各科苏联专家会商决定,属下星四(廿二)上午十时再往候讯云。珏人午后痛又增剧,一时一刻服两片汽巴儿劲,略睡便醒,痛楚难任,余为抚按慰喻终不能,竟痛苦作诀别之辞,舌强气急,状甚可危,余忍泪譬解,只有皮相之言可以对之,心碎神越矣。傍晚潘儿来省,以豆粥享其母,适正痛时又相对泣,余心如麻,竟不得解。比暮,诸儿俱归,气氛稍好,夜饭后潘去。是夕连投药片三次(六时二刻一次,十时一次,二时三刻一次),珏人之痛终不减,仅三时后入睡至翌晨六时半耳。

7 月 17 日(六月十八日　甲戌)星期六

晴热,夜星月灿然。

晨六时起。珏人仍感痛,仍惟有服药片俄延而已。十一时刘姓按摩者来,抚摩后得安睡一小时馀。午后满子来探。夜潜、权、清、达来省,十时后潜、权、达去,清则留侍珏人焉。至夜十二时后,珏醒感剧痛,迫不获已,即以苏联红十字医院配来之药粉一包分装两小药壳(糯米制)投之,一刻钟即入睡,翌晨六时乃醒。余精神震越,强自持,仍以看护之隙勉将《廉颇蔺相如列传》分段标点讫,入手作校释,须略俟平静乃可为之。接葆贞六姨来信。

7 月 18 日(六月十九日　乙亥)星期

晴热。晨六时起。珏人得粉药之力竟止痛,事等饮鸩,而暂能解渴,举家大小都为暂喜,只痴望尚或有转机之日耳。八时,彬然见访,承关切,谈至九时廿分去。又隔有顷,余出访圣陶,与长谈,即饭其家。午后二时半乃归,绍铭、至美均在我家看珏人。有顷,雪村夫妇、士文、小逸均来,敫、清、建新及志华均午前来,芷、汉亦午前来,颇热闹。潜晨来,午后去。小同晚来,晚饭后去。敫、清、汉亦晚饭后去。夜,珏人又感痛,但不甚剧,睡至十二时乃大痛,俄延至一时又投以粉药一包,未几即入睡,翌晨六时始醒。是日炎热,终宵浴汗,余坐庭中纳凉,十一时后始入卧。接鸣时来信,仍盼译件。

7 月 19 日(六月二十日　丙子)星期一

晴热,傍晚阵雨,夜深亦有大雨。

晨六时起。珏人痛止,稍得休,但时间又较短,十时后便又作痛,适刘姓按摩者来,施术后稍松。据刘云,已见效百分之八十矣,余但求慰病人之心,不暇问其究竟确切否也。锴孙来省,即宿余家。潜儿、硕孙都来省,夜八时乃去。清儿午后来省,到班后电话与汉儿联系,属打听苏联红十字医院粉药可否提前服。傍晚润儿归,已得复,谓痛剧则可以提前,初不限二十四小时之间隔云。当夜九时乃服下,但未能酣睡,至十一时觉痛已消失,大家安睡。余强挤时间作成《廉颇蔺相如列传》校释十五则。暴热难当,又兼室有病人,呻吟时闻,夜睡大欠,未及天明,先已醒矣。湜儿参加晚会,竟未归寝。

7 月 20 日 (六月廿一日　丁丑) 星期二

淫雨,午后稍停复作,终夜细雨延绵,气乃大凉。

晨六时起。珏人醒后仍痛,日间投汽巴儿劲两次,凡四片,夜九时又服粉药一包,直睡至平明四时。是日傍晚又按摩一次,苟延痛苦,莫可言宣。昌预、士中晨来温课,湜儿继至,傍晚雪英来,偕士中去。晚饭后昌硕来,偕昌预去。余强为挣扎,续作《廉蔺列传》校释四十五则。夜七时与锴孙往旧刑部街西单剧场看中国京剧团演出,至则周瑛鹏、李金鸿、袁金绵等之《嘉兴府》已开场。八时后接演《盗宗卷》,李盛藻饰张苍,李洪春饰陈平,郑亦秋饰田子春,盛藻唱做俱老,博采颇多。休息后为叶盛兰(吕布)、杜近芳(貂蝉)、王玉让(董卓)、李世霖(王允)等之《吕布与貂蝉》,自“人头会”起,至“刺董卓”止,十一时半乃散。余力求散心,乃时萦家中病人,无情赏会,及出场,即偕锴孙乘三轮遄返,知汉儿来家留宿,已伴珏人入睡矣,余亦遂寝。卧席之凉,与昨夕浴汗迥如天壤,近顷气候诚难应付也。

7 月 21 日 (六月廿二日　戊寅) 星期三

晴不甚烈,气凉如深秋,背风则燠。

晨六时起。作《廉蔺列传》校释四十则,未及全篇三之一也。珏人日间服汽巴儿劲三次凡六片,痛楚较昨稍好,惟大便少而硬,小便亦稀。傍晚施按摩,乃觉不同往日,反增痛。夜八时半即以粉药投之,逾时始入睡,一时后醒,小便后又睡,乃至天明。余感冒增剧,哮咳难禁,兼以悯念珏病,心如群蚁穿穴,睡眠宜其不舒矣。今日本该续拔病齿,以精神太差,不得不迟延数日再矣。潘上午来省,清饭后来省,汉晨去,未得再至,昌硕仍来我家温课,垂暮乃去。澄、漱两儿来信久未复,竟无勇气可将近情实告之。

7 月 22 日 (六月廿三日　己卯) 星期四

淫雨,下午方止,微露日色又雨,气凉而不爽,夜略见星,夜半大雷雨。

晨六时起。八时许,昌预雨中来温课。清儿午后来省。润儿十时往红十字医院候信,知珏人上星五所摄片已得结果,惟不明言吉凶,仍属下星一转妇科再诊,并复至 X 深线治疗科查核可否重施烤电云。承院中照顾,复配麻醉药粉六服携归,恰敷下星一复诊前之需,现在唯一希望全在下星一能否续烤而已。下午二时始见报,日内瓦会议已于昨日圆满结束,发表最后宣言并达成《印度支那停战协定》矣,大为兴奋。下午四时潘儿、硕孙来省,五时许,均正夫人、调孚夫人、锡光夫人来探视珏人,赠果饵等物,极感盛谊。七时三位夫人去,潘儿、预孙亦去,夜饭后硕孙乃去。七时一刻刘姓按摩者来施术,仍未见舒,酬以十万元,约此后有烦再知照。珏人服汽巴儿劲六片,至六时已痛楚难忍,勉强劝进少许粥,即于八时投以粉药,须臾入睡。余为此纷纭,仅作得校释一十七则耳。九时许即就寝。中夜大雷雨,迁延达旦。

7月23日(六月廿四日　庚辰　中伏　大暑)星期五

阴,微露日,近午豪雨遂时止时歇,连绵不休。

晨六时起。珏人醒来仍痛,即投汽巴儿劲两片,至十一时一刻乃以粉药一包服下,始再入睡。八时昌预来,湜儿陪往十二女中报名。九时许刚主见过。十时半绍华见过。刚主今日即返津,假四万元去,十一时行。绍华以重版古籍事来商谈,至十一时三刻亦去。余无心坐定,酬客之余,随抽架上蜀人彭作桢所撰《古今联语汇选再补》阅之,聊遣愁绪。近十二时湜儿归,知昌预已径返其家矣。午后坐雨,偶与珏人闲谈。以解其痛,入晚再以汽巴儿劲两片投之,勉强夜饭而后睡。夜潽、权、硕来省,午间雨中达先来省。深夜一时再以粉药令珏人服下,遂睡至天明。余以气候失常,咳益剧,气益急,颇受影响。

7月24日(六月廿五日　辛巳)星期六

晴昙兼至,仍凉。晨六时起。八时珏人服汽巴儿劲两片,午后一时,又服两片。五时服粉药一包,以是未感剧痛,竟坐起半小时,惟大便未解耳。右鼠蹊淋巴腺核亦已减小,从前有核桃大,今乃如杨梅核。按之亦不痛矣。十一时半汉儿来省,午饭后与滋、湜、错同出看清儿,盖发热已两日矣。近六时,滋、错归告清已痊可,汉去上班,湜在听报告,伊等则游西郊公园归来云。余续作《廉蔺列传》校释五十六则,六时歇手。入夜珏人又感渐痛,投以汽巴儿劲不甚见效,挨延至翌晨七时半又以粉药投之,始略安睡。潜、权、硕来省,九时去。

7 月 25 日(六月廿六日　壬午)星期

晴阴间作,时欲致雨,未果,气遂燠。

晨六时起。珏人于七时半服粉药,八时履善来探视,九时清儿来省,近午去。午后姚培元来,自沪带到葆珍姨赠与珏人之绒线背心。余以往吉祥看戏,即饭而出,乘星期家人纷集,欲外出散闷耳。是日日戏为北京市京剧四团演出,一时开,先为关静文、纪美华之《樊江关》,继为萧英翔、汪鸣辰(反串宝林)之《白良关》,继为张曼君、宋世庚之《宇宙锋》,最后为姜铁麟、徐喜成、张荣善、关长励之《伐子都》。四时三刻散。自院出,即乘三轮遄返,家中来客甚众,沈云瑞、戴景宸、徐荫祥夫妇及潜、硕、芷、汉、建昌等,荫祥夫妇少坐即去,云瑞、景宸、昌硕、芷芬夜饭后去。汉未饭先去。夜饭后亚南来,略坐即去,潜亦去。达先来,八时去。珏人下午即感痛,服汽巴儿劲两片,延至八时半又以粉药投之,稍见宁帖。夜二时又服汽巴儿劲三片,勉至天明,如此多服者请教荫祥而后施,明知苟延而已,伤哉。午前接漱儿、笙伯来信,力慰珏人,但字里行间蕴泪多矣,不敢向珏人尽读,即略读已引起珏人伤感而痛哭不休,奈何奈何!

7 月 26 日(六月廿七日　癸未)星期一

阴霾,垂暮大雨如注。

晨六时起。七时半即以粉药投,珏人已感痛久矣。为之奈何?幸移时即停,得于九时四十分由潜、润、湜三儿侍往苏联红十字医院（雇木炭汽车往还）妇科就诊（预约由泌尿科转科），汉儿先在彼接护。十二时四十分返，备悉历次检查结果，瘤毒派衍已蔓延及于肛门、尿道、输卵管等处，而骨盆瘤源已化硬粘连腹腔，虽仍约于三十日下午二时往泌尿科复诊，但仅配麻醉之剂六服，别无它药，可知已到最后阶段，非人力所能挽回矣。大家恻然饮泪，惟瞒病者一人而已。午饭后清儿来省，因一时又投珏人汽巴儿劲两片，刚入睡，未及见，便与汉等各去上班，潜亦返其家。余强自振作，写信详告潄儿并及笙伯，属滋儿书复澄儿，兼告苏州纯葆。傍晚大雷雨，顷刻滂沱，珏人又感痛，五时半又投药片三颗，八时雨稍止，滋与锴出，为珏购饮饵于森隆归享之，九时复投以粉药，睡至一时半醒，不感痛，小便后（惟四日未大便）复睡，至三时半作痛矣，再投药片二枚，无效，延及天明即唤润儿起，装粉药于蜡管中，复投之，始入睡。余本购有今晚凌云京剧团吉祥票，以滂沱大雨而止，徒耗戏资，未克一观，天诚与我做对乎，惟有一叹。

7 月 27 日（六月廿八日　甲申）星期二

晴时昙，夜十时后雷电风雨，翌晨三时始止。

　　晨五时起。五时一刻珏人服粉药旋入睡，八时乃醒，九时三刻服药片二枚，十一时五十分又服二枚，下午一时以增痛，又投粉药一剂，灌肠一次，略得解些许，小便却不少，傍晚六时以有作痛之兆，不敢听其太猖狂，又投粉药一剂。先是，三时许延到名医孔伯华（本人望易中医，宜依之）诊脉，前已与深谈经过治疗等事，及按脉后却希望实少，不过姑试一方，以滋阴内消止痛法以消息之云。方用鲜石斛、鲜苇根、赤小豆、白檀香、益元散等，而随兰吞服犀黄丸三钱。当即令滋儿、锴孙前往前门外大栅栏达仁堂照方撮配携归,如法煎液,于九时服下,居然入睡,二时许仅起小便一次耳。上午九时镇、鉴二孙来,十时三刻文权来,十一时半芷芬来,十二时清儿来(其母灌肠即由伊为之),因共饭。饭后硕孙来,二时清、权、芷俱去。三时后镇、鉴、硕亦去。夜饭后清、达、汉来省,俟九时珏人服中药后伊等与润、滋、湜、琴、佩商量诸事。余心乱如群蚁穿穴,未忍参加伊等共谈。下午二时半绍华来访,即将所属印行古籍清单加注增损意见面交还之,少坐便去。《古本戏曲丛刊》第三批书四十四册今日送到,于是初集一百种凡一百二十四册全部出齐,惟欠书套未交矣。

7 月 28 日 (六月廿九日　乙酉) 星期三

晴,下午日光中大点雨,即止,夜偶见星,气凉于昨。

晨六时起。越一刻,珏人服中药二煎,未久觉痛作,恐增剧而以粉药投之,十时大便四次,俱不畅,解下些许。傍晚用甘油栓坐药,至晚九时十分得畅解,小便尚好。越半时服中药(今日连一帖)即睡,至十一时四十五分又感痛作,再以粉药投之(药已用罄,心甚急,幸下午润、湜往苏联红十字医院请求得续配六剂。),直睡至翌晨五时半始醒。综观珏人现象,中医似有效用,解便解闷等确已大好而痛楚亦减淡不少,唯一痴望寄于此,明日当续延孔大夫再来诊治。下午三时东华偕其爱女娟来访,前日甫到,尚未与西谛诸兄会晤云,谈移时去。晚饭后芷、汉来省,九时去。余终日焦虑无可自措,夜睡亦难稳也。

7 月 29 日 (六月三十日　丙戌) 星期四

晴,凉,子夜后大雨,达旦不休。

晨六时起。七时珏人服孔方二煎,八时廿五分服药片二枚,下午五时一刻大小便俱畅,七时半再服药片两枚。今日精神尚好,痛亦大淡。四时仍延孔伯华来诊,据云脉息较缓,舌苔亦较薄,主仍守前法,即依原方增量并再加杜仲、炭朱拌莲心各二钱,谓可连服两剂。当由滋儿仍往大栅栏达仁堂撮来,于九时煎服头煎,睡至十一时起小溲,即服粉药一包。是夕以雨故睡不甚安云。余终日守视病人,心旌悬悬,午后以闲将余冠英《诗经选》第三部分稿子看完,备提意见数处,馀均抄校上之舛错也。清儿午来省,饭后去。芷、汉夜饭后来省,九时后去。潘儿晨来省,以绿米粥享珏人。潄儿廿六日书来候母,询来省可否,余廿六去信适在路上交过,此时想亦收到矣。余十时就寝,十一时起为珏人服药,接以听雨,竟未能酣然贴枕也。

7 月 30 日（七月　小建壬申　丁亥　朔）星期五

晴凉。晨六时起。七时卅分珏人服中药二煎,十时四十分服凡拉蒙一片,下午三时服孔医第二方第二剂头煎,五时十五分又服凡拉蒙一片,九时另五分又服粉药一包。中间仍断续作痛,影响精神甚大,虽解大便两次,小便四次,胃口日萎,仅食沃汤饭两次,均仅两三匙耳,馀则少许瓜果,如何敷荣乎?九时半入睡,深夜一时四十五分醒,起小溲,其后时睡时醒。上午九时,彬然夫人偕其少子继文来探视珏人,移时去。十时半清儿来省,即去。午饭后达先亦至,二时去。傍晚清儿复来。夜饭后潘、权、硕来省,九时后乃去。锴孙则午后四时归去矣。夜八时,余偕滋儿往北海一舒,在揽翠轩啜茗,九时行,三刻返,至家则潘等俱去矣。十时就寝。湜儿夜出参会,一时乃归。余午后抽暇续作《廉蔺传》校释二十则。

7 月 31 日(七月初二日　戊子)**星期六**

晴凉。晨六时起。越四十分视珏人服中药二煎,八时四十分珏痛又作,即以粉药一包投之。十时十五分,珏醒来,吃奶粉及蛋糕少许。十二时廿分,濬儿送所煮菜粥来省,珏又食大半碗,甚合味。下午二时服索密通二片,七时又食菜粥一碗,八时服索密通片半,九时十五分服中药第四贴头煎,深夜二时半又服索密通片半。竟日未作剧痛,精神亦较佳。午前小便四次,大便一次,午后小便三次,均尚好。夜饭后濬、清、汉、权、硕来省,十时许濬、权、硕去,清、汉则留宿伴母安然渡过。余午饭后与湜儿往西郊公园,在牡丹池前荷塘畔啜茗,四时许乃徘徊于猛禽室、鹿苑、熊山等处,五时三刻出园,仍乘三路、十路公共汽车归。夜与诸儿聚谈,珏人亦畅然悦顺,乐与儿辈絮谈,十一时余就寝。

8 月 1 日(七月初三日　己丑)**星期**

晴,较昨略热。

晨六时起。八时濬儿来。八时半雪村夫妇及建昌、小逸来。有顷,晓先夫妇来。十时半文权、昌硕来。十二时达先来。午刻与来者同饭,雪村先去未饭。饭后雪村夫人、达先、清儿、建昌、小逸、文权去。二时,予同来访,盖自沪来京开会,已来五日矣,与纵谈至三时半去。晓先夫妇则三时即去。四时芷芬来。傍晚文权复来,夜饭后偕濬、汉、芷、硕同去。珏人自昨晨八时四十分服粉药后至今日下午三时四十五分始再服粉药,中间仅服索密通五片,大小便均有,饮食尚有味,惟精神稍振,便不免多说话、多会客,入夜甚倦,类似发烧,但天明即退凉,想系感冒风寒所致。是晨小便有血,因令滋、湜两儿往请孔大夫,据云今日无法抽空出诊,询知出血即云饮药后当然现象,决无妨,遂就原方加血馀炭三钱,仍令连服二贴,乃放心撮药。下午二时廿五分即服头煎,夜八时五分服二煎。余上午与雪村、晓先、潜儿往遂安伯胡同三号看村新买之房,下午在家未他出,夜九时即就寝。

8 月 2 日（七月初四日　庚寅　三伏）星期一

晴热。晨六时起。八时填好七月工作汇报表,写信径寄与冠英。珏人今日仅服孔伯华方第七贴煎药及索密通四片,大便一次,小便四次,三顿吃粥,早晚各大半碗,中午小半碗,精神较好,惟多出汗耳。清儿午来省,潜儿夜来省。金泉源午送入场券三纸来,盖金星笔厂正式公私合营,特假朝外大街工人俱乐部礼堂举行文娱晚会也。余以先已购得中和夜戏票而湜儿又须参加劳动人民文化宫晚会未能去,即由阿凤及许妈前往参观。夜饭后,余与湜儿同出,同乘十路公共汽车行,伊在天安门下,余则径往大栅栏,直至中和看北京市京剧第一团演出。七时半开,先为张金波、万啸甫之《捉放曹》（仅"行路杀吕伯奢"一段）。次为毛世来之《穆柯寨》（仅演"孟焦盗木宗保被擒"一段）。次为李万春、毛庆来、李庆春、李小春等之《水淹摩云山猴子闹龙宫》。十时休息后,为曹艺斌、陈世峰、常长升等之《闹朝扑犬》（演晋屠岸贾使鉏麑刺赵盾并嗾獒啮盾事甚长）。十二时始散,亟乘三轮遄返,途中已感凉,到家已十二时四十分,阿凤等已先归,湜儿则越十五分始返。并知振甫曾来访云,甚歉,连次失迓也。一时后乃寝。今夜所观京市一团阵容甚强,张、毛、曹俱系组班之人,今合并演出,当然紧凑,惟张、毛两出俱见局促,不能展其所长,似有硬压垫戏之嫌。曹则挟其庆乐班主之馀势,居然压轴,不免为毛叫屈耳。

8 月 3 日(七月初五日　辛卯)星期二

昙封终日,傍晚微雨,入夜时作时止,夜半后淅沥达旦,气类深秋矣。

晨六时起。珏人精神较昨大差,又作痛形寒(有五分浮热)咳嗽。七时服药,下午四时仍服披拉灭痛片一片,竟无效。(上午九时命湜儿依院定时间往觅泌尿科大夫王大夫配药,再三申请,不肯再予粉药,仍以初次试用失效之披拉灭痛敷衍塞责,全不为病人痛苦着想,无奈何,只得携归,告珏人谓系新配另种好药,成心诓骗病人,含恨实多。)坐视无方以解之,挨至六时三十五分仍以索灭痛投之,幸续延孔伯华于七时来诊,据案诸象均稍有转机,谓应兼事疏解,仍依前法变通之写方,易数味而去。夜饭后即由滋儿往大栅栏达仁堂撮药归来,煎服已十时十六分,二煎只得明日再服矣。幸大小便均通,饮食亦渐知味,心为稍放。十一时入睡,余亦就寝。午昌硕送饺子来,清儿来饭。夜饭后文权来。余竟日看护,仅以其间作校释十四则耳。唯一痴望系于孔医,但祈日起有功渐减痛楚,则大幸也。

8 月 4 日(七月初六日　壬辰)星期三

淫霖侵朝,气象萧森,绵延及暮,遂尔彻晓。此等气候在北京恐为前所未闻也。

晨六时起。珏人今日大佳,晨自起盥栉,早晚俱有大便,颇思食,进粥饵皆有味。日间饮孔方第八帖,二煎、三煎及每间六小时投以索密痛一片。夜饭后始觉痛作,即以第九帖头煎饮之,九时后就睡,不甚宁,出汗,有微热。竟日闷雨,无人来,惟晚饭后文权一至耳。滋、湜雨中出撮药及购物,余以其间续作《廉蔺列传》校释三十五则,下午五时始歇手。夜十时后就寝,中宵起二次视珏人。漱儿书来慰余,其言绝痛,不忍卒读,据告八日拟首途来省云。

8月5日（七月初七日　癸巳）星期四

晴热,入夜星月交灿,未几即阴合,冥然达旦。

晨六时起。珏人仍服孔药及索密痛,饮食、大小便均尚好,惟左骨盘牵及腰部与左股胫均仍剧痛,痛时影响精神。乃夜十二时半起小溲,又感酸楚,泌不出,余与阿凤在侧扶持起落终见点滴而已。二时后渐加多,酸楚亦渐减,但终宵未得安睡矣。汉儿感冒已两天,卧床未起,今日为伊卅四岁初度,清儿午来家共面,午后锴、镇、鉴三孙咸来,询悉汉已大痊,夜饭后滋儿往省之。濬儿夜饭后来省,九时后去。余日间续作校释四十四则,六时始歇。十时就寝,但终夜未得安睡。

8月6日（七月初八日　甲午）星期五

阴,时昙,傍晚大雨,气仍萧森。

晨六时起。午前续作校释十三则,于是《廉蔺列传》校释完毕。前后凡得三百有三则。珏人昨夜虽以小便有阻少睡眠,但今日上午经常坐起,仍亲自盥栉,扶出坐堂前亦颇久,剧痛似少减矣。服孔医第十一帖药及索密通,是夜小便虽不多,然无阻塞之象,为之大慰。午,清及建昌来省,午后达先来省,夜濬、预、硕来省。清下班后仍来,晚饭后携建昌去。九时许,濬等乃去。十时濯身后就寝。

8 月 7 日(七月初九日　乙未)星期六

晴热。晨六时起。照料珏人至十一时廿分乃出,乘十路北行转二路到灯市西口,步至八面槽萃华楼,盖预约今午与圣陶、西谛诸人联请予同、光焘诸人也。至则宾主大都到齐,东华最后至,十二时半开饮。凡两席,中间一席为王了一、周谷城、方光焘、傅东华、吕叔湘、张志公、朱文叔、傅彬然、徐调孚、胡愈之,西边一席为周予同、吴文祺、章雪村、郑西谛、叶圣陶、顾均正、章达先、卢芷芬及余。盛会难得,颇欢洽,为之多饮焉。是会凡先旅京住下者皆作东,惟吕、张例外。二时散,径归。知清儿午饭来省已去,珏人状况尚好,居然扶出堂前久坐云。五时半,孔伯华偕其子光伯来诊,据云再予前方加减以消息之,并云服后无特殊现象可连服三帖也。照前方去藿梗、薄荷,而加生橘核、石苇各三钱,血馀炭则由三钱减至二钱,川牛膝、白檀香则各由三钱增至四钱。仍令滋儿往大栅栏达仁堂撮取,今日已为第十一帖矣。是夜珏人小溲又感闭塞,起十馀次,不畅,扰扰至天明乃稍舒,略得安睡。接五日澄儿、业熊、升埒、升基信,备致念念之忱,并作安慰余之词。

8 月 8 日[①](甲午岁七月　小建壬申初十日　丙申　立秋)星期

阴森,午后始略晴,气闷热。

晨六时起。七时半出,乘十路、二路公共汽车到北海漪澜堂,会晤西谛、予同、光焘、文祺,应昨约也。至则谛等已先在,谈有顷,渡至五龙亭茶,遇翼云、韵锵、竹君,未多谈,至十一时饭于仿膳厅,

---

①底本为:"复初日记第六卷"。原注:"阏逢敦牂之岁天孙渡河之夕越四翰容叟自署于小雅寓庐。"

扰西谛者。食已，步至九龙壁下，徘徊一周即与予、祺、忝三人别，谛出北海后门，分乘三轮各返，伊等回招待所。到家，见珏人坐堂前，询知饮食服药俱照常，大小便亦通，因而精神尚好，余为大慰。有顷，芷芬来省，清儿携建新来省，潛儿携昌硕来省，三时半芷偕清去诣视汉儿。四时许，寿白来访，见珏人大为惊喜，谓望气色无病容而声音亦如常，深赞中医之急当尊重研究焉。谈至五时半去。未几，潛、硕亦去。滋儿撮孔方第十二帖药归，当晚九时半煎服头煎，是夜小溲不多，仅起三次，较昨大为好转。接漱儿四五两日信各一通，知俟水退车通，即与笙伯偕来省视云。十时半就寝。

8月9日（七月十一日　丁酉）星期一

晨冥晦，近午豪雨，院中顷刻积水，沟渠不及泄。气则闷热而骤凉，遥想武汉等被水之区睹此恶霖，正不知如何愁叹耳。延绵达夜，始稍止，屋宇平添漏处不少。

晨六时起。终日坐雨闷损已极，幸珏人大好转，起坐时多相对语慰，神为振焉。滋儿雨中到班，又出城撮药，浑身沾湿，甚悯之。今日服下为第四方第十四帖矣。清儿午间雨中送菜饷母，以车在门首等候，放下即赴社上班矣。夜十时就寝。珏人数起小溲，但都畅解也。

8月10日（七月十二日　戊戌）星期二

晴热，夜有星月。

晨六时起。今日珏人精神较昨大差，且时作痛，虽大小便尚好，而胃口又减，睡眠亦少。中夜二时服安眠剂一片，亦仅睡至平明，四时许又痛醒矣。孔医处今晨去转方，加金毛狗脊一味，去毛，谓可速服三数帖,今已为第十五帖。因于下午一时即撮来,四时四十五分服头煎,九时卅五分服二煎。作痛之故或因少用索密痛二次均代以红十字医院黄粉药,不能管用乎?下午五时半将看护珏人事交代与湜儿,出散闷,乘十路、三路公共汽车到北海后门,径趋仿膳夜饭,然后徐步至五龙亭中间一亭占坐东南隅,凭槛啜茗。时皓月正中,遥对金鳌玉蝀桥,月光照水,游艇穿行,琼岛密树,间透疏灯,凉气习习,烦虑都蠲,真有水月双清之乐。前日与西谛、予同在同一亭上啜茗,以雾气四笼,仅有烟水苍茫之感,视今晚迥不侔矣。余旅京将五年,北海看月尚为第一次也。留连至九时始出园,仍得赶上三路及十路末班车,到家未及十时也。濯身纳凉,移时乃得就寝。

8 月 11 日 (七月十三日　己亥) 星期三

晴热,子夜后大雨。

晨六时起。珏人服孔医第十六帖药,(服三煎,其间仍用索密痛镇之。)精神较昨好转,能扶掖至南屋如厕,家人咸为称慰。上午潏儿来省。午间清儿来省。是日珏人睡眠较多,足偿前昨两晚之失,故精神获振耳。下午四时半小文来,前托代购湜用手表已办到,(其戚周志良君所让,货好而价廉,英纳格牌,十七钻,仅收百万元,连带子。)感其诚且服其敏,真干材也。纵谭抵暮,夜饭而后去。余积日疲困,今日左后脑颇感痛,晚八时许即寝,夜间仅二时起视珏人服药,及五时饱听大雨打窗耳。

8 月 12 日 (七月十四日　庚子　末伏) 星期四

破晓大雨,愁霖缠绵,气复转凉,向晚始稍止。

晨六时起。坐雨闷损，无聊之至。今日仍延孔大夫来诊珏人（第五次）。达先胃肠不舒，久验未有结果，闻孔大夫来，午后即来我家，候附诊。孔大夫五时半始来，据诊脉、看舌苔，俱好转，主仍用前方，将桑寄生加二钱，金毛狗脊加二钱，元明粉减二分耳。谓服后无大变动，可连服。继为达先诊脉，别为处方，谓服三帖后再诊云。潜儿、预、硕两孙五时来省，孔大夫去后略待亦行，达先则晚饭后去。珏人今日精神特好，孔大夫来时竟出坐堂前受诊，孔亦为之惊喜。钱伯衡亲家书来问珏人疾，远承关注，极感。漱儿谓八日当能动身，今已四日，未见到，殊念，或阻水未得成行乎？夜十时视珏人服第十七帖头煎后就寝。倪农祥下午四时来访。

8 月 13 日（七月十五日　辛丑　中元节）星期五

晴热，夜月好，薄翳时遮之。

晨六时起。珏人诸象均不坏，惟骨盘感胀裂之痛，未免影响精神耳。今日服孔大夫第五方第二帖（总计第十八帖）药，仍以索密通间投之，尚好。接漱儿八日信，知未克成行，因廿五左右须开区党代会，必赶回，目前且阻水，恐留京之日无多，以致迟疑其行耳。遂与诸儿商定，即复书详告孔医诊治后情形，并属于会后争取速来。同时书复伯衡亲家，亦以珏人改服中药后详情告慰之。六时半夜饭，介然见访，略谈即行。七时余独往吉祥剧院看京市京剧四团与杨宝森剧团联合演出。七时半开，先为姜铁麟、张曼君、李德彬、汪鸣辰、杨元才等之《武松》（自"打虎"起至"杀嫂"止）。继为杨宝森、金少臣、哈宝山、吴世衡之《捉放曹》。十一时半始散。余以积倦求松，讵知坐中时时瞌睡，仅精彩数场略能振奋耳。自笑老迈，竟不中用如此，乘三轮亟归，已十二时。询悉珏人已服药就寝，余亦即睡，月光照室，转醒于剧院矣，良久乃入眠。

8月14日(七月十六日　壬寅)**星期六**

晴热，薄暮上云，旋月出皓然，昏后忽雷电交作，大雨如注，移时雨过，则又月明星稀矣。

晨六时起。珏人今日精神较佳，起坐时多。上午濬儿来省，入晚文权来省，清儿来饭。午后达先来省。睡眠甚少。是夕余本预购北海荷灯晚会门券二纸，备与滋儿往观之，以濬、清之告(谓拥挤不堪，毫无舒松)作罢。傍晚，令滋出购下酒并购生啤一升，归与珏人、元孙等共饭。(润参加暑中同人队伍往北海看荷灯音乐会，湜儿往校中参加紧急会议，俱未饭。)饭后权来谈，以雨作归去。权甫去，湜即归，幸俱未沾濡也。润十一时后回，据云避雨多时，仍看到焰火耳。睡至二时许，珏人起溲，忽又泌不出，小腹下感急胀而溺不下，数起数眠，无片效，至四时廿分只得唤琴珠起为导溺一次，仍未得畅。

8月15日(七月十七日　癸卯)**星期**

晴热。黄昏大雷雨。

七时半起。珏人仍未安睡，七时五十分又令琴珠导溺一次，仍不多，今日为清儿卅七岁初度，约诸姊妹齐集来家吃面，而珏人适又欠安，心为躁忧，益见沉重，即令滋、湜两儿往访孔大夫，告以故。据答系淤血阻塞，无妨事，即原方再加花蕊石、清宁丸各二钱，令煎服。持方归，立命湜出城撮药，午饭煎服，自能小解，至翌晨竟得小解十二次，渐畅渐清，亦神矣哉！濬、清、汉三家均集，午饭时大饮葡萄酒及鲜啤酒并进面为庆，珏人矣进面一小碗焉。午后芷、汉、鉴往访演乐胡同诸故旧，而述琇来。向晚达、清、昌新去，雷雨忽至，恐中途值雨也。夜饭后权、潜、预、硕去，至九时芷芬来，谓在均正家晚饭，汉、鉴已径归，伊来接琇、锴、镇同归云。于是诸人皆去，我家大小亦就寝。劳扰竟日，珏人得初苦后安，真喜出望外，亦深感孔医处方之神也。华北高等学校统一招生今日发表，湜儿幸获录取北京大学东方语言系，当晚即携北大通知书，将于廿七日前往报到。

8月16日（七月十八日　甲辰）星期一

晴热，秋老虎酷于伏暑矣。

晨六时起。珏人时起坐，且扶行院中看花，小溲渐多，尚感滞涩，背腰诸痛略减，已集中在两膝盖作酸楚，惟胃纳较前数日稍差，不免有饱胀之感耳。明日当再向孔大夫一询之，今日仍服前方（第二十一帖）。二十日来余一心看护珏人，真乃形神俱疲，入夜九时即濯身就寝，须臾睡去。

8月17日（七月十九日　乙巳）星期二

晴热。傍晚，大雷雨。

晨六时起。七时许，命滋、湜持余所书条往叩孔大夫，滋径到办公，湜则顺时出城撮药携归。十时许湜持药返，呈方请阅，则加焦谷、稻芽各三钱，去白檀香，又以宣木瓜易天仙藤，合欢皮易血馀炭也。是夕小溲先涩后稍畅，或药物之力渐达乎？彬然属抄方供研究，余因详书珏人去年十月以来割治烤电及改服中药经过，并录孔大夫历次处方及改味分剂以告之，如能真奏神效而西医肯虚心研究接受者，则斯疾之患者广被甘露矣。午后一时三刻，余偕滋儿往西郊颐和园一求散旷,乘十路、三路转京颐路车以往。二时半到园门口,遇积贤,伊偕数友入园游泳也,数语而别。余父子先入谐趣园小坐,然后循后湖两岸以达须弥灵境,就长松直桍之下啜茗焉。至四时行,由蒙古包绕登香岩宗印之阁,本有门可出佛香阁径下南山之椒,以修理故杜绝不通,乃西行出湖山,岂意直下至听鹂馆前之长廊,步至石丈亭人民食堂,已四时三刻。询之值堂人,谓五时后即辍业,因即坐下饮啤酒食馒饭果腹而已。起至清晏舫,门已闭,游人亦渐星散,遂循廊东出,仍乘京颐路车到西直门,已闻雷。急转三路到东单,大雨如注,不得不下,在暴风烈雨中越东长安街广场趋入东单菜场以避之。周身濡湿,类落汤之鸡。待良久,雨中得雇一三轮冲波而归,已九时。亟易衣濯身,有顷,滋亦归。幸知珏人服药后尚好。十时许余即寝。佩华以看话剧《雷雨》,十二时始返,时已雨止月出矣。

8 月 18 日(七月二十日　丙午)星期三

拦朝大雨,近午放晴,气较凉,夜有月。

晨六时起。珏人精神较佳,早起盥漱、饮食亦如常,但小便滞涩,股膝仍作酸也。午前,潜儿来省,正午清偕滋同归,因共饭。午后潜、清去。三时许,雪英来访,与珏长谈,夜饭后去。介然午前见过,谈次知颉刚家眷早来,本人亦不日即至矣,良觌非遥,为之欣慰。珏人今日服第二十三帖药,夜九时半后频起六次,小便均些少难下,牵动尾闾骨盆等处作剧痛,至十二时四十五分,唤起润、琴为导尿一次,后于二时四十五分再导一次,始得睡。余与润、琴、凤扰扰半夜,比众皆入睡,余独不寐矣。

8月19日（七月廿一日　丁未）星期四

晴较昨热。

晨六时半起。珏人适亦醒，下半截俱作剧痛，骨盘胀痛欲裂，而两股若有物垂垂下坠然，汗渐交作，情绪又大恶，令人手足无措。余一面属润儿觅苏联医院前配之镇静药水饮其母，一面即令滋儿往孔大夫处求其下午来诊。扰攘及于八时半后小溲始渐能自泌，午饭亦强劝半碗，势得略定。十一时半清儿来，属为注射鲁眠那油剂，乃得安睡至下午四时半。五时半孔大夫来诊，得两脉略大，谓食物恐有未慎所致。澐儿适来省，谓昨午曾炸烹龙虾片奉之，当系此故。孔大夫据以处方，改用石膏一两为主药，剔去鲜石斛，其他又加减损益若干味。夜十时始服头煎第廿四贴，未久即入睡，十二时后起数次（大小便均有）。余仍终日看护，未遑他愿也。午后达先来省。芷芬之母患中风，昨闻汉儿言，前晚已动身返苏探省矣。

8月20日（七月廿二日　戊申）星期五

晴热。晨五时，珏人又患小便胀急，泌不出，至五十五分，润、琴为导尿一次，即睡，七时醒，起小溲，已稍能自泌，昨药甚灵，乃知发物真不可偶食也。起坐后精神渐复，饮食、大便都正常，惟小溲少而不甚畅。夜眠亦佳，仅起三次。（今日服第二十五帖。）上午十时清儿来省，文权亦来省，午后澐儿来省。接培新幼儿园信，知元孙已取入小班，甚喜。又知预孙亦考入十四女中，镇孙考入第八中学，顯孙已分配到哈尔滨工作。目前惟埙孙是否考取张店中学则尚未获信耳。接坚吾十六日来信，告其子女俱已成长，除令琰已在北京师范大学肄业外，令瑜师范毕业，已分配到南通工作，令玮今将来北京航空学院学飞机制造,令璋亦考取上海中学矣。老友下一代皆有蒸蒸日上之象,固所深慰也。接十六日漱儿来禀,谓已接潘信(余信后一日去,未接到),知母病转机,极欣慰,定八月底九月初来京省视珏人,因而大喜。傍晚有雷阵,未果雨。夜十时就寝,中间仅起一二次,近日稀有好象也。

8 月 21 日（七月廿三日　己酉）**星期六**

晴热,秋阳甚骄。

晨六时起。上午潘儿来省。湜儿往达仁堂撮第廿六帖药并到汉儿家洽事,午饭后又为余到吉祥购得明日白天戏票两张。珏人起坐如常,虽负痛仍未解除而精神尚好。余与滋儿遂于午后二时出散步,乘十路公共汽车到天桥,步入天坛,在皇穹宇西侧茶棚内啜茗休息。至四时半起行,循长廊、祈年殿而出,见园中柏林内帐篷遍列,有数处已树立"禁止通行"标帜,想为十月一日外面调来受检阅部队临时驻屯之用。出西天门,乘电车到大栅栏,再转十路车返家,刚为六时。夜饭后珏人渐感不舒,痛势增剧,小溲亦渐觉困难。适清儿来省,(告明日搬家,不能来省。)请为注射鲁眠那,不欲,乃亟煎汤药服下,睡未久,频起大小便而溲尤不爽,至十二时卅五分导尿一次,未得畅,至平明五时四十分又导一次,始得入睡。栗六终夜,痛楚万状,余真无地自措矣。上午复漱儿,属出月初准来,行时拍电相告,以便接候。

8 月 22 日（七月廿四日　庚戌）**星期**

晴热。晨五时半起。珏人痛楚未减,情绪大坏,劝令服药,皆拒不肯受,其后汉儿率镇、鉴二孙来,清儿亦来,交口进言,意渐回。

嗣接十八日漱儿来书,告廿八日可以动身来京,又接二十日澄儿来信,知升埢亦已考取张店中学,喜讯狎至,始肯听劝服药,当即令滋、湜两儿驰往孔大夫处传述病况,请改方,又加滑石块、桃仁泥、甘草梢三味。湜随诣达仁堂撮药。十二时,余先饭,饭已独往吉祥看荣艺京剧团演出。一时开,先为填戏《晋楚交兵》,湜儿赶来,盖撮药耽阁颇久,此时方回家进饭而后来也。继为孙毓堃、苏连汉之《金锁阵》,继为贯盛习之《南阳关》。休息后为王素琴、侯荣湘等之《红娘》。四时五十分散,终场仅贯盛习可听,贯盛吉可看而已。五时回家,文权、潣儿在。有顷,清儿亦来,其家今日已先将老房迁入遂安伯胡同新居矣,于是余家诸人俱同往其新居参观,权等皆径归,惟汉、镇、鉴仍来夜饭,夜饭后晓先、云彬来访。云彬当选为浙江人民代表,来京报到开会,已来数日矣,即索孔大夫方一看,渠亦谓然。谈至九时,云彬、晓先、汉儿、镇、鉴等同去。夜九时后珏人服头煎(二十七帖),得安睡,惟小便仍不短少。余十时就寝,夜起两次耳。

8 月 23 日(七月廿五日　辛亥)星期一

晴热。晨四时,润、琴又为珏人导尿一次,仍得睡至六时五十分,能自泌少许矣。余五时起,开始为看护工作,终日料量药物,候度饮食,而珏人今日殊见衰降,胸口噎闷,小便稀少,大便水泻,说话亦弱,是虚象也,奈何? 仍服前方(第二十八帖),以厌服故,二煎停止,拟腾至明晨再煎。颉刚午前来访,盖其家已早来,渠则昨日甫到也。谈良久,即以代取前开明股息面交之,并询途中遇水情况,十一时半去。午后不支,小睡片晌。夜珏人更不舒,在半睡眠状态中度此一宵。余十时就寝,一时起,旋睡,亦迷惘达旦。

8 月 24 日（七月廿六日　壬子　处暑）星期二

昙闷,午前阵雨,午后晴热,夜呈繁星,子夜后忽大雨掣电,遂绵延及于翌晨,今岁苦雨,真恼人也。

晨五时半即起。珏人胸闷气急,大小便尚好,但情绪又大坏。小文午刻来访,力加劝慰,稍好转,留饭而后去。饭后,余乘润儿、滋儿在家,往访雪村(已迁入遂安伯新居,近有感冒),晤达先,谈至二时许,与达先同出,伊往上班,余则径归。四时半,孔大夫来诊(今晨命滋儿往请)。据云略有反覆,前方仍得变通使用,因剔去清宁丸,加生决明、朴花、竹茹、合欢花,另开牛黄(一分半)、珍珠粉(四分)、麝香(一分)、乳香、没药,属共研极细粉末装入胶管分服,谓可止痛且渐替其它麻醉之剂云。亟命滋儿出城往达仁堂撮取,夜八时方回,遂将末药三小管令珏人吞服(煎药待明日用,因厌服故)。初不甚觉,至十二时三刻又吞下二小管,乃渐止痛,且能安睡,仅于四时后起小溲两次而已(虽少,尚无阻塞之感)。潜儿夜饭后来省,未几,即去。浞儿昨晚住汉儿所,今晨偕方中、预、硕、锴、镇、鉴及建昌等往游颐和园,夜饭后乃归。九时半余就寝,起视三次,又为大雨喧醒,殊未见稳睡也。

8 月 25 日（七月廿七日　癸丑）星期三

阴雨,偶露日光,颇燠。

晨五时半起。八时清儿来省。有顷,必陶见访,约余写郑成功,无从坚却,勉应之,但北大有新工作展开时只能延期云,谈至九时许去。无何,清儿亦去。珏人今晨服昨日孔大夫处方头煎(第廿九帖)后觉腹抄不舒,于十时、十二时两次服下昨配末药,迄不见止痛,午后益剧,至五时半不得已再投索密通二片,其后每隔四小时投二片,剧痛居然渐止,但小便又感滞阻,七时遂导尿一次,中夜一时又导尿一次,中药遂尔停阁。清儿午晚俱来省,达先午来省,文权晚来省,汉儿晚来,即留侍珏人。湜儿为升学事甚忙,常出接洽车辆等事,今汉儿又请渠看夜场电影,(在西长安街首都电影院。)属留宿汉家不必归。夜拍电溦儿,告母病突变,望速返。余十时就寝,夜间有汉儿照料,得稍松舒焉。接淑儿信,知八日晚十一时四十七分在公安医院分娩,幸产一男。

8 月 26 日(七月廿八日　甲寅)星期四

晴热。

晨五时又为珏人导尿一次。六时起,经汉儿之劝,珏人勉将昨储头煎之半服下,八时前诸儿俱各诣工作岗位上班,近九时湜儿归。珏人近感胸次胀闷,不下食则觉饥动难受,稍进食则又饱满欲绝,即西瓜露亦复感胀,但午后及夜间两次将前储中药之二煎服下,却并不加甚胀感也,剧痛已止(仍以时服索密通),而精神委顿,情绪大劣矣。清儿晨来省,瀞儿午前来省,夜饭后又挈预、硕来省,下午三时雪村夫人及村姊来访。颉刚以访侯外庐见过,略谈即行。农祥见访,未能偕同出游,至歉。夜濯身易衣,十时就寝。命滋儿即复淑儿并汇万元去。

8 月 27 日(七月廿九日　乙卯)星期五

晴热。

晨六时起。七时为湜儿整治行李,雇三轮送前门车站,俾参加北大迎新站车径赴西郊北京大学报到。珏人以少子初次离开膝下,又钩起离情,不免伤感。午后达先来省。午饭时清儿来省。下午潘儿来省,夜饭后去。东华及其女公子娟来访,谓车票购到,即返沪云。谈移时,近午去,以所著《说文原语》稿一部分见示,将留读若干时还之。滋儿今晨持余所开珏人病情变化走告孔大夫。据答肾为胃之关,小溲不通,胃气不降,又兼暑湿,是以中满不能下食,因就前方加广藿梗、旋复花、石苇,属再服。午后即令润儿往达仁堂撮取(第卅帖)。下午四时三刻即将头煎服下,一切平稳,索密通亦以时照服,乃至七时半忽又作剧痛,(集中在左侧骨盘近尾闾处。)时益加甚,挨至九时四十分不得不将仅存苏联医院前配之吗啡粉服下,十一时痛止,而小溲不得下,又为导尿一次,未几,入睡,仅二时三刻起溲一次而已,尚多。余于上午稍闲时曾将冠英《诗经选》稿第三部分细读一过,提意见十三处,嫌疑者五六处,馀均校对问题耳。

8 月 28 日(八月大建　癸酉　丙辰　朔)星期六

晴热,傍晚偶起云。

晨六时起。珏人情况如昨,午后又作剧痛,夜十时一刻清儿为注射吗啡液半 CC,乃不能入眠,又导尿一次,始于十二时后安睡。达先午后来省,潘儿下午四时来省,汉儿夜饭后来省,清儿以打针故,夜来伴珏宿。孔大夫下午六时许来诊,正值剧痛初作。据云病象并无转坏,依前方再加去毛狗脊、威灵仙,并云如厌多服,一剂可分两日服。夜饭后滋儿出城撮药,适是日新华及中国青年出版社集体购得大华夜场电影票。(袁雪芬、范瑞娟等合演《梁山伯与祝英台》。)余与润、滋、佩俱于九时一刻往观之,珏人剧痛竟委之而去,殊难过也,十一时半乃归。二时漱儿叩门,盖昨日得附车北来,幸未多耽阁,故能当晚赶到耳。余等皆起,为之欣慰。时珏人方入睡,属各就寝,未多谈。

8月29日(八月初二日　丁巳)星期

晴爽,有秋凉之意矣。

晨五时半起。珏人身体渐见衰颓,小便竟全恃导放,饮食锐减,改用牛黄、珠粉末药,幸未发剧痛,服煎药(第卅一帖头煎两次)。是日休假,除漱、润、滋、琴、佩本在家外,清、达、汉、濬亦先后来省,湜儿亦自北大归省,雪村、晓先、雪英、文权、元锴、元镇、元鉴、建昌亦前后来,往来络绎,殊热闹,余则镇日未出也。知墨林已自城外至美家返八条,以牵于家事,未能一往访问,良歉。珏人自知难起,感情激动,儿女环侍,转促伤心,痛哭数回,令人不忍睹闻之,酷哉! 夜十时就寝。电告笙伯,漱廿九深夜安抵此间矣。

8月30日(八月初三日　戊午)星期一

热晴,傍晚滃然有云,又将变矣。

晨六时起。珏人激动稍平,惟小便阻塞,必须导放,服牛黄、珍珠粉末药尚可止痛,但夜半又剧痛,殆已至无可奈何之境矣,诸儿环集,一筹莫展。十时后都各归去或就寝,只漱儿留侍耳。润、琴亦数起省视,余积倦已久,一时后入睡,不遽觉晓起腰际酸痛殊甚,其睡中变凉所致乎? 是日午饭后乘湜儿在侍,乃与漱、滋两儿往北海公园少舒,三时入,赁艇划荡一小时,继登白塔之麓,在揽翠轩啜茗,五时出,附公共汽车归,正六时。尔时珏已作痛,自此纷纭扰攘,麻乱终宵。

8 月 31 日（八月初四日　己未）星期二

愁霖竟日，夕气转凉。

晨六时起。珏人病势已趋严重，朝夜打针两次，且长期导尿，只啜西瓜数次。坚拒服煎药，昨日辛苦熬成之药液，只得弃倾，如不打针，则剧痛哀鸣，令人肝肠欲绝。润儿请假奔走，雨中赴市卫生局及医药公司请购麻醉品济急，虽未应手而得，如何处办则已摸清矣。潘、清两儿俱来省，硕孙亦随来，夜饭后潘、硕去，清则十时后乃去。雪英来访，傍晚去。雨中往来，殊歉。上午十时漱、湜两儿为余送附印《古本戏曲丛刊》二集，款项一百三十四万元，到中央文化部办公厅总务处掣有收据 102 号，雨中往来也。下午二时湜儿雨中到校，盖明日北大开学也，余即在湜榻小睡片晌。夜间由漱儿、阿凤陪珏人，余即卧湜儿室中，腰痛尚未痊，服索密痛二片，十时后入睡，梦回注听北屋心境别具一番怅惘耳。

9 月 1 日（八月初五日　庚申）星期三

晴不甚爽朗。

晨六时起。珏人仅食西瓜，仍依时服索密通，一昼夜来竟未发剧痛，大便尚好，小便导放一次而已，诚不解所以也。潘儿午后来省，清儿午饭时来省，汉儿夜来省，即留侍其母。午饭后雪村来谈，移时去。余午后小睡，腰痛已稍好。夜与漱、润、琴谈时事，各以学习所得相质证，十时半乃睡，仍宿湜儿卧室中。接澄儿八月卅日信，知汇款及湜所寄书都收到矣。

9 月 2 日（八月初六日　辛酉）星期四

晴爽。晨六时起。汉儿七时前去，潘儿十时来省，傍晚始去。

介泉夫人送小猫两头来,珏人又激动痛哭,近午去。谈次知本学期为始,介泉亦调至文学研究所工作矣,自此晤会较多,为之喜慰。下午二时半余往八条探望墨林,盖伊自出院后住至美家,近数日始归家休养,余今日乘潏、漱伴珏,乃得抽空一往慰问之也,观其气色甚佳,询悉饮食亦已如常矣。谈至四时辞归。写信分寄西谛、其芳、冠英,说明近日困顿状,不但属思无方,即看书亦有所不入,拟请假若干日俾资苏息(假期候批定),并将八月分工作汇报表附致冠英也。夜饭后文权来省。王泗原来访,承持赠所著《离骚语文疏解》,谈移时去。八时许,文权去,达先来省,十时去。余亦就湜卧室寝息矣。珏人大小便尚可,未导放,惟激动后胸膈又大感压闷,喘息为难,呻吟至久耳。

9 月 3 日(八月初七日　壬戌)星期五

晴,偶有微阴兼细雨,气亦不甚爽。

晨六时起。十时潏儿、预孙来,十一时半伊等三人往东安市场奇珍阁午餐,啖银丝卷及炒粉等,午后二时乃归。清儿来午饭。饭后桢祥见过,三时去。潏、清亦去。傍晚力扬、冠英来访,谓已接信,特来致慰,并云其芳亦已转知可以休息(日期自酌),谈有顷去。珏人病势依然而精神大坏,非激动即沉迷,幸剧痛未发,导尿亦仅一次耳。余神殆体乏,夜买酒饮之。湜儿归省。夜饭已过,别为具食。十时就寝。

9 月 4 日(八月初八日　癸亥)星期六

晴,不甚爽。

晨五时半起。珏人状况仍如昨,时时激动,自知不起,祈求速死,其言绝哀,闻之酸鼻摧心,何言致慰耶。接西谛复慰信,属保摄身体,请假不成问题云,言挚而意厚,弥可感也。接淑儿谢婿信,告汇去之款已收到,慰问其母病并顺告近况。下午三时许,颉刚见过,谈移时去。夜漱儿买蟹遍享诸姊弟,以故芷芬(已自苏省其母归,据云病废在床矣)、清儿、汉儿、文权、潜儿先后至,润、滋、琴本在家,遂共啖之。湜儿在校(晨入校)未回,佩华则别有会不来食。余则与达先出城看中国京剧团演出《猎虎记》(票由清儿托青年出版社昨日买到,为大众剧场楼上之第八排)。八时开,云燕铭饰顾大嫂,张云溪饰解珍,张春华饰乐和,李宗义饰孙立,王泉奎饰登州府。布景类话剧,唱词亦不多,而形象甚激动。十一时一刻散,达先伴余回家然后归去。在场遇调孚、趾华诸熟人,不及多谈也。十二时就寝。珏人终夜不舒,又导尿二次,打针一次。

9 月 5 日 (八月初九日　甲子) 星期

阴晴间作,气亦较凉。

晨六时起。珏人剧痛不解,注射解而痛,无效,情绪激动,殆甚于昨,不得已,傍晚六时由润儿注射麻醉剂一针始得痛解入睡,夜间导尿二次,但大体上安渡此宵。上午十时余往干面胡同访藏云、颉刚,谈至十一时半辞归,顺访介然,立谈片晌即行。下午三时访雪村,同往八条访圣陶,以开会未晤,晤墨林,谈至近五时乃辞归。潜儿、文权、景宸、预、硕下午来省,权等不久即去,潜则夜饭后去,清、汉以民进开会竟不至。夜九时琴珠出看电影,十一时后返。湜儿晨归,下午四时归校。十时就寝。天凉好睡,微明始醒,遥察北屋甚静,因复入睡。

9月6日(八月初十 乙丑)星期一

阴凉。上下午俱有雨。

晨六时半起。珏人醒后甚舒,惟至八时后即渐感胫痛,延及股际,润儿为打一针后复感舒,竟起坐与漱儿谈笑,甚愉。午时思吃鸡绒汤,适润先归,即令往森隆购取亟归进之。其时清、汉、滋亦适归饭,达先亦至,珏含哺两口即睡,眼欲合,扶上床后却又作痛,逐见激动。下午润、滋两儿未入馆上班,二时五十五分润又为打一针,但药性未达,痛至五时五十五分始略得入睡,嗣后时昏时醒,醒即叫痛。傍晚时潘、清、汉、权、达俱至,芷芬亦赶来,到九时,权、潘、达、芷、汉皆去,清则留侍其母,与漱儿承直上半夜,下半夜则润、琴承之,一时三刻打一针,略见效,勉渡一宵。余十时后仍就南屋睡。

9月7日(八月十一日 丙寅)星期二

晴爽。

晨五时半起。珏人情况较昨略好,大概清、润分头奔走,所得新药注射及吞服之功俱证明从前经验,每用新疗之法必有奇效,逐渐减失乃至无灵,则不无寒心耳。清儿上午请假来侍母,润儿、汉儿俱下午侍母,一时家中人手较多,心为稍定。为漱儿写信寄沪向组织上续假。潘、汉两儿值上半夜,滋、佩则值下半夜,因珏人能安睡,下半夜乃得稍纾也。雪村傍晚见过,承慰问。夜与汉、漱往东安市场森隆吃饭,顺为珏人购鸡绒汤归享之。十时就寝。文权夜饭后来省,十时前去。

9 月 8 日（八月十二日　丁卯　白露）星期三

晴爽。晨五时半起。珏人服张大夫配药（麻醉剂）后今日较为舒服且已止痛，但药量甚少，恐有不继，再由润儿请何晏如大夫于下午来诊。据云亦惟有止痛而已，配药两剂而去，至当夜九时四十分痛微作即以何药一剂投之，稍平，效不敌张药也，但大小便俱较好，未导尿，总胜于往日耳。潜午后去，汉夜饭后去，清则下午三时后去。下午三时，余偕漱儿往游天坛，在皇穹宇西侧茶棚啜茗，五时行，归家已六时半。夜十时就寝。

9 月 9 日（八月十三日　戊辰）星期四

晴较热，有躁闷之感，入夜闻雷，继以雨，间有電子敲窗也。

晨五时半起。珏人情况较昨为少差，除服何药外，下午七时仍注射麻醉剂一针，后半夜时起溲。潜儿傍晚来省，文权夜饭后来省，清儿上午在家侍母，午后去。芷芬傍晚来省。十时权、潜、芷同去，时已将雨，余以积倦亦就寝。润、滋俱出参晚会，余睡后乃归。调孚、晓先下午五时半来访，知方自出版总署开会来，即日起伊二人皆调往总署古籍编辑部工作矣，谈至掌灯乃去。

9 月 10 日（八月十四日　己巳）星期五

晴，躁热，所谓木樨蒸乎？

晨六时起。珏人服何药未必有效而仍用索密痛研粉装胶管以代之，转见奇迹，竟日止痛，夜间且得大小便如常，饮食亦稍进，精神因而起色，午前后及晚间乃各起坐若干时也，斯疾诚不可测哉！潜儿上下午均来省。清儿晨来晚又至，即留侍其母。湜儿上午十时归省,下午四时回校。余上午将《田单列传》分段标点讫,并用蜀本、百衲本、汲古本、会注本通校一过,以篇幅无多,竟毕之。久疏展读,今假得间一亲之,真有莫名其妙之感矣,岂神思恍惚所致乎? 夜十时就寝。接澄儿信,即转清儿,属作复。

9月11日(八月十五日　庚午　中秋节)星期六

晴暖,夜月姣甚。

晨六时起。珏人午前十时服张医所配药一胶囊,居然维持竟日,虽时觉不舒,而亦起坐一时。余竟日周旋,幸得稳度此节。夜治馔,会食强颜,潜、清、漱、润、滋、湜六儿,文权、达先、芷芬三婿,元孙及昌预、昌硕、建昌三外孙俱集,湜之同学何有为亦与焉,惟汉儿以家有宾客,并锴、镇、鉴三孙皆未来也,南屋及院中各设一席,扶珏人坐北屋遥望之,食后欢谈至十时始各散归,余亦就寝。

9月12日(八月十六日　辛未)星期

晴爽,夜月好。

晨六时起。八时出,乘三轮(以十路挤不上),到中山公园,径往来今雨轩,则已谢售茶,只供饮膳矣。乃西行循社稷坛南墙信步去,遇雪村,继复遇晓先、芷芬,遂茶于书亭南之树荫下(即来今雨轩中菜部专卖茶水矣)。未几,文叔至,调孚亦至,坐谈甚惬。十一时同乘环行电车往八条,访圣陶(文叔乘三轮先往)。圣陶四日前以开会积劳,几致中风,卧三日始复,据云昨日已照常办公矣。十二时许辞出,余等六人走北新桥南香饵胡同来记烤肉馆吃烤肉,凡烤肉四盘、清炖牛肉两盘、糟烩牛肉一盘、鲜啤一升,其他烧饼、二米粥称是,颇醰适,仅费五万馀元耳。食毕已二时,出门各归。余则与雪村、调孚走东直门街乘十路南返,余于禄米仓口下,步以归。潗、汉及达先俱在,元鉴亦正就阶击核桃为食也。有顷,元锴、元镇、建昌及昌预、昌硕俱至,夜饭后,预、硕、建、鉴皆先去,惟达、潗、清、汉(锴留待)留与漱长谈,十时后乃去。珏人今日下午又剧痛激动,傍晚复延何晏如大夫来诊,注射一针,留药四包而去。珏人乃得安定入睡,至二时始醒,甚感舒适云。余十时就寝。

9 月 13 日(八月十七日　壬申)星期一

晴爽。夜月姣好。

晨六时起。珏人服何丸后虽间投索密痛而能止痛十三小时(早七时半服后至晚八时半始再服),以是情绪较佳,能饮食,有说笑,余等视之心知其故,盖滋心痛作,清儿午来省(建新亦由志华抱来一转),潗儿、汉儿晚来省,夜饭后潗去,汉则留待其母。余心境奇幻,时而痴望甚浓,时而失望,是忧莫能一刻宁息,又兼心挂工作,弥感牵掣,真有无可奈何之叹矣。夜十时就寝,以室外汉、漱、润絮谈故竟不寐,十一时后乃入睡。

9 月 14 日(八月十八日　癸酉)星期二

晴较昨为燠,夜微有云。

晨五时半起。汉儿七时半去。午刻滋归饭,知预孙盲肠炎作,已送第三医院割治,不敢告珏人,饭后滋往院中探之(与清儿俱以故,潗、清、汉皆未来),不知得即痊可否,甚念之。下午乘珏人入睡之顷,写信三封,分复坚吾、鸣时、君宙(二唐之信已久稽,章信则今始到),告以近状。夜饭后热甚,披襟纳凉,且不休,乃濯身易衣而寝。是夜珏人又转劣,导尿一次,且何丸有所不效也(晨九时半服一丸,至晚八时廿五分又服一丸,但至翌晨三时半即不堪痛而后服)。时间渐缩渐短,疲象复见,更从何处觅灵丹耶?

9月15日(八月十九日 甲戌)星期三

晴,较前昨大为燠闷,夜有微雨。

晨六时起。珏人状况依然,药性稍脱即感痛苦,不得已,午后三时又延何晏如来诊,为打一针(留药五包),夜半导尿一次,大便却无,精神愈衰矣。汉儿约漱儿在西长安街全聚德分别吃烤鸭,十一时四十分,余偕漱往赴之,芷芬、达先及锴、镇、鉴均到,二时许散归。知清儿来省已去,比夜,潜儿来省,知预孙经过尚好云。今日下午全国人民代表大会在怀仁堂开幕,广播电台均转播实况,余与漱儿在家收听,首为毛主席报告,继为刘少奇关于宪法起草及修改之报告,七时始毕。八时潜儿去,是晚由滋儿陪母,余十时后洗足就寝。接东华十三日信,知已安返沪寓。

9月16日(八月二十日 乙亥)星期四

晓来阴森,偶有细雨,午后渐晴,气乃大凉。

晨六时起。珏人今日痛稍减,(仍服药粉药片等剂。)九时半起坐,除午后略睡片晌外,竟日坐谈,晚间亦无大苦,近日以来仅见之奇迹矣。十一时北大送工资来,并送还《史记选》原稿五篇及油印本《项羽本纪》校释五册。下午陪珏人及漱儿闲谈。潜儿近午来省,旋归去。清、汉两儿午前来省,达先午后来省,下午二时同去。夜十时就寝。

9月17日(八月廿一日 丙子)星期五

晴爽。晨六时起。书复东华。珏人状况如故,饮食笑语,似有进步,惟夜深仍不免导尿一次,家人明知其故,心滋痛而强颜相慰而已。是日潇儿傍晚来省,清儿晚饭后来省。夜九时潇去,而清留侍其母。十时余仍就南屋湜儿卧室寝。

9 月 18 日(八月廿二日 丁丑)星期六

晴爽。晨六时起。珏人情况又劣于昨。下午五时,又延何晏如来打针(注吗啡及盘尼西林各一),但夜间颇感不舒,痛虽不剧而牵绊难忍,复导尿三次。是夕汉儿来留侍,馀则仅文权于夜饭后来省而已。余上午整理旧稿,午后独出散闷,乘十路往北纬路走陶然亭,欲解愁而愁更甚,匆匆一转,仍乘十路返,在王府井南口下,遍历新华书店欲买尚钺《中国历史纲要》不得,乃于东安市场书摊上购得《京剧丛刊》第十八集,遂乘三轮以归。正何大夫为珏人打针时也,心境惘然,不自知措身何处耳。夜八时半,湜儿自校归。十时就寝。

9 月 19 日(八月廿二十三日 戊寅)星期

阴昙兼施,偶露日光,凉爽。

晨六时起。七时许漱儿偕润儿、琴珠、元孙往出版总署,附车同游西山碧云寺。十时镇孙来,十一时晓先、芷芬、鉴孙来,近午清儿、达先、建昌、建新、潇儿来,余买蟹十二斤享之,兼及滋、湜、佩。午后锴孙来,亦留一枚享之。下午二时雪英来,至三时半偕芷芬、汉儿、晓先、鉴孙同出访戚,湜儿亦归校,达先、清儿、建昌、建新亦相将归去。四时韵锵、亦秀先后来省,顷,万里见过,谈至五时许,万里去,六时韵锵、亦秀亦去。六时漱、润、琴及元孙自西山归,锴、镇两孙先往清儿家,盖今夜伊家请漱等食蟹也。七时潇、汉、滋行,余与漱随往，至则晓先、芷芬俱在，乃围坐小饮，余以齿缺不任擘蟹，仅食它菜而已。九时半散，余与漱、滋即遄返。珏人情况如昨，惟小便更不易，夜间导尿两次。十时就寝。

9 月 20 日（八月廿四日　己卯）星期一

晴爽。六时起。八时君立来访，承赠雪香酒四瓶，盖昨晨自沪至京赶来开会者也，谈移时去。九时半达先来省，少坐亦去。清儿来饭，饭后晓先来。午后小睡，漱儿偕清儿同往中国青年出版社访旧。夜食蟹，开雪香酒尝之，讵料即海上流行之白玫瑰酒，味甜而粘，只索罢之，（初谓陈绍，故益失望。）专营公司而有此赝品混售，该公司之官僚作风不在奸商下矣。毁信损威，莫此为甚，宜大受检讨也。珏人情况依然，夜仍导尿二次，惟剧痛较好耳。十一时后，余始就寝。

9 月 21 日（八月廿五日　庚辰）星期二

晴爽。六时半起。珏人今日较好，虽服药未辍，而状况尚佳，午晚餐俱起坐，与家人会食也。濬儿偕昌预来省，预孙昨日出院，特来慰其外祖母也。午饭后濬、漱、滋陪母打马将四圈（稀有盛事）。二时半濬先归，滋到班，预则四时半始归去。余午后小坐，将所中油印本《项羽本纪》校一过，讹印甚多（校释尚未及校），当俟全校完毕送所中更正之。午前接致觉上海来书，知其少女已考入华东师大，渠为照顾计暂住清藏寺云，因即复之。夜饭前汉儿来省，饭已即去，盖参加出版总署民进选举也（润儿亦为此故未归夜饭）。昨日全国人民代表大会会议一致通过《中华人民共和国宪法》，今日报章已公布，真全国欢腾矣。汉儿去后，珏人尚不欲

睡,漱、滋陪为抹牌摊钱之戏,近十时始各就寝。夜十一时三刻
及天明后各导尿一次。

9 月 22 日 (八月廿六日　辛巳) 星期三

晴爽。晨六时半起。清儿午来省,饭后达先来省,潘儿夜饭后
来省,汉儿傍晚来省,即留侍珏人。珏人今日又转劣,午后剧痛,连
服药剂亦无效,直至夜六时后始渐好转,夜睡却好,惟导尿则成常
例(大氐每隔三四小时必行)耳。余闷坐愁叹,只索续校《项纪》油
印本,但未能毕。夜诸儿聚谈,余却倦莫能兴,九时半即寝。

9 月 23 日 (八月廿七日　壬午　秋分) 星期四

破晓大风,撼牖声吼似虎,日出渐息,终爽适。晨六时半起。
珏人今日又见好,八时起坐,午后二时始就卧,三时半导尿一次,五
时二十分又起坐,七时四十分复卧。余上午校《项纪》油印本,下
午三时听转播周总理在人代大会作政府工作报告,五时三刻始毕。
六时佩璋见过,承将平伯命致慰。六时半雪村见过,明日须回沪一
行云。漱儿五时半出往访汉儿家。夜饭后达先来告,星六晚宴之
菜肴已定妥奇珍阁办理,谈至九时许去。十时半漱儿偕滋儿归,盖
滋亦于下班后前往,偕芷、汉及潘、硕同在西单又一顺唉涮羊肉也。
终夜珏人又导尿三次,余睡南屋,每起必闻之。

9 月 24 日 (八月廿八日　癸未) 星期五

晴爽。晨六时起。校油印本《项纪》毕,并过录四本,拟将其
一送所中秘书处据以更正,其它则分征知好意见也。竟日为此,亦
甚能别措心思耳。珏人今日状况尚好,大小便及饮食亦较顺,拂晓

前及午前各导尿一次，夜十一时至天明又导三次。潗儿、预孙午前来省，清儿则清晨来省，午饭后潗、清去。傍晚清儿复来，旋去。预孙则止宿焉。下午二时漱儿偕阿凤出购物，五时前归。夜饭后陪珏人坐谈至十时乃就寝。

9 月 25 日（八月廿九日　甲申）星期六

拂晓雨，既而日出，乃成乍晴乍雨之局，兼有风。

晨六时半起。珏人状况如昨，导尿三次，多服药剂一次，居然维持终日，起坐谈笑。湜儿下午四时自学校归省。余写信与积贤，廿七日讨论会请假，并将校正《项纪》油印本送请依照更正（备交湜儿携去）。是夕在奇珍阁叫来肴馔两席，与达先、清儿同作东，宴请雪村夫人及其姑太太，馀则为余夫妇及文权、潗儿、芷芬、汉儿、漱儿、润儿、琴珠、滋儿、佩华、湜儿、昌预、昌硕、建昌、建新、小逸、元锴、元镇、元鉴、绪芳等聚餐，分设南北屋，热闹至十时后乃各归去。珏人参与斯会，甚以为乐，近日难得快境矣。下月中湜儿二十初度，建昌十岁初度，故乘漱儿在京之日提前举行，兼以娱珏人耳。夜十一时就卧，又值大雨一阵。

9 月 26 日（八月三十日　乙酉）星期

晴朗阆爽。

晨六时半起。珏人状况如昨，惟以漱儿将去，不免又激动些子，幸潗、清、汉儿俱来，镇孙及达先、建新亦来相伴，扰扰终日，尚无大异耳。积贤午前见访，并将其芳命致慰，谈移时去，当将昨写之信件面交之，且介绍湜儿与洽，俾取得联系也。傍晚六时即夜饭，饭后汉儿、润儿、滋儿、达先、元镇及阿凤送漱儿上车，盖七时半十七次车回沪,故六时四十分即出门矣。于是湜已返校,家下惟余及潘、清、琴、佩,元孙伴珏人,杂谈忘时,至八时一刻,润、滋、达、凤归报,已目送车开。漱已安然离京而汉、镇亦径归其家云。九时许达先、潘儿先后告归,清则留侍其母。十时后,余就南屋卧。

9 月 27 日 (九月大建　甲戌　丙戌　朔) 星期一

破晓微阴,旋开晴,午后又有云翳,气凉于昨。

晨六时半起。七时十分清儿即去。珏人情况尚无大劣,惟舌稍起苔,食味又减,午前即导尿二次,兼以挂念漱儿之行,情绪不免悲叹。潘儿十时来省,近午归去。午饭后晓先来,近二时去。上午接笙伯廿四日寄漱儿信,即作书邮回,即交潘儿归去时付之邮筒。接致觉复书,备致慰问,承示善后办法,至深感荷,惟其至交,故罔顾忌讳也。孟伯泉自长沙为我购寄彭三和毛笔十七枝。(极品鸡狼毫十枝,极品七紫三羊毫七枝。)当俟询达先后再汇还笔款并道谢之。汉儿本约今晚来侍其母竟未至,大约下班后为天安门前狂欢群众所阻,骑行车未得通过耳。今日人代会选举中华人民共和国主席、副主席。下午四时即收听广播,候至近六时乃揭晓,毛泽东当选为主席,朱德当选为副主席,并由主席提出周恩来为国务院总理,明日报端当有详尽记载也。此消息发布后爆竹锣鼓之声四起,真万家一心、欢腾九衢矣,推而至于全国,其为四海胪欢复何待言耶?余十时就寝。是夕佩华侍珏人,夜又为导尿二次。

9 月 28 日 (九月初二日　丁亥) 星期二

晴爽。晨六时半起。九时业熊来,谓昨晚五时奉部调来京,暂住天桥旅店,谈至十时十分辞出,当即赴部报到云。潘儿来省,未及与熊遇，近午归去。午后余小睡。三时许，满子偕圣南来，盖圣南方自沪至，特来探望墨林与珏人者。余起与接谈，甚感之，一面即令阿凤召潗儿与共晤，五时半乃行，潗亦仍归去治晚膳矣。汉儿午前来省，饭后去。夜饭后与润儿同往出版总署参加庆祝国庆晚会。八时开幕，圣陶致词，继为江苏省锡剧团演出。先演《双推磨》（青年雇农何宜度与寡妇苏小娥互助结合事）。表情细到热烈。后为《罗汉钱》，由圣陶之媳姚澄（至诚之妻）扮主角，小飞娥慰贴老到，不愧个中翘楚也。若取与京剧中人相拟，其殆吴素秋之流亚欤？所惜说白局限地方，惟在北地演出，领会者不能甚广耳。十一时半始散，仍与润儿偕归。在场遇稔友甚众，仅与昌群、圣陶、叔湘、王益、晓先、静庐、文叔、李庚、均正、调孚、少甫略谈而已。到家已寂静，径赴南屋就寝。珏人情况如昨，仍导尿多次。是夕琴珠陪侍其姑。

9 月 29 日（九月初三日　戊子）星期三

阴凉，时见细雨。

晨六时半起。八时半藏云见过，谈至十时半去。午后珏人就睡，两女佣亦皆躲南屋中睡，空庭阒然，惟余一人，而冷雨敲窗，益增凄感，略致推想它日会有长此独处者，不禁心酸，乃抽架庋颉刚所著《浪口村随笔》狂读之，稍稍移念，然终不能自泯也。是日潗、清皆未至，汉儿于傍晚来，即留侍其母。珏人今日比昨日略逊，导尿次数多，大便又不下，影响情绪不小，从旁劝慰亦无益也。夜九时半就寝。

9 月 30 日（九月初四日　己丑）星期四

昙，凉，午后阴。

晨六时起。汉儿见告昨夕为其母导尿四次，七时许即去上班。

十时三刻潜儿来省,近午去。珏人情况如前,仍起坐自溲三次,俱些许,惟大便仍不下,至为耽心,痛则服药适时,尚不剧增耳。至傍大便略下,天将明时,大便得畅,夜间则导尿四次。下午三时业熊来省,夜饭后文权来省,九时始各归去。湜儿傍晚归,夜间招待南方同学三人宿家中,备明晨七时在沙滩北大集合共同参加游行。盖北大学生参加游行者众,校车不胜载,故令学生之家在城中者咸于十月一日前夕归宿,并须酌情留宿无家在京之同学若干人也,以是余仍归己寝,腾南屋让之。

10 月 1 日（九月初五日　庚寅　国庆日）星期五

晴而不烈,气和而润,入夜有云翳且见细雨。

晨六时即起,湜儿偕其三同学归运昌、管竞存、杨灏城随出,未几琴珠亦出,分头参加国庆游行矣。润、滋、佩及元孙俱留家未出。七时许余偕滋儿出,就南小街啜豆浆,至则釜空烟息,早已售罄矣,足征今日早起之人之多且忙也,废然而归。十时听广播天安门检阅及游行之实况,至二时始毕。中间仅腾出半小时吃饭而已。二时半小睡,四时起。五时后业熊、达先、清儿、建昌来省,薄暮去。余即将伯泉代购笔款十万元还达先,渠已先汇去矣。夜饭后润儿挈元孙往清儿家看焰火（以其家有平台且近天安门故）,九时归。余以积倦（昨晚几未寐）,十时即睡。湜儿偕一同学（归运昌）于深晚二时归,余竟未之知。珏人情况依然,导尿次数加多,精神则益衰,为之嗟叹难已耳。

10 月 2 日（九月初六日　辛卯）星期六

初阴雨有风,近午风急放晴,午后大风,遂见冷讯。

晨六时起。珏人起坐后尚可。潜儿来省,午后去。午前滋、湜、琴陪珏人打牌四圈,余写信告漱儿。饭后余偕滋儿出散步,偶至十路汽车站便乘以南行,到北纬路下,拟游陶然亭,狂风挟沙,扑人几倒,乃趋窑台德昆茶社欲托足,讵知室内已人满为患,而棚下不可驻足,废然下,仍乘十路回王府井,过新华书店,问《中国历史纲要》尚未到,(广告已屡见而书不至,当事者不当检讨耶?)殊不怪。过东安市场,入一卖蟹肉包子之店吃包子,又坐待至四十分钟乃得食。继至稻香春购物,亦挤满难插身,遂扬长而行,步以归。芷芬及镇、鉴来省,夜饭后去。家人告余颉刚亲来相邀今晚过饮其家,六时又出,径赴之。坐未久,绍华至,七时许,谷城至,乃共饮,夜饭毕,复作剧谈,至九时许始辞出,分路各归。时风卷路尘,竟至寒噤也。到家急饮热茶,坐至十时始就寝。珏人情况如昨,晚间导尿四次云。润儿陪夜。

10月3日(九月初七日　壬辰)星期

晴凉。晨六时起。接钱伯衡来信。滋儿早出,与潜儿约在南小街共待中国青年出版社之车同作西山之游。八时湜儿返校。十一时,余往八条访圣陶、墨林兼访圣南,晤及蠖生、至美及绍铭、至善、满子等,知今日午刻在肉市全聚德宴请至诚、姚澄夫妇并及锡剧团诸人,坚邀余同往,遂乘圣陶车赴前外,径登全聚德之楼,适晓先、雪英偕其子士方、士中亦在彼宴请顾有成之子媳,因晤谈焉。是日圣陶家宴包有至善、至美、至诚三房及绍铭、圣南两家大小达二十许人,分坐两席,余与圣陶、墨林、至美、姚澄及张玲娣(无锡人)、沈佩华(杭县人)、王兰英(武进人,即演《双推磨》主角)、叶林与团中两导演(一武进人,一江阴人,已忘其姓名矣。)同坐,姚、张、沈、王为锡剧团中四大名旦,谈吐均爽直热烈,不愧新时代产儿矣。近三时始散,余即乘十路车径归。到家、清、滋、达俱在,建昌亦偕来,盖甫自西山饱游碧云寺、樱桃沟归来耳。业熊、文权复至,志华亦抱建新来,一时颇形热闹,独汉儿三日未至矣。傍晚权、潜、熊、达、昌、新皆归去。夜九时半就寝。珏人情况较劣,不免又见激动,小便竟全恃导放,是夜仍由滋儿陪。接漱儿九月三十日来信。

10 月 4 日（九月初八　癸巳）星期一

晴,微有风,风中感薄寒矣。

晨六时半起。珏人情况较昨稍胜,自溲两次,俱泌少许,上下午俱安睡多时。（接葆珍六姨来信,谢送物。）汉儿午来省,饭后去。晓先午饭后来谈,假得张须《通鉴学》去。上午写信复伯衡亲家,下午写复漱儿。夜饭时珏人精神稍振,食后清儿来省,即留侍其母。是夕仅导尿一次,近来难得之事矣。十时余仍就南屋卧。

10 月 5 日（九月初九日　甲午　重阳节）星期二

阴雨凄其,真成满城风雨之感矣。

晨六时起。七时许清儿即去。十一时许潜儿来省,午饭后去。二时后家人俱睡（珏人先睡,阿凤随之）。余独翻架书,偶得吴中故友贝仲琦所为《博望楼文钞》读之。观其于日寇侵华时奔进滇桂诸作,悲愤哀婉,殊足动人心肺,乃其人英年劬学,赍志早没,今墓草已宿矣。抚卷思往,不禁感慨系之。枯坐无聊,颇欲续作校记以自束,乃心旌摇摇,竟难帖然,不自知其何以致此耳。夜七时汉儿遂共饭。是夕汉留侍其母。珏人情况较好,大小便均有,导尿仅前后四次。九时半余即就卧于南屋。

10月6日（九月初十日　乙未）星期三

晴，薄寒。晨六时起。七时汉儿去。珏人今日大好，大小便俱自解，饮食亦不差，服药适时，亦未作痛，上下午且各睡一小时。清晨文权来省，下午三时雪英来访珏人（晓先午晚俱至），夜饭后去，潏儿夜八时后来，留侍其母。余续作校释，成《田单列传》条文四十七则，下午五时始歇，日来第一好事矣。夜九时达先来省，十时半去，余亦就寝。是夕珏人又导尿四次，但尚无大苦云。

10月7日（九月十一日　丙午）星期四

阴，旋晴，入夜复阴，随见雨，气较昨略温。

晨六时起。八时潏儿去。续作《田单列传》校释四十五则，仍下午五时歇。珏人情况尚好，惟服药较勤（距离缩短），大便未下而日间小溲却能自泌也。接漱儿五日来信，内附笙伯信，余四日去信当然未到耳。漱儿感情真挚，写来大为动人，读后深深耐味，所惜暌隔三四千里，只凭纸上传递，殊不足餍我想念而已。东华长女公子娟邮来东华前译《吉诃德先生传》再版本来，盖即商务旧版复印，用作家出版社名义印出者，久湮无闻，必待西谛之延誉始获重见天日，近日之管文艺者亦太可检讨矣。是夕佩华留侍其姑，仅二时及五时为导尿二次云。余十时就寝，看叶绍翁《四朝闻见录》，移时乃入睡。

10月8日（九月十二日　丁酉）星期五

晴，凉，夜月清朗。

晨六时起。上午作校释十六则，《田单列传》毕工，凡一百有八则。下午用蜀本、百衲本、汲古本通校《刺客列传》，仅至"聂政传"，已五时矣。珏人情况如昨，大小便均有，能共坐进餐，家人皆为之大慰，惟药性稍脱即感牵掣作痛耳。傍晚清儿来省，未饭即去。润儿下班后看电影，九时始归夜饭。十时余就寝。是夕润儿侍母。珏人仅起三次小溲，均自解未导，亦近日稀有佳事也。

10 月 9 日（九月十三日　戊戌　寒露）星期六

晴，凉爽，夜薄寒。

晨六时起。上午写信复漱儿，告其母近况，并告伊所致在京兄弟姊妹信俟各人看遍后交由濬儿保存。下午用蜀本、百衲本、汲古本校《刺客列传》，至六时始将荆轲传校毕，须全篇再用泷川会注本通校一过乃可着手作校释也。午后达先来省，三时去。汉儿傍晚来省，夜饭后文权、濬儿、昌预、昌硕、芷芬先后来省。八时半芷、汉去，十时权、濬等去。珏人情况尚好，大小便均自解，上下午各睡一小时，饮食起坐均可，惟黄昏药性偶脱又作痛。亟投以药粉二丸，至十时后始渐平云。下午二时自〈来〉水公司派人来检漏（因日前查表竟比上月加一倍多），确有渗漏处在地下（听测而得），只得另找匠户掘地寻治之，真又一晦气矣（恐又须大动工程）。三时廿五分接漱儿七日寄信，告我翼之舅觅得一单方可以治癌症，询应否试为之。夜间诸儿相商谓宜一试，明日当函复之也。濬等去后，余就南屋睡。是夕滋儿陪伴其母。

10 月 10 日（九月十四日　己亥）星期

晴和。晨六时起。写信与湜儿，（昨日滋归告接渠电话，谓今日校中有事，须下星期始归云。）属争取时间归省，并将应与研究所接洽事径与积贤商办之。潜儿晨来省,近午去。下午三时业熊来省,四时许清儿来省,新孙偕来。傍晚清儿去,夜饭后八时许业熊去(渠近已迁入复兴门外局中宿舍住宿)。余竟日未出,午前为自来水匠接洽检修事纠缠,下午乃得坐定,点阅严氏《通鉴补正》四页。珏人仍如昨,虽服药适时未作痛,而夜饭后觉胸闷不舒,且大便未解也。履善于午后四时来访,出前所为小椿树胡同宿舍买房暂支款借条见还,盖已转由调孚出面过户矣,频年宿负一旦解除,深以为快。九时半余就南屋卧。是夕由润儿陪侍其母。

10 月 11 日（九月十五日　庚子）星期一

晴和。晨六时起。八时三刻自来水匠来,刨地至十一时始掘及水管即去,未检出究漏何处也,谓将请其主者午后来复查云。九时用泷川会注本通校《刺客列传》一过,至十二时毕之。下午即将《刺客列传》分段标点,近六时乃竣。二时自来水匠之主者来,谓循管搜漏为必经之路,不如设计新装较为便捷云。余拟从其说,夜与润、滋两儿商之,大概照此进行矣。夜饭后其主者又来,润与滋面与接洽,决定即日办理。珏人情况尚好,惟气闷胸满,自昨夜至今午不愈,下午二时半潜儿来省,稍稍言谈,至四时后始稍好,迄夜饭后乃平,七时潜去。接漱儿九日来信,复余四日去信,明日当与前日来信并复之。十时就寝。是夕佩华陪侍其姑。

10 月 12 日（九月十六日　辛丑）星期二

晴和。晨六时半起。上午写信复漱儿。下午阅清人胡鸣玉《订讹杂录》七卷,垂黑乃止。汉儿来午饭,送到今晚大众剧场华东越剧团戏票二纸,余即命以其一送潜儿,俾夜间在彼相会,汉即顺道送去,仍上班矣。汉去后,达先来省,少坐即去。夜饭后余乘三轮径往大众剧场,遇调孚、卧云、君立、莲轩诸人,有顷,潗儿亦至。七时半开,为《西厢》,自"惊艳"至"长亭"凡十幕,范瑞娟饰张珙,袁雪芬饰莺莺,傅全香饰红娘,因去年观摩会演得奖之作,轰动九城,楼上下无隙地也。十一时半乃散,即与潗儿乘三轮同归,由伊伴母宿焉。余少坐就卧,已十二时。珏人情况如昨,气闷已解,惟半夜及翌日天明后又导尿两次云。

10 月 13 日 (九月十七日　壬寅) 星期三

晴和。晨六时起。八时潗儿去。珏人今日精神又较差,十一时半始起,下午一时廿分又睡,虽自溲少许,仍不觉畅,至以为虑。自来水匠来,二人掘地,一人竟无动作,迟到早去,下午竟未来。(漏水处已找到,但须加工大掘,真厌事也。)上午阅毕《订讹杂录》。下午点阅《严氏通鉴补正》九叶(自十卷至十一卷)。珏人下午五时三刻强起,又感痛,怕进食。潗儿于午后携到漱儿托孙家带来之酱肉等物,亦惮于下箸。潗以孙家在伊处下榻,亟去张罗。傍晚汉儿至,即留侍其母。九时许始仗药力渐止痛,是夕竟能自起小溲也(每隔两小时泌一次)。大椿昨晚见访未晤,今日上午八时半又来访,谈其家遭大故及工作有困难等事,移时始行。夜十时,余就南屋卧。

10 月 14 日 (九月十八日　癸卯) 星期四

晴和。晨六时起。七时汉儿即上班去。珏人今日精神又委顿,九时始起,股胫仍隐隐作痛。十一时半,潗儿偕其夫姊来访。有顷,文权亦至,因共饭。珏人痛渐止。饭后二时潗等去,珏亦服药就睡,余以上午连接澄、湜两儿来信,即乘隙作复。达先饭后来省,少坐即去。下午二时二十分珏人就卧后,余写信甫毕,颉刚挈其子德堪来访,谈至四时农祥来访,近五时,颉刚父子去,农祥则再坐下谈,越半小时乃去。六时半珏人起,润儿亦归,乃共饭。滋儿以社中开会未归饭,直至十时始返。佩华则更后于滋。现在机关工作张而不弛至此,吾终恐难以久持也。是夕润儿陪其母,三时半又为导尿一次。余十时就寝,寝前阅尚钺《中国历史纲要》第一章之四节。(前日始由佩华代余买到。)

10 月 15 日(九月十九日 甲辰)星期五

晴和微润。晨六时起。十时接漱儿十二来信,复余九日去信,念与珏人知之,又钩起惆怅,牵动情绪,竟又呜咽不止,余无以慰止之,只有陪同掩泣,已强自镇摄,即抽笔作复。十一时方白来访,谈及青年社约渠编写《郑成功》,向余借书参考,盖社中恐脱节,乃别约以备不继乎。余却欣于得脱仔肩,遂以《小腆纪年》、《小腆纪传》、《延平王年谱》三书借与之,有顷辞去。自来水管大漏处已寻得在厨房水盘下,非大为挖掘不能治,真大为受累矣。珏人情况又劣,元孙复以感冒三日未上学,庭院间以修水道故,土堆与深沟交错,此种景状真不啻一面不幸之大网罩住我身,且罩住整个家庭矣。四时后曾抽空自出寄信,匆匆即赶归。垂暮珏人强起,与余及润、滋共饭。饭后清儿来省,即留宿伴母。是夕及翌晨又导尿三次。十时后余就寝。

10 月 16 日(九月二十日 乙巳)星期六

初晴旋阴,午后欲雨未果,气遂森然盛人。

晨六时半起。珏人今日大为转劣,竟日未能起坐,小便完全导放,午前与晚间各大痛一次,药力亦镇不下去。十时后润儿偶归视,乃得属其电告清、汉诸儿。(清儿七时即去,余俱依时上班工作。)一面乃走请何大夫来视。十一时何大夫来诊,据云寒热无,心脏正常,呼吸器官亦好,惟痛根在病源耳。仍照常配止痛剂备用云。午饭时清、汉、润、滋、琴俱归饭省视,达先亦于饭后来,下午二时俱去。汉则三时后乃行。有顷,文权之姊来访珏人,谈移时去。写信寄漱儿,告今日状况。夜饭后,余与琴珠往东四人民剧场看中国木偶艺术剧团演出,盖出版总署代买之票也。七时半开,九时即毕,凡四剧,一《秧歌舞》,二《芦花荡》,三《石龙子》,四《猪八戒背媳妇》,颇发松可笑,只以心有重负,看不入耳。戏罢遄返,文权、潜儿、清儿、建昌俱在,九时三刻都去。十时后余就卧。湜儿今日晚八时一刻归来,是日为伊二十初度之辰,如此历乱中草草一面而已。是夕润儿陪其母。

10 月 17 日（九月廿一日　丙午）星期

晴和。晨六时起。八时出,乘三轮往访西谛,至则谛正整车待发,将游昌平十三陵,且已约许广平、朱早观、萨空了三家同行,坚邀予同往散闷,遂附谛车行。四车联发,出德胜门,循新修柏油大道(京张公路之一部)直达长陵,凡一小时。夹道新栽列树,气象与前两次来游大为不同矣。四家大小凡二十许人,相与历祾恩殿,穿明楼,登宝城之顶,立望久之乃下,稍息,继又过永陵,即祾恩殿基为野餐,四家各携榼果酒肴,乃席地大啖,既饱,复登永陵明楼闲眺,留连至下午二时乃谋归。过翁仲、石兽,又徘徊良久,摄景而行,归时附广平车,三时即到大高殿,即下,与广平别,转乘三轮径返。到家未及四时,芷芬、业熊、汉儿俱在。自来水易管工作已基本完成,心为一舒。四时半与芷、汉过访调孚、卧云于小椿树胡同九号,盖新迁之宿舍也,谈至傍晚乃归饭。饭后八时业熊先去,九时许芷、汉亦去。珏人今日较昨略好,惟剧痛后精神未复,而小便仍须导放耳。是夕滋儿陪其母。余十时就寝。湜儿下午四时半离家返校。接小文瓦房店五日来信,知奉差到彼工作二星期后尚须转往哈尔滨也,承殷殷询问近状,可感也。

10 月 18 日（九月廿二日　丁未）星期一

阴霾,近午显昼,旋复阴合,气遂萧森。入夜竟雷电,大雨。

晨六时半起。珏人较昨前稍好,但仍未起坐。上午十时半佩璋见过,承慰问,至感。写信复小文。又为阿凤写信复其夫。适接漱儿十五日复余十二日信,乃顺笔详复之,忽焉午已过矣。午后阿凤出购药,顺道寄信,一小时后乃回。余看尚钺《中国历史纲要》三节。薄暮天容惨淡,大有雪意,对此益感不快,只索打五关数盘。夜饭后接致觉十六日来片,询珏人近状,感其关切,即复函投邮,适文权、潜儿来省,于其归也顺携出付筒焉。权、潜来时未久,雷电大雨。九时半雨止,伊等乃行,余亦就卧。

10 月 19 日（九月廿三日　戊申）星期二

晴爽。晨六时半起。点阅《通鉴补正》及《辑览》各一段。十时许潜儿来省,近午去。午后三时雪英、卧云偕来访珏人,谈至近五时去。珏人今日较昨略好,晨三时导尿后能自泌若干次,傍晚大便亦稍解些许,惟精神更见委顿矣。瓦匠徐姓来修墙脚及地面,大体已完,只待泥平洋灰,大约明日可以毕工也。为地下水管渗漏费事费心乃尔,真负一大包袱矣。夜八时半清儿来省,时珏人已睡,少坐便行。是夕润儿陪其母,翌晨四时导尿一次,余尚平静云。

10 月 20 日（九月廿四日　己酉）**星期三**

晴爽。晨六时半起。珏人今日较好,午间文权之姊携一教友来向伊布教,余维只求安慰,无妨听之,但起信不易,亦徒然耳。漱儿所寄包裹及十七日信上午同时递到,知单方已办就六服量,廿二日亦已寄出,询余继续进行问题。适饭时汉、润俱在家,乃决定照传说办三十服,即写告漱儿,备明后日汇款去。瓦匠修治地面,下午四时即完工,乃傍晚时新修水泥上有数处发泡冒水,经研究结果,大概水管接榫处有脱开象,又须发掘重修,真累人不浅矣。是夕汉儿来陪其母,余九时即就寝,心烦虑乱,体倦难支也。

10 月 21 日（九月廿五日　庚戌）**星期四**

晴爽。晨六时起。七时汉儿出。写信寄漱儿,十时自出投邮,汇五十万元与之,顺在合作社购物,十一时乃归,往返步行,竟感累甚矣,吾衰也。自来水工人来重修,果在接榫处脱开,及午未修好即去,直至下午五时再来,抵晚勉复之,尚待试水表是否不动始可掩土,又须明日再说矣。瓦匠本约今日来视修屋漏亦未至,大约买不到石灰块(近日只有灰末)之故,亦姑俟明日。今日珏人尚好。乘伊下午小睡,余乃作《刺客列传》校释廿五则,"曹沫传"已毕,且及"专诸传"之端矣,垂黑始歇。夜点阅《通鉴补正》两叶。十时就卧。是夕由佩华陪其姑,终夜导尿三次。

10 月 22 日（九月廿六日　辛亥）星期五

晴,略润,气亦较暖,恐将致雨。

晨六时半起。珏人今日又较昨好,日间小便皆自泌,但以大便作梗,入晚灌肠两次无效,反而影响小便,终夜导尿四五次,竟未能安睡,以此又大感疲累矣。潴儿午前来省即去。清儿夜饭后来省,即留侍其母。余续摊成场作校释廿二则。夜点阅《通鉴补正》一叶半。十时就卧。瓦匠徐姓今日来工作,仍用细灰将就,至夜毕,工账亦算去,综计铁工、瓦工及添料等共用六十四万四千元,真消耗不赀也。

10 月 23 日（九月廿七日　壬子）星期六

初阴森欲雨,近午开霁,午后晴暖。

晨六时起。清儿七时即去上班。珏人因昨夜未得好眠且大便仍未畅解,影响精神甚厉,午饭未进,午后睡。余续作《刺客列传》校释。二时半银富来言,已得准奉调回沪新华书店工作云,移时去。三时许藏云见过,谈至四时半去,即以《项纪》校释就正,并托携一分与颉刚。五时罢手,凡得《刺客〈列〉传》校释三十一则。湜儿近九时始归,谓在中山公园欢迎尼赫鲁,乃再具膳食之。珏人大解仍未下,终夜小便三次,却能自起也。是夕琴珠陪其姑。十时后余就寝,顺看《焦氏笔乘》若干则。

10 月 24 日（九月廿八日　癸丑　霜降）星期

晴暖。晨六时起。十时力子见过,谈移时去。十一时家梅来,饭后去。下午芷芬、文权、潴儿、业熊、昌预来,润、滋为预修车垂黑乃完。四时湜儿去，即出城上学矣。傍晚预去，硕来。夜饭后清儿来。八时业熊去，近九时文权、潘儿、清儿、昌硕去。今日清儿自东单三条迁入遂安伯胡同三号新居矣。珏人大便仍未畅解，因而影响其他，但服药适时，幸未作剧痛耳。夜由佩华陪之，至深夜二时四十分居然得畅解，小便亦自起解下，大为欣幸。余十时就寝，看尤延之《全唐诗话》。

10 月 25 日（九月廿九日　甲寅）星期一

晴，时有阴翳，又较暖，恐致雨矣。

晨六时半起。珏人今日较胜，虽晏起，精神自佳也。余因得续作《刺客列传》校释二十五则，"豫让传"已毕，五时乃罢。雪村去沪杭多日，昨夜返京，今日午饭后往访之，正在睡乡，少立便归。五时潘儿、硕孙来省，旋去。晓先傍晚来，亦少坐便行。六时许偕润、滋两儿往东安市场东来顺吃涮羊，乃物资供应有缺，竟封告无售，废然而出，该就小食堂得晚餐，兴减不浅矣。食后，在稻香春润华斋购物数事，交润儿先携归，余则与滋儿入吉祥剧院看中国京剧团演出。七时半开，先为徐志良、冯玉亭之《葭萌关》，继为赵文奎、王玉敏之《打龙袍》。九时休息，再次为杜近芳、叶盛兰、李洪春、李金鸿、萧盛萱之《奇双会》，十一时散，乘三轮亟归。珏人是夕由润儿陪，虽数起小便，未导放也。

10 月 26 日（九月三十日　乙卯）星期二

阴湿且有微雨，午后晴，气仍暖。

晨七时起。上午写信两通，一致漱儿告近状并问连去数书究到未；一复月斧（昨有信自青年出版社转来），告早离出版界无法介绍稿件。午间汉儿适来省，因于饭后属伊带出投邮。珏人上午尚好，亦起坐饮食，下午二时又大便，就眠乃复痛作，即投以药，幸移时即止。余三时续作校释，至五时半得十三则。接漱儿廿四日信，复余历次去信，并告汇款已到，以刚发信，须后再复之矣。连日报章登载李希凡、蓝翎、钟洛等批评平伯《红楼梦研究》之文字，攻击备至，颇为难堪，牵连及于三十年之前，我真不知酷毒至此耳。纵有其故，终不能平怿也。是夕阿凤独陪珏人，终夜频起小便，天明终导放一次云。清儿夜饭后来省，九时后去，余十时就寝。

10 月 27 日（十月　小建乙亥　丙辰　朔）星期三

晴转冷，窗上有水汽矣，午后有风。

晨六时半起。七时半与润儿同往出版总署晤彬然、调孚、晓先，即偕彬然、王乃夫（新自西北调来古籍编辑部者）同乘汽车出阜成门，径赴苏联展览馆参加署中同人队伍入内参观。在铁路南排队多时，十时后始得鱼贯入场。所有工业、农业、文化各馆及露天大剧场皆涉历一周，惟餐厅及电影场未得入，人山人海，挨肩叠背而行，亦惟有趁热闹走马看花而已。况对机械知识太贫乏，多半不了解乎！在内遇叔湘夫妇，匆匆立谈而别。十二时许出场，在售物处遇雪村夫妇，亦匆匆而别。彬然及乃夫就饭于经济食堂，一时即乘原车驶入城。到家时尚未及二时，知珏人甚好，且午间食汤年糕少许也，小便亦自解，大慰。下午余以倦小休。夜饭后与滋儿谈掌故，十时就寝。是夕仍由阿凤独陪珏人，虽起溲五次，幸尚不须导放也，惟知曾感痛两小时耳。

10 月 28 日 (十月初二日　丁巳) 星期四

晴,较冷。

晨六时半起。八时北大文研所车来接开会,以未得抽身,属为请假。接澄儿来信,知十八日晚又产一男,即为复慰,并为新生外孙命名升增。又写信复漱、湜,告其母近状。(湜前日有信来问。)下午续作校释三十则,五时歇。珏人今日情况如昨,饮食亦较胜,大便得解,午后且得小睡一时馀。夜饭后文权、濬儿、达先来省。九时权、濬去,越半时,达亦去,濬儿以团会未归饭,近十时乃返。未几,余亦就寝。是夕仍由阿凤独陪珏人。

10 月 29 日 (十月初三日　戊午) 星期五

晴冷,有冬味矣。

晨六时半起。九时许接北大文研所通知,二十八日上午十时开会,将展开对胡适派资产阶级思想在文学方面影响的批判,后面注明当日上午九时左右汽车去接,油印通知日期为二十二日,但外封成府发出邮戳为廿八日十六时,北京五支局邮戳为廿九日八时,事已过去始恍然昨日车来之故,此等脱节之处,诚宜好好检讨矣。续作校释三十则,下午五时始歇。汉儿、清儿都来晚饭,饭后余偕汉儿往新开路东单区工会礼堂参观青年会昆曲社主办之晚会,盖纪念《长生殿》剧作者洪昉思逝世二百五十周年而演出者,在场遇见平伯、莹环、农祥、亦秀、煦栌等。七时半开,凡六折:一,"定情赐盒";二,"絮阁";三,"鹊桥密誓";四,"小宴惊变";五,"埋玉";六,"弹词"。其中明皇与杨妃饰者不一其人,而以絮阁之杨妃(周铨庵)及小宴之明皇(袁敏宣)为最秀出,演毕埋玉已十时半,即与汉儿出场,乘三轮径归,汉儿即留侍其母。是日珏人仍好,惟夜间仍导尿两次,推知疾源时有起伏,恨不能把握此周期性耳。

10 月 30 日（初四日　己未）星期六

晴冷。晨六时半起。七时汉儿去。潍儿十时许来省,饭后去。傍晚清、汉、达、芷及建昌来,与家人共面,盖今日为润儿二十九岁初度之辰也。夜七时半,文权、昌硕来,九时去。有顷,汉、芷、润及元官送清、达、昌过其家,盘桓良久,润、元乃归。湜儿下午二时归,六时许先面,即往中山公园参加洗星海纪念会。滋、琴、佩夜饭后往大华看电影。珏人上午甚好,下午略不振,幸小睡两时,傍晚仍起坐,与清等闲谈,是夕仍由阿凤伴之。余续作校释,以考索较繁,仅得十二则。夜看《能改斋漫录》,十时就寝。琴、滋、佩十时半归。湜十二时后乃归。

10 月 31 日（十月初五日　庚申）星期

晴冷。夜半风吼似虎。

晨七时起。八时半与润儿出,信步至泡子河东受禄街参观画家徐悲鸿纪念馆,陈画甚多,匆匆浏览一周而出。再步至崇文门乘八路公共汽车往东安市场,在东来顺吃共合锅涮羊。以缺齿太多,竟不能任,草草毕食,复过上海菜饭店吃面筋百叶。十二时后再步往米市大街红星剧院看电影意大利片《偷自行车的人》,二时半散,仍步以归。湜儿携同学七人来午饭,余归时晤之,有顷,即同出城返校矣。潍儿来饭,饭后文权来,四时半同去。五时半雪英、汉儿、业熊、元镇来,夜饭后谈至八时去。珏人今日甚好,能摸出卧房行动,夜俟诸人尽去,乃就睡。余夜看《猗觉寮杂记》,十时就寝。
是夕仍由阿凤陪珏人,深夜三时三刻又导尿一次云。

11 月 1 日（十月初六日　辛酉）星期一

晴冷。晨六时半起。报纸首载国家统计局公布关于全国人口
调查登记结果的公报,以一九五三年六月三十日二十四时为标准,
合计人口凡六亿有一百九十三万八千有三十五人。此诚伟大祖国
足以自豪之喜讯也,国家建设正努力上趋于社会主义社会之路,再
过十年八年,必臻物阜民康之境无疑,兴念及此,曷胜忻快！上午
填写十月分工作汇报表,并写信寄积贤。十时许接漱两星期前所
寄邮包通知书,即令阿凤往前门邮局取归。单方及莲茨等食物俱
到。下午二时珏人即将单方定量（六丸）试服,余即写信告漱儿。
既已缄封待发,又接笙伯来书,知第二批单方已续制完成,可交明
宝带来,因添书一纸复之,开封,增入付邮。下午续作校释十则,点
阅《通鉴补正》四叶。珏人情况尚好,午后曾作痛,越一小时药性
到乃止,夜仍由阿凤陪之。清儿夜饭后来省,九时后去。十时后余
乃就寝。

11 月 2 日（十月初七日　壬戌）星期二

晴冷。晨七时起,添衣。午后三时五十分业熊来告有便人返
山东,因托带若干食物与澄儿,近五时去。夜饭后文权、潘儿来省,
八时去。又,午前雪村夫人及仲盐夫人来访珏人,谈至十二时去。
珏人情况如昨,午后又感痛,幸移时即止,夜由阿凤伴之,未导尿,
自起溲三次耳。服单方已五次,大便已解,或能奏效也乎,企予祷
之。余竟日续作《荆轲传》校释四十则,下午五时乃歇,夜十时

就寝。

11 月 3 日（十月初八日　癸亥）星期三

晴冷如昨，午后略润。

晨六时即起。珏人今日较不振，睡多起少，且午后又感痛，良久乃止。清儿傍晚来省，未饭即去。潜儿、预孙夜饭后来省，近九时乃去。续作《荆轲列传》校释四十则。下午四时半颉刚携其大女潮、幼子堪来访，谈至六时后去。平伯《红楼梦研究》引起轩然大波，今日《人民日报》佩璋亦撰文自解，加一遗矢。余总感胸次磊然不怡久之。十时就寝。是夕仍由阿凤陪珏人，中夜又导溺一次，其他亦自起溲三次也。

11 月 4 日（十月初九日　甲子）星期四

晴冷无风，因而稍和。

晨六时半起。修改昨前所作校释，并续作七八则。下午接云彬杭州一日来书，传一单方，只须用万年青子盈把煎汤服，止少可以减痛，且不令恶化也云。至感关切。一俟沪来单方服后反应如何，再进行此方。三时农祥见过，邀同往中山公园看菊花，在上林春前啜茗，五时始行，同过其新居（在西长安街官马司十五号）。晤亦秀，即与其伉俪共饭，且小饮焉。饭后纵谈，其友人沈君（即其居停主人）亦在坐，至九时始辞归。乘三轮行，到家已将十时，少坐即就寝。珏人精神更萎，未起坐，服单方后感饱胀内，于夜间减去一顿。是夕仍由阿凤陪，幸未导尿。午前复笙伯、漱儿，顺告其母近状。午后晓先来，即托伊带出投邮。达先晚间来省，余在倪家，未之晤。

11 月 5 日（十月初十日　乙丑）星期五

晴,较昨和暖。

晨六时半起。九时平伯见过,长谈写示近作道情及七绝各一首,十时半始去,约下星一同访颉刚。十时四十分潚儿来省,十二时半汉儿来省,因共饭,饭后潚、汉同去。接坚吾信,托转雪村信。午后写复云彬,谢传单方并告现用之方。珏人又渐不支,下午竟无心绪坐定。六时半夜饭,饭后独自出门乘十路车到大栅栏,径往粮食店中和剧院看北京市京剧四团演出,七时半开场。佩华自新华来会,因并观之。是晚剧目为《梁山伯与祝英台》,由言慧珠饰英台,姚玉刚饰山伯,杨元才饰四九,薛浩伟饰祝公远,詹世福饰媒婆,俱出色。言、姚薛皆初见,言诚不愧其名,薛亦圆亮,姚乃纯熟,咸足自立一帜者。十一时一刻散,佩华御骑车,余则乘三轮归,抵家门已将十二时矣。是夕仍由阿凤陪珏人,夜间又导尿两次。清儿晚饭后来省,余未之见,坚吾信则交伊带与雪村云。

11 月 6 日（十月十一日　丙寅）星期六

初阴欲雨,午后渐晴。夜月皎莹,气和如春。

晨六时三刻起。珏人因饱闷,故将单方停服一天,只服止痛药勉维现状。今天为伊六十二岁初度,下午即陆续有人来省,故傍晚即打叠精神,坐以待之。夜间备面席两桌,计来雪村夫人、文权、潚儿、昌预、昌硕、达先、清儿、建昌、建新、芷芬、汉儿、元锴、元镇、元鉴、业熊十五人,合家下润、滋、琴、佩及元孙与余夫妇,共为二十二人,颇见热闹。惟湜儿以校中有事未归。面后珏人居然与雪村夫人、文权、业熊打牌四圈。九时半后外来者皆陆续归去,惟业熊、元鉴、建昌留宿焉。是夕余寝于北屋,阿凤亦支铺于中间陪珏人,天将明,凤为珏导尿一次,馀尚平稳度过。日间余续作校释五十则。临睡前濯身洗足,易衣始卧。

11 月 7 日 (十月十二日　丁卯) **星期**

晴温。晨七时起。上午与业熊谈。下午二时出访圣陶、墨林,晤至美、蠖生,谈移时,晓先、芷芬、龙文来,至美、蠖生去,余与晓、芷、龙即留饮其家。八时半离出,晓、芷送余到家时,清儿在,又谈半时许,晓、芷、清同去各归,业熊已于夜饭后自去矣。珏人是日停服单方,情况尚好,惟午后又作痛,幸投剂不久即止,夜眠尚好,仅起溲三次。余仍寝止北屋室中。接北大文研所通知,十日上午九时开会,将就中国文学史、中国古典文学两组合并事有所讨论,并对《项纪》校释提意见云,后注十日上午八时左右派车来接,想又有一番热闹耳。

11 月 8 日 (十月十三日　戊辰　立冬) **星期一**

晴温,夜月姣好。

晨七时起。早餐后写信寄笙伯、漱儿,告明宝带来续制单方四服及棉鞋等物俱收到,顺告珏人近况。午后二时步往老君堂访平伯,与之偕出,同过颉刚,适他出,未得晤,即出,过访其东邻汪静之,坐有顷便出。余二人乃往北海双虹榭赏菊花,名种不少,绿牡丹乃成寻常之品矣。复渡海子出后门,徜徉于十刹海畔,循东岸到义溜河沿,登临河第一楼(烤肉季)吃烤肉,薄暮始散,乘三轮各归,老子婆婆,兴复不浅耳。到家正值晚饭,再进粥。七时半其芳、冠英见过,谈所中改组草案,并约后日出席会议,移时乃去,知其将偕访平伯也。珏人今日似胜往日,昨夕今晨均有大便,胸闷亦解,故仍续服单方二次(未见反应)。午后睡一小时,夜八时即就卧。九时半余就寝。接致觉六日沪信,承询近况,并以己况告我,拳拳于珏人之病,坚属慎于服药,可感之至。是夜珏人曾导尿一次。

11 月 9 日（十月十四日）星期二

晴温,起风,未果,夜月好。

晨七时起。八时许平伯饬纪送诗至,知昨日安归,且有兴作诗,甚以为慰,足征伊近日心情亦大须濡沫也。续作校释四十九则,《刺客列传》毕矣,凡得四百一十二则,下午五时乃歇。夜饭后达先来省,谈至九时半去。珏人今日较昨略差,夜间导尿三次,惟大便得解,亦一佳也。余十时就寝,以宿北屋,不免为珏人多起耳。侵早感气急,或寒令将至之征乎?

11 月 10 日（十月十五日 庚午）星期三

晴,午后发风,较昨冷,夜月皎洁。

晨六时半起。七时半所中车即来,乃乘以过平伯,坐片晌啜衢州桂花茶,乃同载出城,径赴北大哲学楼,盖文研所新迁之办公处所也。九时开会,到西谛、其芳、冠英、力扬、范宁、友琴、默存、毛星、妙中、佩璋、念贻、积贤、道衡、蔚林、平伯及余十六人。由其芳致词,说明古典文学组改组计划。经讨论后决定分成诗歌散文组、小说戏曲组、理论批评组(包文学史等在内)三组,余归入诗歌散文组,俟《史记选》完毕,即接为李白研究云。后又对《项纪》校释提意见,冠英、默存、平伯、妙中、力扬、其芳皆有提供,当整理修改之。散会,已午后一时,原车送归。到家已一时四十分,即进饭。

雪英适来饭，与谈至四时乃去。有顷，颉刚、静之偕过，谈至垂黑辞去。圣陶、墨林曾于午前来访，未晤也。夜饭后看唐圭璋《南塘二主词汇笺》，十时就寝。是夕珏人自起三次小便，又导尿二次。

11月11日（十月十六日　辛未）星期四

晴，较冷，夜月皓然。

晨七时起。午后澪儿来省，未几即去。余以手头裱贴工未竣，暂停《史记选》校释工作，点阅《通鉴补正》两卷（汉高之季迄吕氏亡）。复以《辑览》参证之。夜饭后汉儿来省，即留侍其母。珏人情况尚好，夜半导尿一次。十时余就南屋卧。

11月12日（十月十七日　壬申）星期五

晴冷。晨六时三刻起。七时许汉儿即上班去。九时写信寄漱儿，复伊七日来书，顺告此间近况，十一时自出投邮，藉以散步。时已上云，午后转阴，有微风，傍晚竟雨。余饭后续点《通鉴补正》，复以《通鉴》及《辑览》交参之，至五时尽一卷，仅汉文帝元年、二年两年事耳。好好读书，真未易速进也。夜饭后清儿来省，九时乃去，天已云净月出、朗彻庭除矣。十时就寝。珏人暂停服单方，情况不见坏，惟中夜又导尿，逮天明凡三次。

11月13日（十月十八日　癸酉）星期六

晴，有寒意矣。

晨六时半起。续点《通鉴补正》汉纪六（文帝三年至十年）。未及参《辑览》也。午后湜儿自校中归来，重具餐焉。夜饭后文权、昌预、昌硕来省。珏人今日尚好，大便亦通，润、滋、湜俱在侧，而权等复至,颇见兴奋,及权等去,神又苶。夜间又导尿二次。余十时就寝,夜起照料,寒月透窗,殊有森森之感,睡眠乃不甚帖然。

11 月 14 日（十月十九日　甲戌）星期

阴寒,近午始露晴色,午后乃晴和,傍晚又寒。

晨六时半起。九时出,行至南小街什方院口遇调孚,遂联乘三轮往中山公园,步至来今雨轩。圣陶、彬然已先在啜茗,有顷,芷芬至,雪村至。又有顷,力子至,均正至。本约颉刚,据其致调孚函谓以失眠大发,正卧床休息,不能来。互谈至十一时,以不禁足冷,起,涉历唐花坞,再看菊花而出,与彬然、调孚附圣陶车行,先送伊归八条然后归。到家,业熊在,有顷,芷芬亦来,遂共饭。饭后汉儿、元镇来,清儿、达先、建昌、建新俱来。余与业熊、滋、湜两儿则复出,湜径出城返校,余三人乃乘环行路电车到后门桥,雇艇荡什刹海,容与于碧波黄叶之间,直过银锭桥,泛后海,五时半乃返棹登岸,仍乘环行车回灯市东口,以车挤业熊竟未得上,余与滋先到站立待之,未得,遂先归,到家时业熊亦已到矣,盖伊在青年会下,故相左耳。夜饭后复闲谈至八时,业熊、芷芬、汉儿、建昌、元镇俱去,家人亦各就寝。余展阅今日《光明日报》副刊"文学遗产"两版俱载作家协会座谈批评平伯《红楼梦研究》之辞,十时乃卧,其中各篇以周扬所言为最得体(何其芳说系此),冠英所言最为中肯(吴组缃说系此),馀多泛逞胸臆,或竟为报怨之语耳。珏人起坐饮食如常。为恐寒袭其体,今日开始生炉,夜仍导尿三次。

11 月 15 日（十月二十日　乙亥）星期一

阴寒酿雪。

晨七时起。用蜀本、百衲本、汲古本、会注本通校《淮阴侯列传》一过，至下午五时乃毕。珏人自续服单方后又感饱闷欲眠，下午又作痛，投药未得及时而止，仅傍晚进菜粥一碗，五时许即导尿，以此余神又震荡不宁矣，但夜间仅导一次耳。夜饭后余与滋儿出，乘十路公共汽车到新开路，径往大华影剧院看苏联电影《山中防哨》，八时半开，十时半完，颇紧张，于边防及防谍教育大有裨助。散戏后与滋步归，寒威袭人，思御袭矣。十一时就寝，月色侵窗，意亦洒然而凛。

11 月 16 日（十月廿一日　丙子）星期二

晴，初见凉。

晨六时半起。续点《通鉴补正》第十五卷，与《通鉴》对看，起文帝十一年，尽景帝前二年，凡十五年，下午四时乃罢，《辑览》仍未及参也（前卷则已补点）。绍华见过，谈印行古籍事，五时半乃去。濬儿四时半来省，五时四十分去。珏人情况尚好，惟大便又三日未解，殊虑之。上午写信与力子告陈延杰注《诗品》已求索无着，请谅，盖前日来今雨轩晤面时向余借阅，余应之而归寻未获也。夜饭后点参《辑览》，与《补正》事对照讫，十时乃寝。是夕珏人未大便，且小便亦不能泌，竟宵导放达六次之多，扰攘及于天明，虽有炉火，不敌寒气，殊以为苦。呜呼，珏人之遭亦太酷也已！

11 月 17 日（十月廿二日　丁丑）星期三

晴寒。晨七时起。珏人十一时起尚好，大解亦下，惟入夜又感痛，晚饭未进即睡，竟夕导尿三次，余亦自溲三次。续点《通鉴补正》第十六卷汉纪八（起景帝前三年，尽后三年，凡十四年）。与

《通鉴》对看,并以《辑览》参之,下午五时始罢。夜饭后与滋儿对坐,为剪贴《史记选》白文九篇,于是原拟选入之篇毕工矣,只待标点分段与校释耳。九时半就寝,已疲乏不自胜。

11 月 18 日（十月廿三日　戊寅）星期四

晴,不甚冷,或将见雪乎。

晨六时三刻起。标点《淮阴侯列传》且为分段,下午三时毕。续点《通鉴补正》汉纪九(第十七卷)仅及建元三年之半,已夜矣。潏儿四时半来省,傍晚去。滋儿以团会未归晚饭。珏人停服单方已两日,仍时感痛,病实难瘳,饮泪强慰之耳。是夕自溲五次,幸未导放。清儿夜饭后来省,谈至九时半去。十时就寝。

11 月 19 日（十月廿四日　己卯）星期五

晴,晨寒,午后和,夜稍冷。

晨六时半起。接湜儿昨发信,知校中将开学生代表大会,明日不能归省,须下周六再能入城云,即复之,并书寄漱儿,告连日珏人情况。作《淮阴侯列传》校释十则。下午自出寄信,顺以散步,在南小街什方院口乘十路车到王府井南口下,步入王府井,穿东安市场,由八面槽、灯市口、内务部街、南小街、禄米仓而还。到家时,雪英适在,因留共夜饭,饭后汉儿来省。夜八时半雪英去,汉儿留侍其母,余因就寝南屋。是夕珏人导尿两次,余自溲两次。

11 月 20 日（十月廿五日　庚辰）星期六

晴,较昨暖。

晨七时起。汉儿即去上班。续作《淮阴侯列传》校释四十则,下午四时止。芷芬来，五时去，知伊明日将游塘沽新港也。珏人今日尚好，午前曾发，幸旋止，午后却好也，饮食都佳，又继服单方十二丸，但夜间又导尿四次，明日又不思再服单方矣。夜饭后看《新观察》、《中国青年》所载关于《红楼梦研究》之论文四篇，十时始就寝。

11 月 21 日（十月廿六日　辛巳）星期

　　晴和。晨七时起。潜儿九时来省，午后三时去。清儿、达先傍晚来省，未几即去。十一时往访雪村，未晤，在其家遇诗圣，谈有顷偕出各返。午后一时与滋儿偕出，乘十路车到东单下，过百货公司东长安街门市部一看，旋至王府井盛锡福购得棉帽一顶，乃属滋儿携归，余即乘三轮往东四八条访圣陶，晤其夫妇及至善，三时后叔湘至，谈至四时半余辞出，乘三轮以归。是日珏人尚好，夜亦自溲四次，惟至天明仍导溺一次。

11 月 22 日（十月廿七日　壬午）星期一

　　晴暖，夜有重雾。
　　晨七时起。续作《淮阴侯列传》校释三十则，下午四时止。文权之姊来访珏人，四时半去。夜润儿归，告伏园中风送第四医院，未审有碍否，甚念之。珏人情况尚好，但终夜又导溲四次，不免激动情绪耳。十时就寝，起视数四，影响睡眠不少。

11 月 23 日（十月廿八日　癸未　小雪）星期二

　　重雾，近午略晴，午后阴合，见微雨带雪花，未几即止。夜凉风作，结冰。

　　晨六时半起。续作《淮阴传》校释三十二则,下午四时止,出散步,东风正紧,刺肤作痛矣,稍行即归。夜拥炉小饮,与珏人及润、滋、琴同案而食,暂忘所苦矣,缘珏人日间颇不恶也。午饭后续点完《通鉴补正》第十七卷,尽汉武元光元年。仍以《通鉴》对看,《辑览》则未及参证也。接所中通知,拟订个人工作计划草案送所备考,大概一以作本年度检查工作之参考,一以觇预拟计划之妥否耳。自《红楼梦》风波展开,到处感紧张,一若处处有空隙者,然亦可异也。夜九时珏人就卧又感痛,服药亦不止,直至十二时后始稍好,一时起,复以溲急不出,施行导放,迨天明前后凡四次。余近以齿缺影响消化,夜亦腹痛,屡解不畅,终宵不宁,与珏人殆同此苦痛也。

11 月 24 日（十月廿九日　甲申）星期三

　　晴寒。晨七时起,腹痛未已,虽解,似不畅,且有血,殊可诧,只索听之。九时滋儿往车站接陈韵启,以漱儿有物托带前日书来知之,故往接。十时潘儿来省,谓滋曾往,属不必偕接而止云。有顷,滋儿归,未接得也。正在疑怪之际,漱儿廿二日函递到,谓韵启须下月上旬始来京。突然改期,故追函止滋儿不行,然已徒往矣。只差六小时,此信竟失效,不免为之咨嗟耳。滋儿仍往上班。下午即写复漱儿,备告经过。珏人十时起,潘来谈,亦甚好,近午潘去,汉来,珏忽倦眠,大吐,饭已到口,未及进,想系轻度中煤气之故,亟通风,饮以开水,幸即解,二时复就卧,汉儿亦去。续点《辑览》与《补正》十七卷参证毕,又点《补正》第十八卷两页。傍晚业熊来省,夜饭后,潘权及清先后来省。知潘明日即将入中国建设社作临时工。八时业熊去,九时半潘、清、权亦去。十时就寝。珏人是夕自起溲三次,竟未须导放,亦意外之事矣。

11 月 25 日[①](十一月大建　丙子　乙酉　朔)星期四

　　晴寒。晨六时三刻起。七时四十分所中车即来,草草早餐讫,即乘以行,先过老君堂七十九号接平伯,再过西城巡捕厅廿五号接健吾,出阜成门,驶往北京大学哲学楼。适八时半,径登楼,诣文学研究所资料室出席全所会议,讨论《红楼梦》问题。当场发言者有其芳、耀民、道衡、佩璋等及北大副校长江隆基、浦江清、钱默存、卞之琳等多人,平伯亦两次发言,至十二时半乃罢,约下星四再续开。听到诸说,以江清、默存为最中肯有力,之琳好说话而纠结不清(多不完之辞,大出意外)。散会下楼,仍与健吾、平伯同乘入城,先送健、平归,然后送余到家,时已一时半,即草草午饭。珏人今日十时起,尚好,余归时适东华之儿媳丁曼丽来取稿,正与珏交谈,余检出交还之,未几即去。下午续点《通鉴补正》三页(尽汉武元光四年),与《通鉴》对看,《通鉴》删节多矣。夜饭后雪村见过,以其校注之《马氏文通》为赠。此书排就已在十年以上,今日乃由中华书局出版,亦可异矣,此开明主出版部者不得辞迟滞之咎耳。谈至九时半去。十时就寝。珏人就寝后又作痛,十二时后又为导尿三次,天明后复导一次。

11 月 26 日(十一月初二日　丙戌)星期五

　　晴不甚朗,寒亦稍杀。

　　晨七时起。上午续作《淮阴侯传》校释二十则。午间润儿归

---

①底本为:“复初日记第七卷”。原注:“甲午仲冬之朔巽斋。”

饭,晓先亦见过。一时半余出,径往吉祥欲购戏票,乃佳座已罄而犹有七八人排队候买,自度无望,废然去之,过新华,购得《人民画报》十一月号而归。复续作校释十二则,将五时乃罢。夜饭后续点《通鉴补正》三叶(元光五年尚未毕)。十时就寝。是夕珏人仍作痛,导溲四次,与昨同。

11 月 27 日(十一月初三日　丁亥)星期六

晴温如昨。

晨七时起。续作校释十五则。下午外孙元镇来省,遂罢。午前十一时颉刚见访。傍晚刚主见访。夜饭后元镇去,文权、澘儿来省,九时权、澘亦去。湜儿下午四时归,即属为余出城购得中和明日日夜场戏票。夜饭后伊到廿五中学开会,十时半始归。余夜续点《通鉴补正》汉纪十毕之,仍与《通鉴》参照,十时乃就寝。珏人是夕仍导溲四次,大致情况与昨同。

11 月 28 日(十一月初四日　戊子)星期

阴霾,飘雪花,近午转甚,下午大雪,入夜不止,气却不甚冷。

晨七时起。九时业熊来,十时清儿来。介然来访,谈移时去。午饭后雪不止,中和票属滋儿往看之,余遂未出。三时后芷芬、汉儿、鉴孙来,围炉畅谈。六时夜饭,雪益甚,夜场亦不能看,润儿为余赶出退票。七时清、汉、芷、熊、鉴偕去,越半时润归,知以七折卖与人云。戏票购到甚难而偏遇雪滑,不得享,甚以为恚,岂真一饮一啄皆由前定耶? 珏人情况尚好,以来省者多,兴复不浅,下午竟未睡,夜九时后就卧,有微痛不止即止,惟小溲仍导放三次,天明后又导一次。余夜睡前点阅《辑览》,适与《补正》所及之年相应。十时就寝。

11 月 29 日（十一月初五日　己丑）星期一

宵来积雪数寸，破晓后又纷纷不已，近午曾显昼露日影，午后又阴，但雪则止矣，气仍不见严寒也。

晨七时起。续作《淮阴侯传》校释二十四则，至下午五时垂黑始罢。夜饭后看今日书刊揭登之关于批判《红楼梦研究》之文字，从二十日《人民日报》所载何其芳《没有批评就没有前进》及《文艺学习》第八期《不能容忍资产阶级继续盘踞古典文学研究的领域——关于〈红楼梦〉问题的讨论的综合述评》为较有系统，阅读亦较久云。十时后始就寝。珏人情况依然，终夜仍导溲两次。

11 月 30 日（十一月初六日　庚寅）星期二

冻日未融，浮冰掩雪，寒威不严，阴气欲沉。

晨七时起。八时元孙上学（昨以感冒辍学在家）。珏人停服单方已多日，今晨续服六丸，乃十时起身后反应又剧著，胸闷欲睡，倚沙发小憩，颇见昏沉象，深悔孟浪续服矣。幸午后稍转好（潽儿饭后来省，与话多时遂解）。仅傍晚略睡半小时，夜饭后即就卧，不久亦入睡。余续作校释三十一则，下午四时半罢，夜饭后看《夏小正笺》等四种。十时始就寝。接淑儿来信并附近照，当夜即由滋儿复之，亦附照片去。是夕珏人又导溲三次，精神益衰。

12 月 1 日（十一月初七日　辛卯）星期三

晴寒。七时起。珏人九时后亦起，以身体不松快影响精神甚烈，时时激动流泪，午后二时半即睡。上午写信三封，一填送工作汇报与冠英,一与澄儿复两信所询各节,一与漱儿告其母近状,并询前寄苏联展览馆纪念章收到未。下午点阅《通鉴补正》汉纪十一之半(起元朔五年至元狩三年)。垂黑乃罢。夜饭后与润、滋谈,九时半即就寝。是夕珏人仍作痛,又导溲四次,至为耽忧。

12 月 2 日(十一月初八日 壬辰)星期四

晴寒。晨七时起。七时四十分所中车来接,健吾已坐上,并驱到老君堂接平伯出城,遄往北大文研所,已八时二十分,少坐即开会。仍由其芳主持展开《红楼梦研究》讨论,首由介泉发言,后由默存、冠英、樊骏、毛星、积贤等发言,馀人未及,已下午一时廿分,乃散会,约下星四再开。会上之言以介泉为松快而多证,毛星为较全面而通畅。介泉赠余药菜一包,属煮汤与珏人服,谓可治癌,极感关心,散会时即带归。归时与健吾、其芳、燎荧、平伯同乘,沿途下卸,余到家已将二时,珏人仍待余同饭。饭后询悉珏人九时起,尚好。三时仍属小睡焉。接刚主来信,托介《晚明史籍考》出版,当为转达调孚一询之。续点《通鉴补正》汉纪十一,毕之(尽元狩四年)。夜饭后清儿来省,少顷达先亦至,谈至九时乃辞去。十时就寝。珏人是夕较佳,只导溲两次,天明前即自泌少许,以此影响,伊情绪亦好转也。下午接卅日漱儿来信,知韵启二日行,四日上午可到京,托带食物若干,当能如期接到矣,珏人闻之尤喜。

12 月 3 日(十一月初九日 癸巳)星期五

晴寒。晨七时起。十时半滋儿归,谓已到车站,接得程韵启带到食物不少而糕饵为多,珏人为之大喜,滋交物已,仍往社到班工作。下午续作校释廿四则,五时乃罢。点阅《通鉴辑览》,续完前馀第十五卷（毕元狩六年）。午后雪英来访，珏人因留夜饭，饭后清儿、达先、建昌、小逸来省，谈至八时雪英先去，九时许清等亦去。珏人下午仍作痛，雪英来谈后渐好，夜亦至九时后始就卧，但夜间至天明仍导溲四次。介泉所传单方今日开始服用。余十时就寝。

12 月 4 日（十一月初十日　甲午）星期六

晴寒。晨七时起。上午照料珏人。下午续作校释十六则，四时半罢。湜儿五时归。夜饭后润、滋、湜陪母打牌。汉儿、芷芬亦至，十时后罢，芷、汉去，余等乃各就寝。十一时后珏人痛作，一时半乃停，以是溲又不下，迨天明导溲三次。

12 月 5 日（十一月十一日　乙未）星期

晴寒，晨有雾。

晨七时半起。九时建昌来，十时润、滋挈以往汉儿家。近午清儿来饭。饭后余独往东安市场吉祥剧院看京市第四京剧团演出。一时开，滋儿自汉所来会并坐观之。先为姜铁麟、徐喜成、关长利、刘洪业、张志甫等之《伐子都》，均能卖力，博采不少。休息后为吴素秋新排之《陶学士醉写风光好》，演陶谷、秦柔兰事，素秋饰柔兰，李德彬饰陶谷，张荣善饰韩熙载，杨元才饰乐探，张曼君饰小妹及舞女，凡五出，曰定计，曰拒美，曰泄机，曰赚词，曰愧逃，情节与演技俱佳，素秋的是可儿也。四时半散，与滋闲步王府井然后乘三轮东归。到家韵启、文权、潜儿、清儿、达先、业熊、昌硕、建昌俱在，抵暮清、达、建昌去，馀人皆留夜饭。饭后八时韵启辞去，有顷，权等亦去。十时就寝。珏人日间尚好，夜睡后又作痛良久，因又导溲三次。

12 月 6 日（十一月十二日　丙申）星期一

　　冻云蔽日，竟昼作阴，垂暮见雪，入夜益凉。

　　晨七时起。点阅清朱瑞方《冶经堂集·日次诗》正、二月。写详信告漱儿。下午翻书准备续作校释，冬景苦短，倏焉已晚，只索罢之。夜饭后积贤来访，告校中调整薪给，余被评提升一级为第八级，月可得七百一十分云，雪中远来过存，至感之，谈移时去。珏人日间甚好，拈针为湜儿缝裤且添制余被单一事也。夜八时三刻就卧后又作痛，十一时止，其后又导溲三次，逮于天明。余十时寝。

12 月 7 日（十一月十三日　丁酉　大雪）星期二

　　早晚阴，午后晴，夜乃有月，气较凉。

　　晨七时起。珏人五日未大解，今日上午十一时始解，以是大为吃力，就床偃息，午后一时始起饭，下午虽倦仍支持未睡，夜饭后亦与润、滋抹牌为戏，九时就卧，痛作，不久即止，终夜起溲数回，皆不畅，三时一刻导放一次也。续撰校释四十三则，下午四时半罢。夜点阅《日次诗》止于五月初八日，十时就寝。

12 月 8 日（十一月十四日　戊戌）星期三

　　晴寒。晨七时起。料理杂事，颇感琐屑且见体劳神疲，十时后始稍复，开始续作校释，至午后四时得三十五则耳。冬暑苦短，殊无奈也。珏人情况较好，下午又大便一次，夜间痛短而未剧，然导溲仍行三次。傍晚汉儿来省，有顷，潘儿、文权亦至，因共夜饭。饭后振甫见过，谈至九时半去，潘、汉、权则八时三刻即去。余晚饭前续点《日次诗》，止于六月十一日，夜十时就寝。接东华五日来书。

12月9日(十一月十五日　己亥)星期四

晴寒。晨六时半起。七时佩璋来谈，留同早餐，一刻同乘所中来接之车过平伯、健吾，共载出城。八时二十分到达北京大学哲学楼。八时半出席第三次《红楼梦》问题讨论会，力扬、卞之琳、浦江清、蔡仪、阎简弼、周妙中先后发言，十二时十分散，仍乘原车返回。到家已近一时，知珏人八时即起，一切尚好，午后二时仍属小睡。五时起，又感痛，晚饭不甚甘，幸饭后未几即止。润儿与阿凤陪之接龙为戏，十时乃睡。余下午看报载周总理《关于美蒋共同防御条约(本月二日蒋贼甘心卖国所订)的声明》、郭沫若《三点建议》、茅盾《良好的开端》。(俱在中国文学艺术界联合会主席团和中国作家协会主席团扩大会议上发言，主旨为《红楼梦研究》而发。)四时半始毕。续点《日次诗》终六月三十日(上卷毕矣)。夜十时就寝。是夕珏人尚安睡，但仍导溲三次。

12月10日(十一月十六日　庚子)星期五

晴寒。晨七时起。珏人八时起，再睡，十时乃起盥进食，精神尚好，下午三时就卧，四时又作痛，至六时始稍好。适清儿来省，因起同餐，七时许清以夜班故即去。八时润、滋、佩陪珏人打牌四圈，十时后始睡。夜二时半后导溲三次，及天明又导一次。余续作校释三十二则，至四时彬然、调孚、晓先见访，谈古籍出版事，五时三刻乃辞去。夜饭后看周扬《我们必须战斗》，十时半始就寝。

12月11日(十一月十七日　辛丑)星期六

晴寒。晨七时起。续作校释十九则，于是《淮阴侯列传》全篇完,凡得三百八十四则。下午三时元鉴、建昌两外孙来省,盘桓至晚建孙去,鉴孙则夜饭后由湜儿送之上车亦去。珏人午后又作痛,晚起,勉进夜饭,饭后与润、滋等接龙为戏。十时后始寝,夜间仍导溲两次。湜儿午后三时许自校归省,珏人见伊来,稍喜,故垂晚乃起饭耳。余夜饭后闲翻架书,十时半就寝。

12 月 12 日（十一月十八日　壬寅）星期

晴寒。晨七时半起。写信复东华、刚主。十时业熊来省。午后熊、滋、佩陪珏人打牌,湜儿饭后即行返校,余则与润儿往逛隆福寺,穿行人民市场,无所欲购者,在庙侧小摊上啜豆腐脑稍息焉。旋由朝阳门大街、南小街而归,往返俱步行,微累而神爽,亦一快也。到家牌局已歇,知清、汉、芷、鉴俱来,已往调孚家访问矣。有顷,清等皆来,遂共夜饭。饭后少坐,清等往访潜、权洽事（人教社有意招潜作校对）,润亦同去。八时半业熊去。十时就寝。润于近十一时乃归。珏人竟日甚好,夜九时半就卧,痛又作,仍不能自便,导放两次。

12 月 13 日（十一月十九日　癸卯）星期一

晴寒,垂暮有风,益感凛凛。

晨六时半起。以上星四所中会议有今日续开说,故早起待车,乃俟至八时未见车来,想临时作罢乎。十时绣君来访珏人,因留午饭,饭后二时去。珏人起后尚好,以多日未大便,不免见梗为虑,幸午后二时五分得大解,甚畅,即就卧。以吃力,又作痛,移时乃定,复睡至六时起,适小同来省,因共晚饭。余午前为彬然、调孚所拟明年古籍出版计画,阅订及提出意见,各为书复之。午后点阅《日次诗》，自七月初一至三十日。夜饭后湜儿归，谓今日与同学拟往看莫斯科歌舞，以只得一票，让与同学，伊先归，十一时半散场后其同学须住来云。十时就寝。珏人夜饭后与滋儿、阿凤接龙为戏，亦十时后始寝。是夜尚好，导溲一次，及天明，又导一次。

12 月 14 日（十一月二十日　甲辰）星期二

晴寒。晨六时即起，湜儿偕其同学即出城返校，未及早餐也。有顷，所中汽车至，余出不意，亦未及早餐，仅饮牛乳一碗，即随车去。健吾先在车中，乃过接平伯，驰出城，八时半赶到哲学楼文研所开会。时力扬、佩璋批评平伯甚烈，毛星说词中对浦江清、林庚亦有波及。健吾、季康、道衡都发言，其芳作总结。一时始散，驱车送归，已将二时。适晓先在，因匆匆进食已，即与谈古籍出版事，直至四时三刻乃去。珏人今日甚好，午后睡三小时，六时乃起。夜饭后仍与滋、凤接龙，十时乃寝。夜一时后导溲两次，天明后又导一次。余上午开会卓坐五小时，下午会客又达三小时，倦极，夜十时就寝，觉支撑不住矣。

12 月 15 日（十一月十一日　乙巳）星期三

晴寒。晨七时起。整理书籍。下午预备明日在所中讨论会发言写提纲。珏人情况尚好，午后小睡，时又作痛二小时，幸止痛后即入睡，至五时三刻始醒。夜饭后余与阿凤陪珏人接龙，十时就寝。是夕珏人能起自溲多次，惟仍导放两次，根据连日情况，大势似有好转，想系单方之功。只求不发痛，能自溲，则大好矣。无如此二事难见全副吾望耳。

12 月 16 日（十一月廿二日　丙午）星期四

晴寒，早有大雾。

晨六时半起。七时半所中车即来，草草早食已，即乘以过平伯、健吾，同驱出城。八时二十分即到所，八时三刻开会。发言者相当多，余未及言，十二时半散。约明日八时半再继续开会。在会场晤介泉，询单方效果，余详告之，并求再为续致药物。北大转来中国作家协会邀请参加胡适思想批判讨论会，余复函愿列席"考据在历史学和古典文学研究工作中的地位和作用"小组，是组召集人为尹达，主要研究者为游国恩、余冠英、尚钺、顾颉刚、向达、周一良、白寿彝、邓广铭。尹达届开会时宜有一番精论饱我两耳也。夜六时在萃华楼吃饭，盖《中学生》出版二十五年纪念宴会也。到宾客甚众，晤熟人亦不少，凡四席。余与圣陶、愈之、纯才、均正、李庚、叔湘、调孚、祖璋、彬然同座，八时后乃散，散后与雪村、彬然、调孚过市场购物然后各归。到家时清、汉、潏、权俱在。有顷，达先亦至。今日琴珠生日，故然。九时潏、权、汉先去，十时半清、达亦去，余等亦就寝。是日珏人尚好，夜间仍导尿两次。

12 月 17 日（十一月廿三日　丁未）星期五

晴有雾，较昨稍和。

晨六时半起，七时半所中车即来。乃乘之行，先后过接平伯、健吾。八时十分便到文研所，余等首先到会，有顷，介泉至。又有顷，同人乃陆续至，八时四十分开会。发言者仍踊跃，至下午一时一刻始告散会，余竟未及言。车送到家已二时，珏人尚未饭，正待余举箸也。询悉经过尚好，余亦大慰，饭后乃与闲谈。三时许绍华见过,谈良久,四时四十分始去。珏人四时大便之后就卧,得安睡,六时复起夜饭。饭后润、凤陪伊接龙,十时始寝。余连日出城开会,积倦难振,九时后即洗足濯身,易衷衣而寝。惟晚间又因珏人导溲二次而惊醒,仍未得安睡也。

12 月 18 日(十一月廿四日　戊申)星期六

重雾,至九时半始开霁见日,气不甚寒,或又将酿雪乎。

晨六时即起,在灯火下穿衣。早餐后用蜀本、百衲本、汲古阁本、会注本通校《季布栾布列传》,午后毕之。二时半外孙元错来省,五时半去。珏人情况尚好,惟倦欲眠,午后仅小睡一时许。夜饭后仍强坐接龙,至九时服药就寝。傍晚湜儿同学过我门,传言湜以校中有事今明日不归矣。我与珏人颇望之而陡然不归,亦无信函,甚以为恨。接业熊函告明日因参观全国物资展览会不来省候云。是夕珏人痛势虽不剧而绵历不止,影响情绪匪浅,导溲又前后达四次之多。

12 月 19 日(十一月廿五日　己酉)星期

晴不甚寒,道旁积雪都融。

晨七时半起。珏人八时三刻亦起,精神远不逮前,痛虽未作而时有昏沉之感。午前竟无人来。午后二时,余出访圣陶、墨林,谈至四时坚留饮,遂止。有顷,其友李伯涵(廷燮)来访,乃同饮,八时始散,即乘三轮遄归。知以中、绥真夫妇来访,小文亦来省云。潏、清、汉无一人至者,珏人正隅坐垂目,百无一是焉。是夕珏人起溲五次,仍导溲两次。十时就寝,睡眠不甚宁帖也。接东华十七信。

12 月 20 日（十一月廿六日　庚戌）星期一

晴和如昨。晨七时起。十时潘儿来,谓甫自古籍编辑部应召谈话来家,已与彬然诸位洽过,约一月二日前往报到工作,据说须试用六个月后始得转正云。(十一时去。)午后分段标点《季布栾布列传》并作校释三十四则,垂黑始罢。夜饭后潘、清两儿来。有顷,文权亦来。共谈至九时半去。十时就寝。珏人今日痛发不止,连服何丸亦无效,至深夜二时始稍停,前后导溲两次。

12 月 21 日（十一月廿七日　辛亥）星期二

晴有大雾,午后阴,气仍不寒。

晨六时半起。八时所中车来,即乘以过平伯、健吾,出城,到所才八时半。九时开古典文学组小组会,讨论年终检查工作问题。全组人员除西谛、念贻缺席外,到其芳、冠英、默存、范宁、力扬、平伯、妙中、道衡、佩璋、友琴及余十一人,漫谈至下午一时许始散,仍乘原车入城。以其芳须附此车出席政协会议,余在禄米仓西口即下。步行归家时已二时矣。草草进食,知珏人九时即起,较往日大好,亲为清、汉诸煎阿胶焉,午刻亦进咸泡饭一碗云。三时大便,便后就睡。四时前雪英来访,珏人以在睡中,余与谈。五时,珏人起,与雪英长谈,因留夜饭。昌、预亦来饭,饭后述琇来辞行,即将分配往太原服务云。八时半珏以不能持先睡,雪英、昌、预先去。清儿来省。至九时,述琇去。近十时,清儿乃去。余午后点阅《日次诗》止于九月初十日。接漱儿十九日来信,属转托程韵启带红枣、核桃等回上海。十时就寝。是夕珏人较好,只四时导溲一次。

12 月 22 日（十一月廿八日　壬子　冬至）星期三

阴霾，午前飘雪即止，向晚大雪，气仍不寒冽也。

晨七时起，天犹未明，真抢冬至矣。上午写信五封，一致以中，约廿六上午往访，一复致觉，一复东华，一复聿修，一复漱儿。下午续作《季布栾布列传》校释二十六则，五时乃止，已黑矣。达先、汉儿来省，正待共进晚餐，滋儿适归，携来红星影剧票，因与俱出，步往观之。六时半开，主剧为《盖叫天的舞台艺术》，凡收精粹之作七段：一，《白水滩》，棍舞；二，《七雄聚义赵马走还双刀》；三，《茂州庙》；四，《英雄义》；五，《打虎》；六，《狮子楼》；七，《十字坡》。八时散，人甚挤，夺门而出，秩序大不佳。近日观众杂遝，颇令人望而生畏矣。离场后仍与滋步行归，虽有雪，但干而不湿，并不难走耳。到家晚饭，达、汉乃去。珏人今日十时起，午后略睡，仍以酸痛而醒。夜与达、汉谈，尚好，八时即就寝，竟日尚无大不好。夜间神倦，又导溲两次。余十时就寝，五时即醒，遂不能寐。

12 月 23 日（十一月廿九日　癸丑）星期四

雪止浮冻，近午露日，午后晴，较寒。

晨六时即起，灯下穿衣。八时所中车来，佩璋亦来附车，即乘以过平伯、健吾，同驰出城，八时五十分到北大哲学楼。九时开会，全组人到齐。年轻同人对领导提意见极深刻，西谛、其芳都涉及，而尤以平伯为甚。至一时一刻未已，乃宣告休会，明日上午九时续开。此会可能延长至下午六开也，余卓坐饱听而已。散会后原车送回，已二时，草草进食。珏人今日未起，精神颓然，酸楚亦不大止，看似又转入一下坡时期矣，为之阍损不已。三时半后续作校释十则,垂黑乃止。珏人睡至六时半强起进饭小半碗,八时就寝,终夜又导溲两次,余起自便。八时后预备明日开会发言提要,十时就寝。

12 月 24 日（十一月三十日　甲寅）星期五

晴寒。晨六时半起。八时所中车来,仍依昨走之路先后接平伯、健吾出城,在健吾家罗念生与北大图书馆某君附车同往,八时五十分到所。九时一刻开会,余首先发言,于所中方向制度纪律各方面皆有涉及,尤于外面对本所的流言有所表示,惜妙中请假未到,未能听到此话耳。其后讨论一九五五至五七年三年工作计划,至午后一时半始散。仍乘原车入城,其芳、蔡仪附乘焉,二时后乃到家,即以肉粽两枚充饥。珏人今日九时起,较昨为好,坐至午后三时乃就睡。至五时三刻溲急惊醒,又只得导放一次。四时半晓先见过,谈《纪元编》重印事,至近六时乃去。余连日出城,道经东西四牌楼正在拆除,颇为不怡。今日归途又见大高殿前之牌坊亦在拆卸,以此推之,北海前之琉璃三座门及金鳌玉蛛坊亦将有同命之惧。首都具瞻之下有此毁灭文物之举,吾真不解司文化者何以圆其说耳。呜呼!六时半珏人起,进夜饭小半碗即寝。是夕自起溲五次,导溲一次。余十时就寝。

12 月 25 日（十二月大建　丁丑　乙卯　朔）星期六

阴,近午开晴,寒甚。

晨七时起。续作校释二十一则,《季布列〈传〉》已毕,待入《栾布传》矣。珏人今日较好,下午未睡。近暮,滋儿、润儿等归,未几,大椿、清儿及文权同事朱女士亦至,因共进夜饭。大椿明年调上海工作，旬日间即须南归，故招便饭话别焉，朱女士则闯然而至拉入同席者也。饭次，清儿以戏券奉余，盖《中学生》廿五周年，特在长安大戏院为晚会，邀戏剧学校学生演出京剧也。余因先行，乘三轮以赴之。至则第一出《小放牛》已演过，第二出《收关胜》及其次《铁弓缘》、《失街亭》、《空城计》皆看之，《斩马谡》则未看，以时已十一时急待归卧矣。是班演出之学生年龄最大为十六，最小仅九龄，认真活泼自是长处，惟稚嫩不免耳。冲寒往来，颇见累，亦可以好事自嘲矣。十二时始寝。是夕珏人仍作痛二小时，导溲一次。潘儿、文权俱于夜饭后来省云。

12 月 26 日（十二月初二日　丙辰）星期

晴，寒冽。晨七时起。九时润儿携元孙、阿凤往观苏联展览馆并游西郊公园。越半时，余亦出乘吴海车往板厂胡同七号访以中、绥真，畅谈及午，即留彼处午饭。饭后又谈至三时后，三人联步往东四八条访晤圣陶、墨林，留晚饮，以中、绥真辞，余亦归，已垂黑矣。芷芬、汉儿俱在，知业熊亦曾来，现为清儿邀在吃饺子，芷、汉旋亦往会之。湜儿上午归来，晚饭后往天桥剧场看苏联舞蹈，深夜乃回，是夕戴星而出，又出城返校矣。九时半就寝。是夕珏人仍作痛二小时，导溲一次，白天起坐尚好。

12 月 27 日（十二月初三日　丁巳）星期一

竟日阴沉凄寒之至。晨七时起。续作校释三十六则，《季布栾布列传》全篇完，凡得一百二十七则，至下午四时半乃了。珏人今日似较好，上午起坐饮食，下午得大解，小睡两时，六时起进夜饭大半碗。饭后文权来省，谈至八时半去。珏人先睡，余九时半就寝。

是夕珏人仍作痛,惟为时较短,近天明时导溲一次,与往日相比似略见好,果得日起有功,则草方之效可睹矣。夜一时,湜儿叩门归,在天桥看歌舞。

12 月 28 日(十二月初四日　戊午)星期二

晴寒甚,露脸如削肤,且有风。

晨六时起。八时车来,佩璋亦至(昨夜来约附车),乃乘以过平伯、健吾,湜儿从焉。九时到哲学楼,湜去上课,余等登楼参加全所检查工作会议。各小组组长余冠英、杨思仲、蔡仪、罗大冈、贾芝及王燎荧、周妙中、钱默存等先后发言,十二时三刻散,约明日上午九时至下午一时续开会议。散会后,仍与平伯、健吾、佩璋同车入城,蔡仪附焉。及到家,已将二时,以汤饼充肠,草草食已,只得休息矣。珏人八时半起,精神尚好,夜饭后且接龙数盘至九时后乃就卧。卧前清儿来省,俟其就卧乃去。余十时就寝。是夕珏人仍作痛,时间亦较长,但小便竟又泌不出,先后导溲四次。

12 月 29 日(十二月初五日　己未)星期三

晴寒,风已止,稍见好。

晨六时半起。八时车来,佩璋亦至,以平伯今日请假故径往民康路接健吾,八时三刻即到所。九时开会,西方文学组、文艺理论组先后报告。卞之琳、蔡仪发言后补充说明者不少,十一时休息。旋由汪蔚林代表秘书及图书资料两组发言。对领导及各组研究颇有批评,尤对佩璋深致不满。十二时半散,约明日上午八时半续开,如不及完成,下午将延长之云。散会后与力扬、范宁、罗念生及一图书组员同车入城,送余到家,已一时半。珏人正待余同饭,询悉于十一时起,起后尚好,亦自溲两次矣。饭后坐至三时半就寝,余乃准备《史记》校释工作,先将蜀本、百衲本、汲古阁本通校张文虎校本《张释之冯唐列传》一过,至五时乃毕。会注本则未及校也。接致觉廿七日来书,复告近况并言为珏人诵《大悲咒》求脱苦,其言至诚,极可感,亲兄弟不啻耳。珏人六时起夜饭少许。九时清儿来省,与谈至十时去,余等各就寝。是夕珏人又作痛,移时始止,导溲四次。

12 月 30 日（十二月初六日　庚申）星期四

晴寒。晨六时半起。七时半佩璋来,所中车亦至,乃共登而趋,过接平伯、健吾及中宣部参会之两同志。八时半赶到哲学楼即开会,至一时休会,余随介泉至其家饭焉。饭后二时半仍回所续会,直至晚七时乃罢。反复辩论,无非发挥群少争胜之心耳,工作云何哉。卓坐竟日,戴星而归,亦疲亦饥,车送回家,如被重病矣,草草晚餐已,少坐便寝。珏人照常起行,日间尚好,夜仍作痛,少时即止,惟导溲两次。

12 月 31 日（十二月初七日　辛酉）星期五

晴寒。晨七时起。珏人九时亦起。十一时半出,乘三轮往前外煤市街丰泽园会云彬、文叔、薰宇、晓先、灿然、彬然、圣陶、墨林、雪村、芷芬共饮。以文叔、薰宇六十生辰而云彬适从杭州来（明日即南返）,故藉此醼饮耳。酒馔俱佳,不愧丰泽二字矣。谈至二时三刻散,余附圣陶车过琉璃厂荣宝斋小坐,参观刻、印、装三部工场,四时始行。顺道过东单新华书店古典门市部,购得影印《长生殿》初刻原印本一函、《北京图书馆藏中国医药书目》一册、《敦煌变文汇录》一册。仍附车至小雅宝西口步以归。程韵启来,因留夜饭,与润儿谈至八时半辞去,约明日再来云。珏人日间以大便脱力,精神大差,夜饭亦勉进少许。十时后仍作痛,虽不久即止,而小溲又成问题,先后又导放三次,天明后又导二次,情绪当然受打击也。余十时就寝,因珏人不安,故大受影响。